Eiger

Ouvrages
de
GEORGES SONNIER
aux
Éditions Albin Michel

OÙ RÈGNE LA LUMIÈRE

TERRE DU CIEL

UN MÉDECIN DE MONTAGNE
roman

LE COMBAT SINGULIER
roman

LA MONTAGNE ET L'HOMME

chez d'autres éditeurs :

MEIJE
récit, André Wahl, éditeur, Paris

LE SECRET DES SOURCES
Éditions F. Lanore, Paris

Georges Sonnier

EIGER

Roman

Albin Michel

22, rue Huyghens, 75014 Paris

ISBN 2-226-00456-4

A
Jean Villeroy,
en souvenir de
nos sommets d'Oisans.

« Chacun des grains de cette pierre, chaque éclat minéral de cette montagne pleine de nuit, à lui seul, forme un monde. La lutte elle-même vers les sommets suffit à remplir un cœur d'homme. Il faut imaginer Sisyphe heureux. »

(Albert CAMUS, *Le Mythe de Sisyphe.)*

I

Un instant plus tôt, il y avait encore de la terre, de l'herbe; toute la continuité de la pente qui, d'éboulis en pâturage, descendait vers la douce vallée des hommes. Et ici, brutalement, c'était la rupture. Un seul pas suffisait pour changer d'univers : au-dessus de Renaud, qui avait touché de la main la pierre froide, s'enlevait un mur de roche et de glace nues de deux kilomètres de haut. L'Eigerwand.

Eigerwand... La plus célèbre face nord des Alpes, et la plus meurtrière. Dans les années trente, elle passait pour inaccessible. S'y attaquer était une entreprise folle, désespérée. Des hommes se trouvèrent cependant pour l'oser; et beaucoup moururent, car dans la paroi gigantesque une retraite était quasiment impossible : il fallait vaincre ou périr. Jalonnée de tragédies, la lutte implacable dura des années et huit alpinistes y laissèrent la vie. En 1938 enfin, quatre hommes passèrent : ils formaient au départ deux cordées séparées, et concurrentes; mais la tempête survenant les avait décidés à unir leurs efforts pour survivre et pour vaincre. Ils avaient, en quatre jours de lutte indicible, accompli le plus surhumain exploit de toute l'histoire de l'alpinisme.

*

A l'heure même où il s'engage, en gravissant les premiers mètres de la paroi, Renaud se demande pourquoi il est là : ce qu'il vient y faire, quelle force l'a poussé. Questions qu'il ne cesse de se poser vainement. Qu'il réussisse ou échoue, l'aventure elle-même lui apportera-t-elle une réponse?

Presque partout ailleurs dans les grandes Alpes, une lente marche d'approche introduit à l'ascension. De la vallée au point d'attaque, les étapes rituelles de son déroulement – la forêt, l'alpage, la zone d'éboulis ou de moraine, le glacier, le névé qui se redresse jusqu'à la rimaye – ménagent le passage progressif à l'extrême âpreté de la haute montagne. Ainsi n'en est-on point surpris et se sent-on prêt, le moment venu, à l'affronter. Ici, au contraire, la discontinuité était totale, il n'y avait pas de transition entre la pente et le mur, entre l'herbe et le roc, entre les domaines de la vie et le royaume froid de la mort. Isolé, tel un bastion avancé fiché dans les prairies fleuries de la Scheidegg, le gigantesque Eiger représente à lui seul le monde entier de la haute montagne, il en possède tous les attributs et en recèle tous les pièges.

*

Quatre heures en juillet... Le jour qui se lève blanchit rapidement la montagne. La roche émergée de la nuit se fait grise. Le ciel sombre pâlit, avant de se colorer de teintes encore douces. L'aube... Renaud et Vincent seraient partis deux heures plus tôt, s'ils avaient déjà connu la base de la face. Mais ils l'abordent pour la première fois et n'ont eu le temps la veille, à partir de leur bivouac, que d'en reconnaître et d'en repérer le point d'attaque. La rapidité plus grande de leur progression à la lumière du jour, le moindre risque d'erreur dans le choix de l'itinéraire doivent leur permettre de compenser une partie de ce retard.

Vincent est en tête. C'est lui qui conduira la cordée dans le rocher, et Renaud sur la neige ou la glace : à chacun sa spécialité. Mais pour l'instant, il n'y a pas de cordée du tout : la corde ne sert qu'à la condition expresse de progresser l'un après l'autre et de s'assurer mutuellement. Faute de quoi, elle est non seulement inutile, mais dangereuse, puisque la chute d'un seul entraîne à peu près fatalement celle de toute la cordée. Or, dans le terrain relativement facile encore où se trouvent les deux alpinistes, l'escalade simultanée permet sans grand risque de gagner un temps précieux; et la rapidité elle-même, dans une course aussi longue, est un facteur de sécurité.

« On ne s'encorde pas », a donc dit Vincent – affirmation plus que question. Et Renaud a approuvé.

Cela ne signifie pas, bien sûr, qu'ici on ne *pourrait* pas tomber : on y parvient toujours assez et, dès maintenant, la matière (en l'occurrence, le vide) ne manque pas. Simplement, il ne *faut* pas tomber, il n'y a aucune indulgence à attendre de la montagne. Sécurité immédiate contre rapidité (c'est-à-dire, en définitive, sécurité à terme) : c'est un choix à faire. L'extrême difficulté de l'entreprise et, par conséquent, l'extrême qualité qu'elle exige de ceux qui la tentent, dictaient la réponse.

*

Il y eut, dès le départ, une dalle. Elle n'était pas très difficile, mais tout de même, il fallait prêter attention, faire un effort. Renaud pensa à un passage du Requin, qu'il avait fait avec Vincent, entre deux jours de pluie.

« Les Plaques! cria-t-il.

– Les Charmoz », répliqua Vincent, qui décidément pensait à autre chose.

Bon, se dit Renaud, cela ne ressemble donc ni à l'un ni à l'autre. Pourquoi d'ailleurs chercher toujours des comparaisons? Pour se rassurer par la médiation d'un élément familier? Mais de toute façon, ni le souvenir des Charmoz, ni celui du Requin ne leur seraient bientôt plus d'aucun recours.

L'escalade du socle ne présente pas de difficulté particulière. Elle se déroule sur une succession de gradins éboulés, de petites vires ou de terrasses à peine marquées, séparés par des portions de pente raides, couvertes de cailloutis, de gravier instable. Terrain glissant, peu sûr, où malgré l'absence d'obstacles véritables, l'attention ne peut se relâcher un seul instant : là précisément serait le danger. Renaud n'aime pas ce type de demi-escalade, sans intérêt et sans franchise. Passe encore de tomber dans un beau corps à corps; mais là... L'accident n'est acceptable que s'il n'est pas stupide, mais à la mesure d'un grand risque assumé. Renaud a hâte de se trouver vraiment engagé dans la lutte, aux prises avec un de ces passages fameux dont les noms résonnent comme des noms de bataille et où il est permis, décemment, de tomber. L'unique avantage de cette première phase, tout compte fait fastidieuse et presque décevante, tient à la rapidité qu'elle autorise. Or, dans toute ascension de grande envergure, et spécialement à l'Eiger (indépendamment d'ailleurs de la difficulté, mais du seul fait de la lassitude, de l'usure physique), l'allure diminue de façon constante; quand la progression générale vient à se ralentir, elle ne peut jamais plus retrouver son rythme initial. Leur élan avait porté certains en un seul jour aux deux tiers de la muraille; et il leur en avait ensuite fallu plusieurs pour atteindre le sommet. Ainsi, chaque heure gagnée à la base se multiplie d'elle-même au fur et à mesure de l'ascension; et il lui correspond non pas une, mais trois, quatre, cinq heures gagnées dans la paroi terminale; peut-être davantage; peut-être une nuit de bivouac épargnée ou une décisive journée de tempête. Peut-être la vie. Il faut partir très vite. Renaud et Vincent le savent, et c'est ce qu'ils font. Le vide, sous eux, se creuse déjà. Trois cents mètres? quatre cents? La tente de Vincent apparaît dans les prairies comme une minuscule tache blanche. Les alpinistes grimpent depuis une bonne heure et demie. La paroi se redresse constamment et ils ne tarderont pas à aborder la zone où elle devient rigoureusement verticale.

Renaud doit, pour la voir, renverser entièrement la tête. Sombre, elle bouche le ciel et pèse de toute sa masse écrasante. Dans un prodigieux raccourci de perspective, on n'en peut distinguer qu'un ensemble complexe de bombements, de ravines surplombantes où luit par endroits l'œil froid d'un glacier. Comment peut-on oser s'attaquer à un tel mur? Renaud chasse cette pensée, qui n'est plus de mise.

*

On a fait plus de cent ascensions, dont certaines comptent parmi les plus difficiles des Alpes : la face nord du Piz Badile, celles des Grandes Jorasses, du Cervin, les faces nord et ouest du Dru, bien d'autres encore. On a fait une bonne dizaine de premières, réputées impossibles. On est un des meilleurs alpinistes de son pays, et peut-être de son époque. On pourrait donc s'estimer satisfait. Mais justement, il y a encore une montagne – cette montagne qui n'est pas comme les autres; qui, seule, est différente de toutes les autres. La plus gigantesque. La plus redoutable. Cependant, des alpinistes l'ont affrontée, qui eux aussi étaient parmi les meilleurs des meilleurs. Il faut donc y aller aussi. Elle a déjà été vaincue, ce ne sera plus une première? Qu'importe! La question n'est même plus là : il s'agit en réalité d'affronter la plus grande épreuve, la plus surhumaine – une sorte de jugement de Dieu, et comme un devoir obscur auquel on ne saurait se dérober. Après seulement, on aura le droit d'être en paix avec soi-même. Alors on part, sans joie, vers cette montagne : c'est l'heure de l'Eiger.

*

Le problème s'était posé de la même façon pour Vincent et Renaud, habitués depuis de longues années à faire équipe. Ils avaient ensemble atteint à la plus grande maîtrise, remporté leurs plus belles victoires. Capables l'un comme l'autre de passer partout, ils se complétaient à merveille, en ce que Renaud préférait la neige et la glace, Vincent le rocher, et que chacun à son tour menait la cordée, sur son terrain de prédilection. On ne les voyait guère en montagne l'un sans l'autre.

Le nom de l'Eiger avait à peine été prononcé. Il s'agissait plutôt d'une idée qui s'était insinuée en eux et y avait mûri silencieusement, jusqu'au jour où la décision s'était formée d'elle-même, celle de chacun se fortifiant de l'autre. Il n'y avait eu ni doute, ni discussion; l'accord était presque tacite. L'hiver qui avait passé sur lui n'avait pu que l'approfondir. Il y avait eu, ensuite, tout un temps de préparation matérielle et d'entraînement physique – comme si l'on pouvait s'entraîner pour l'Eiger!... Il s'agissait surtout de se souvenir de tout ce qu'on avait appris en montagne; et d'être au mieux de sa forme, l'endurance et la volonté devant, durant l'ascension, l'emporter sur les qualités purement techniques. Faisons-nous pierres vives, pensait parfois alors Renaud : devenons aussi durs que cette montagne sans merci. Devenons Eiger! Son ami et lui avaient au printemps réussi ensemble quelques grandes courses mixtes, en conditions encore presque hivernales. La seule question qui se posait était pour eux celle de la date : se lanceraient-ils dans l'Eiger en début ou en fin de saison? Ce fut la montagne elle-même, ou plutôt le temps, qui se chargea d'apporter la réponse : à Chamonix, où ils se trouvaient dès les premiers jours de juillet, il faisait continûment beau; et les renseignements provenant de Suisse centrale faisaient état de conditions et de prévisions météorologiques exceptionnelles. Le matériel des alpinistes étant prêt, ils décidèrent de partir aussitôt, à tout hasard. Selon les circonstances, il pourrait s'agir soit d'une tentative, voire d'une simple reconnaissance, soit de l'assaut véritable. Le lendemain, ils étaient à Grindelwald.

*

Renaud n'avait encore jamais vu l'Eiger. Il avait tout lu sur lui, il en avait la connaissance théorique la plus précise, la plus complète. Mais il ne l'avait jamais vu. C'était ainsi. Et cette montagne, la plus redoutable de toutes, était pour lui quelque chose d'abstrait. Plus qu'à la réalité, elle appartenait à une mythologie. Lorsqu'elle lui apparut pour la première fois, il la reconnut aussitôt, comme si depuis toujours elle lui eût été familière. Mais en même temps, il lui fallut faire effort pour superposer cette vision de la montagne, d'une précision presque cruelle, à l'imagination idéale qu'il en avait si longtemps et exclusivement nourrie. Cet étrange sentiment de surimpression ne devait s'effacer que peu à peu.

La muraille était luisante et noire. Et Renaud, qui ne l'aurait pas crue aussi effrayante, savait très bien ce que cela signifiait : la chaleur précoce des semaines précédentes avait fait fondre partout la neige, la paroi était aussi sèche que possible. Mais il n'y a pas, à l'Eiger, de conditions idéales; on n'y a, en tout état de cause, le choix qu'entre des inconvénients différents. Charybde ou Scylla... Dégagés de verglas, les rochers seraient plus faciles. En revanche, les trois névés médians et le glacier suspendu de l'Araignée seraient de glace vive. Mais surtout, les chutes de pierres si nombreuses dans cette face (dont elles constituent, avec le mauvais temps, le danger principal) se multiplieraient de façon redoutable. Il fallait en prendre son parti. Il n'y a pas, il ne pourra jamais y avoir à l'Eiger d'ascension heureuse. Si inespérément bien (et ce « bien » est, en l'occurrence, extrêmement relatif) qu'elle se passe parfois, par exception, l'ascension de l'Eigerwand est en elle-même un drame de chaque instant.

*

Les dernières semaines, et plus encore les derniers jours d'attente avaient été pénibles. Renaud, qui souhaitait et redoutait en même temps cette épreuve du feu, avait grand-hâte de se trouver plongé dans l'action violente, qui seule tranche, délivre une fois pour toutes de l'hésitation ou du doute. Il y pensait constamment. Jamais il n'avait éprouvé cela. Et à ce signe il comprenait que l'Eiger est décidément une montagne *différente :* il y a la montagne – toutes les montagnes –; et il y a l'Eiger, terrible et singulier dans sa solitude.

Lorsque enfin il fut arrivé en vue de lui, il le jugea plus impressionnant encore qu'il ne l'avait imaginé. Mais, comme il avançait vers la face, il lui vint à l'esprit que cet aspect redoutable provenait surtout de son relatif éloignement. Il fallait cesser de considérer l'ensemble de cette masse écrasante, pour en scruter un à un les passages. Pris isolément, ceux-ci n'avaient pas plus d'expression que chacun de ces traits anonymes dont l'assemblage forme un visage, avec sa personnalité. Ainsi dépouillés d'hostilité, ils se réduisaient à ce qu'ils étaient en réalité : un simple problème physique à résoudre. En face de cette montagne par trop menaçante, il fallait en venir à abolir en soi tout sentiment. Renaud s'y appliqua. Il savait qu'il devait ici se méfier de son imagination, et même de la littérature qui, à travers une histoire exceptionnellement dramatique, avait nimbé l'Eiger d'une aura maléfique. Par son expérience alpine générale comme par sa préparation morale à la grande aventure, Renaud s'était cru prémuni contre tout effet de surprise; et cependant la surprise avait eu lieu, et même elle avait eu barre sur lui. Ce premier moment passé, il s'efforça de la désarmer par la simple accoutumance de son regard et de son esprit à la muraille démesurée. Sans doute est-ce là ce que l'on nomme communément la force de l'habitude, celle qui permet à l'homme d'affronter et de vaincre des difficultés inouïes, simplement parce qu'il a cessé de les voir et de les ressentir comme telles. C'est dans cet état d'esprit que Renaud accomplit toute la marche d'approche. Et à mesure que les pentes sauvages de l'Eiger au-dessus de lui se redressaient, il se tranquillisait.

*

Oh, la douceur des alpages, autour de la Scheidegg et d'Alpiglen, où la veille il s'était étendu! Renaud y penserait plus d'une fois, dans la muraille impitoyable; et il lui suffirait de baisser les yeux pour les retrouver à ses pieds, inaccessible éden.

Ils avaient dressé leur camp à la limite indécise de cette zone, dans l'herbe tendre de l'été. Mais ils se trouvaient déjà sous la masse monstrueuse de l'Eiger, et dans son ombre.

Ils avaient atteint cet emplacement trop tard pour attaquer avant le lendemain. Le jour de répit ainsi imposé, Renaud l'avait en partie passé à se familiariser avec la sombre muraille désormais toute proche. Allongé sur le dos auprès de sa tente, songeur, il la voyait manger la moitié du ciel. Elle ne lui inspirait plus de crainte véritable. Simplement, il avait peine à croire qu'il se trouverait là-haut dans quelques heures.

Dans le courant de la journée, ils avaient poussé une courte reconnaissance, exploré le point d'attaque. Et Renaud s'était étonné de se sentir si peu ému, si détaché. Cela eût pu provenir de l'absence de difficulté de ces prémices. Mais en réalité, il s'agissait d'autre chose. Et tout se passait comme si la suite de l'ascension, celle qu'il aurait à accomplir le lendemain, eût en réalité concerné quelqu'un d'autre. Non pas qu'il envisageât un seul instant d'y renoncer – seul un changement de temps aurait pu l'y contraindre, et la météo restait excellente; au demeurant, il n'était pas seul en cause. Mais il ne se sentait pas encore *engagé*. Réelle ou supposée, cette liberté faisait toute la différence et lui laissait le cœur léger. Lorsqu'ils furent redescendus au camp, en revanche, rétabli dans l'attente le reste de la journée lui pesa. Le soir lui parut sans joie; la nuit qui tombait, chargée de menace. Il ne pouvait s'empêcher de songer à ce que seraient la ou les suivantes. Où se trouverait-il? Dans quelle situation? Renaud savait et mesurait très lucidement à quel point l'aventure dans l'Eigerwand est toujours indéfinie; et qu'on s'y enfonce pour deux jours; ou trois; ou cinq; ou huit – ou pour l'éternité!... C'est à cette heure nocturne de l'attente qu'eût pu se glisser en lui la tentation de l'abandon. S'il avait été seul, du moins. Mais, les pensées de Vincent fussent-elles semblables aux siennes, chacun dans son mutisme se fortifiait de la présence de l'autre et de sa détermination supposée, qui lui interdisait de reculer. Jamais, à la veille d'une grande ascension, Renaud n'avait connu un énervement aussi profond, qui trahissait à la fois l'anxiété de l'aventure provoquée et l'impatience de s'y trouver plongé. Il se reprochait cet état, sans parvenir à y remédier. A son côté, dans l'ombre, Vincent soupirait et se retournait sans cesse. Mais aucune parole ne fut échangée. Dormait-il? Si courte que dût être leur nuit, le sommeil pour Renaud fut très long à venir.

*

Trois heures... Le réveil, et l'arrachement proche à la douceur de vivre, à la sécurité. L'ombre de la nuit pleine encore se double d'une autre ombre plus compacte et là-haut menaçante : celle de la montagne que l'on s'apprête à affronter; et jamais projet, à cette heure, n'a semblé plus incompréhensible, ni plus déraisonnable; mais l'esprit de l'homme qui s'éveille à peine est trop engourdi pour concevoir la révolte ou le doute; et il se borne à dicter les gestes machinaux du départ, cent fois répétés au pied d'autres parois. Il fait froid, et ce froid accroît l'inconfort; cependant, il convient de s'en réjouir, puisqu'il est le compagnon habituel du beau temps, son signe et presque son garant. On s'efforce de manger et de boire, l'estomac serré à cette heure insolite. Le principal avantage de cette collation mal venue est de retarder le départ de quelques minutes encore, et on s'aperçoit qu'en cet instant on déteste, ou peu s'en faut, l'aventure dans laquelle on va se jeter délibérément (on pense même alors : follement), et tout ce qui vous y pousse. Comme toutes les fois précédentes, et avec plus de vigueur encore, on se promet que celle-ci sera la dernière. Mais tous les recours sont épuisés : on est prêt; c'est l'heure. Il faut donc partir. Et on part, en effet, d'un pas d'abord incertain, qui ne tarde pas à se raffermir et à retrouver le rythme et l'allant dictés par une longue habitude. La nuit finissante ouvre à l'homme, une fois de plus, les portes de l'inconnu, l'enveloppe, se referme sur lui.

*

Six heures. Il fait à présent grand jour. Sur la gauche, le soleil levant a affleuré la montagne. Tournant autour d'elle, il va délaisser pour longtemps la face nord, où il ne reparaîtra que très tard, et très haut dans le ciel. Dans toute son ardeur, il fera fondre alors la glace qui tient soudées entre elles des myriades de pierres en équilibre instable et, par tonnes entières, les précipitera dans le vide. Sa chaleur si douce, et ailleurs bienfaisante, représente ici le pire danger. C'est elle qui met en marche l'implacable mécanisme de la mort. Et il faut souhaiter rester le plus longtemps possible dans l'ombre glaciale, qui engourdit et mord cruellement. Il faut accepter et même désirer de souffrir. La victoire, en montagne, et même la simple sécurité, sont ainsi le fruit de choix constants à faire contre toutes les facilités de la vie courante. Elles vont toujours dans le sens de l'effort, et presque toujours dans celui de la douleur. Vivre dangereusement n'est rien : autant que d'actions hardies, le courage de l'alpiniste se compose d'humbles épreuves, de sujétions consenties et subies. Il est le tâcheron du vide. C'est ce que Renaud se dit en voyant, avec un mélange de regret et de soulagement, le soleil qui commençait à peine d'effleurer la roche voisine, s'en détourner et disparaître derrière une arête. La montagne déjà dorée pâlit, s'éteint, un souffle glacé tombe des régions supérieures. Étrange crépuscule de l'aube!... Au loin, cependant, vers l'orient, les horizons se colorent de teintes mouvantes. Des fonds vaporeux surgit peu à peu tout un immense paysage de vallées, de plaines et de lacs. Quelle avant-scène! pense Renaud, un instant distrait. Et il sourit, face au grand théâtre de l'univers. Mais il se reprend aussitôt, et repart. Il suit Vincent à peu de mètres et exécute presque automatiquement les gestes d'une escalade facile encore.

Vers la gauche, un profil rocheux se précise. « Le Premier Pilier », dit Vincent. C'est, dans la paroi, le premier passage individualisé. Ici commence l'itinéraire, tel qu'il ressort des récits des premiers ascensionnistes et de leurs descriptions. C'est comme un fil dont on saisit l'extrémité et qu'il faudra se bien garder de perdre, jusqu'au sommet. Car rien n'est plus rigoureux qu'un itinéraire. Sans doute eût-on pu le concevoir autre. Mais dès qu'il a été découvert, et suivi, il se fige : c'est une cristallisation. Toute variante dès lors apparaît hasardeuse, et l'est réellement, puisqu'elle introduit dans l'aventure première, ainsi renouvelée, une aventure inédite. D'où le prestige exceptionnel et justifié des « premières » : le mystère, une fois percé à jour, ne se régénère pas. Certes, chacune des cordées qui suivront celle des initiateurs vivra aussi, à sa manière et selon les circonstances, la découverte et le risque; mais quelque chose d'essentiel s'en sera évanoui, pour jamais. Illusion ou vérité? Le sentiment même de nouveauté absolue ajoute à la « première », indépendamment des dangers et des surprises réels que comporte l'exploration de tout itinéraire.

Renaud sait qu'il faut se tenir à droite du Premier Pilier. L'itinéraire le dit. Mais ce n'est là qu'une confirmation : le chemin est ici clairement écrit dans les lignes de la montagne, c'est un langage de signes idéaux que l'initié déchiffre couramment. Renaud, comme Vincent, le lit sans peine aucune. Si d'aventure ce langage cessait d'être en accord avec l'itinéraire codifié, c'est au premier des deux qu'il ferait confiance, et c'est lui qu'il suivrait. Ce langage se nomme le sens de la montagne; et c'est effectivement pour l'alpiniste comme un sixième sens, entre tous précieux.

Cheminées et fissures alternent. La difficulté s'accroît progressivement, les efforts nécessaires se font plus durs; le sac gonflé de vivres, de vêtements et de tout un matériel d'escalade et de bivouac paraît soudain plus pesant. Et l'ascension commence à peine!

Si tout va bien, ils espèrent pouvoir « sortir » au sommet demain soir, après une seule nuit passée dans la paroi. Plutôt que d'un espoir, à vrai dire, il s'agit d'un souhait, dont la réalisation suppose la conjonction du maximum d'éléments favorables; alors qu'ils sont à la merci d'un changement de temps, d'une défaillance physique d'un seul d'entre eux, et du moindre incident. Des alpinistes, parmi les meilleurs d'Europe et du monde, ont passé dans la face trois, quatre, et jusqu'à cinq jours. Un sur trois ou quatre de ceux qui ont précédé Renaud et Vincent y ont laissé la vie. Ici, plus que partout ailleurs, toute prévision est vaine et du reste impossible. Renaud et son compagnon ont emporté des vivres pour trois à quatre jours. C'est une quantité au-delà de laquelle les sacs auraient été décidément trop lourds pour les nombreux passages d'extrême difficulté – même si les aliments, très soigneusement choisis, présentent le plus grand pouvoir nutritif pour un minimum de poids et d'encombrement. Si, au surplus, l'ascension devait excéder largement la durée prévue, ce serait le signe de complications si graves que le manque de vivres et le rationnement qu'il entraînerait, deviendraient secondaires : on n'a jamais le temps de mourir de faim, en haute montagne. Le froid, l'épuisement sont plus rapides. Ce serait donc un mauvais calcul, que de compromettre la réussite en se surchargeant inconsidérément. Même si l'alpinisme n'est pas raisonnable, rien n'est plus raisonné que lui; et cette folie-là a besoin, pour s'accomplir, d'énormément de sagesse... A cette pensée, Renaud sourit encore

– intérieurement, cette fois. Et se dit aussitôt qu'il n'aura plus, bientôt, cette ressource ou ce loisir : on en sera aux choses sérieuses. La première « chose sérieuse » en effet ne tarde pas à se présenter, sous la forme d'un petit surplomb barrant la sortie d'une cheminée. Vincent, qui l'a passé sans peine, s'est arrêté au-delà et regarde son camarade l'escalader à son tour. Ce simple détail indique à Renaud qu'avec ce surplomb quelque chose commence. S'il est, dans le rocher, aussi sûr que Vincent, il n'a pas son aisance souveraine, ni sa rapidité. Minime, la différence n'est perceptible qu'à de rares initiés. Mais ni l'un ni l'autre ne s'y trompe. La sécheresse actuelle de la montagne, dénudée de ses neiges, avantagera Vincent.

Son regard, dans cette première empoignade, gêne vaguement et irrite presque Renaud, qui s'évertue; et qui a l'impression d'être, sinon jugé, du moins jaugé par son ami. Cependant, il sait très bien que c'est faux, et absurde. Son énervement léger se traduit par un soupçon de précipitation. Il s'essouffle un peu, son sac le déséquilibre. Il passe néanmoins sans peine. En haut du surplomb, le sourire de Vincent l'accueille et balaie ses injustes soupçons. Tout va bien.

« Maintenant, nous sommes dans l'Eiger.

– Oui. »

En l'espace de quelques mètres, le visage de la montagne s'est transformé, devenu entièrement dramatique et âpre. Finis, les gradins alternés et les vires, séparés par de courts ressauts. La muraille se redresse et se ferme. Toutes les lignes se sont faites verticales. Les préliminaires sont achevés, le véritable engagement commence.

Vincent a pris la corde arrimée à son sac et en tend l'extrémité à Renaud. Ils pourraient encore s'en passer, mais à quoi bon? Un peu plus tôt, un peu plus tard... Renaud la prend et la noue non pas autour de la ceinture, mais sous les aisselles, à l'allemande – méthode qui, en cas de chute, évite le risque de se retrouver pendu la tête en bas. Vincent fait de même et repart. Tous deux savent que les difficultés et les risques ne cesseront de croître continûment jusqu'à la dernière pente de glace qui mène à l'arête sommitale, multipliés qu'ils seront par le vide de plus en plus profond, par la fatigue de plus en plus grande; et par l'accumulation même des passages surmontés à grand-peine – autant de pièges, de portes verrouillées s'opposant à une éventuelle retraite. Dans toute entreprise extrême de ce genre, l'homme se fait peu à peu prisonnier de sa propre conquête, ce leurre. Et la victoire est d'abord délivrance. Quelques heures encore, et ce ne sera plus cette victoire que Renaud et Vincent seront impatients de toucher au sommet; ce sera, tout simplement, la vie : celle de tous les hommes, qui n'ont pas à chaque seconde à la gagner contre la mort. On ne peut pas vivre toujours dangereusement!

La roche n'est pas rugueuse et franche. Polie par des millions d'années de tempêtes aiguisées, d'eaux ruisselantes, de brûlure solaire et de gel alternés, de saisons excessives, elle est devenue lisse, glissante. Ce qui fut angle, tranchant, s'est arrondi. On ne saurait s'y fier. Là où ailleurs on empoigne, il faut ici ruser. Renaud pense avec regret au beau granite du Mont-Blanc, qu'il aime particulièrement. L'Eiger, lui, est une montagne calcaire. Comme les Dolomites. Mais le rocher de celles-ci est coloré, lumineux. Celui de l'Eiger est sombre et triste. Avec Vincent, Renaud est allé à la Civetta, aux Tofane, aux Tre Cime. Il garde de ces escalades un souvenir de légèreté, d'allégresse, jusque dans la difficulté la plus grande. L'élan qui porte aujourd'hui la cordée n'est le fait que de la détermination. Car ici, tout est grave, et pèse.

*

L'esprit de Renaud veille dans la profondeur. C'est un état assez particulier, une sorte de distraction. Les problèmes de l'ascension ne sont pas encore assez aigus pour mettre sa réflexion en éveil, le danger assez instant pour susciter en lui ces sentiments forts que sont l'angoisse ou le regret. Cependant, plongé comme il l'est en pleine action, le loisir ne lui est pas donné de se souvenir ou de rêver; la fantaisie n'a que faire dans cette succession de gestes précis mais sans invention à laquelle il s'applique présentement. On n'est pas sorti d'une certaine routine, où une longue pratique de l'escalade rend celle-ci quelque peu machinale : c'est un devoir de bon élève. Les passages d'extrême difficulté, eux, exigent la mobilisation totale de l'être, corps et âme, et quelque chose qui ressemble à de l'inspiration. On n'en est pas là. Renaud attend la « Traversée », qu'il sait lointaine encore. Ce sera le premier jugement de la montagne; et lui-même s'y jugera.

*

Les longueurs de corde se succèdent. Vincent oblique maintenant vers la droite, sur des roches moins inclinées mais lisses, humides et glissantes par endroits, là où quelque ruissellement se produit en cours de journée. Il faut y prendre garde. Renaud se rappelle qu'en conditions normales, ils auraient dû traverser un petit névé. Mais la montagne est sèche, le névé en question a disparu. Un peu plus loin, de l'eau sourd déjà, goutte à goutte, sur la roche luisante et sombre :

l'altitude est encore basse, et il ne gèle pas. Renaud s'arrête un court instant, colle sa bouche au rocher froid. L'eau de fonte a un goût désagréable de métal et Renaud songe avec regret à la fraîcheur des sources. Il repart.

Le cheminement qui se dessine dans la muraille tourmentée perd de sa rigueur verticale. Il oblique vers la gauche, puis rejoint un système de vires où il sinue capricieusement. Renaud s'est souvent émerveillé de ce qu'en tout point atteint, la montagne la plus inaccessible présente presque toujours le défaut nécessaire à l'alpiniste pour poursuivre sa progression, lui offre un chemin, si difficile soit-il – mais un seul! Et pourquoi, au fait, ce mot de *défaut,* péjoratif, profondément ambigu? La seule vertu serait-elle de rester inaccessible? Idée à creuser! pense Renaud. Qui n'en a pas le temps, car il voit se dresser, toute proche au-dessus de sa tête, une puissante masse rocheuse. La base en paraît insurmontable, mais Vincent se dirige à présent vers la droite, comme pour contourner l'obstacle. Il s'arrête, regarde en l'air, puis repart, droit à la verticale.

« Le Pilier fissuré... », dit-il.

*

Il y a eu un petit mur, bientôt suivi d'un autre; et Renaud, pour aider Vincent à les passer, lui a fait la courte échelle. Ce n'était pas absolument nécessaire. Ils y gagnaient tout juste un peu de temps, et Vincent y épargnait un peu de force. C'était, sans doute, une solution de facilité. Du moins montrait-elle que la facilité était encore possible, et donnait-elle au second l'impression de faire un peu mieux que suivre, et de participer vraiment à la tâche de son compagnon, frayant la voie.

Maintenant, Renaud est immobile, debout sur une mince saillie, face au vide bleu. Il attend. De combien de ces temps morts n'est pas faite une ascension! La corde rampe lentement sur le roc; s'arrête, repart, s'immobilise de nouveau, animal prudent. Renaud en guette le moindre mouvement; mais elle reste décidément inerte.

« Viens! »

Si Vincent est invisible derrière le ressaut, sa voix, elle, paraît toute proche. Renaud part et la corde se tend pour l'aider à franchir à son tour le muret surplombant. Au sommet de celui-ci, Vincent lui réapparaît. Il est arrêté quelques mètres plus haut. Quelques mètres faciles, que Renaud gravit d'une traite. En tout, une demi-longueur de corde, et Renaud comprend aussitôt pourquoi : Vincent a fait halte sur une petite vire commode, presque une terrasse. Il s'imposait de l'utiliser comme relais.

Vincent repart, sans qu'un mot ait été échangé. Renaud retrouve aussitôt, dans la muraille géante, une solitude qui s'installe et ne le quittera plus guère. Sa position est beaucoup plus confortable qu'elle ne l'était à la base du petit mur. Et, tandis que son attention veille, de façon presque machinale, sur la progression de la corde qui se déroule sans à-coups, il se prend à rêver vaguement. C'est un peu comme si son esprit, déjà lassé de cet univers trop âpre et inhumain, se fût évadé vers d'autres paysages.

En venant de Savoie, l'avant-veille, ils avaient traversé le Valais, remonté la haute vallée du Rhône. Avant la montée du col du Grimsel, Renaud avait remarqué à droite de la route une petite prairie tout enclose de sapins, une sorte de clairière. Il l'avait montrée à Vincent, qui conduisait. Cette prairie n'avait sans doute en soi rien d'exceptionnel. Mais du cadre qui l'entourait, de la douceur devinée de l'herbe verte et drue et d'un filet d'eau qui la traversait en bruissant émanait un charme discret et attirant. Les deux alpinistes n'avaient pas lieu de s'y arrêter et ne l'avaient pas fait. Il en restait à Renaud une sorte de regret léger, avec le désir de réparer cette omission. L'humble prairie valaisanne représentait en cet instant pour lui tout ce que le monde peut offrir de plus doux et de délectable. Il l'évoquerait maintes fois au cours de l'ascension, et le savait déjà. Il y avait ainsi, dans presque toutes ses aventures en montagne, une image de souvenir ou de désir qui émergeait peu à peu des profondeurs de sa conscience : en elle se cristallisaient l'univers d'en bas, la terre de la vie quotidienne et des hommes, dont ceux-là mêmes qui la fuient ne peuvent très longtemps se passer. Souvent il s'agissait d'un objet léger, presque dérisoire mais soudain chargé de tout le poids du monde, dont il devenait le signe et la représentation : une chose familière, une boisson fraîche dans un verre embué, un profil perdu... Renaud en était dès lors accompagné, et attendait de le regagner au terme de l'épreuve provoquée. C'était comme un but nouveau, au-delà du sommet. Cette image, toujours très simple, élémentaire, surgissait plus ou moins tard au cours de l'ascension. Il arrivait aussi qu'il n'y en eût pas du tout; autrement dit, qu'aucune des évocations furtives qui traversent incessamment l'esprit ne prît ce caractère incantatoire et ne prévalût sur toutes les autres. A dire vrai, ce processus de fixation était directement lié à la difficulté de l'entreprise ou à son caractère dramatique. Jamais il ne s'était manifesté aussi tôt qu'aujourd'hui. Mais aujourd'hui, Renaud était dans l'Eiger...

« Vincent, tu te rappelles cette prairie, du côté de Gletsch? »

Après une nouvelle longueur de corde, Renaud a rejoint Vincent, qui semble surpris de la question inactuelle ainsi posée, à brûle-pourpoint.

« Quelle prairie?

– Oh... Une prairie...

– Et alors?

– Alors? Rien. Elle était belle.

– Ici aussi, c'est beau.

– Bien sûr. »

Renaud balaie du regard ce qu'il peut voir de la muraille farouche et le vide ouvert, déjà profond. Et il ne peut s'empêcher de rire silencieusement, tant, fût-ce dans la beauté, il ne peut y avoir rien de commun entre la prairie douce du Rhône et ce décor dantesque. Il a en tout cas compris qu'il est le seul à avoir attribué une telle importance et une telle signification à un très petit morceau de paysage entr'aperçu au détour d'une route. Vincent, lui, l'a à peine vu, à peine remarqué et déjà oublié. Peut-être y a-t-il cependant dans son esprit une image qui joue le même rôle (si différente soit-elle) et qui l'aiguillonne à difficilement regagner tout ce qu'il a, de propos délibéré, difficilement abandonné en s'engageant dans cette paroi. Même si le vœu de son ami lui semble surprenant, Vincent ne refusera certainement pas de s'y rendre. Ils s'arrêteront donc, au retour, dans la prairie de Gletsch où Renaud voit la récompense de leur victoire; et sans doute sera-t-il déçu de la découvrir tout ordinaire. Mais la question n'est pas là. Un enchaînement logique en impose aussitôt une autre, qui est : y aura-t-il un retour? Renaud se hâte de la chasser, comme importune. Il n'est pas assez inconscient pour ignorer ou sous-estimer les risques de l'ascension la plus aléatoire des Alpes. Lucidement, froidement il a, compte tenu des expériences précédentes, estimé à neuf sur dix au mieux leurs chances de retour. C'est déjà beaucoup. Avant la première ascension, sur dix hommes qui ont tenté la conquête de la face, huit sont morts! Les perspectives se sont depuis considérablement améliorées, la balance penche largement du côté de la vie. Mais il faut toujours compter avec tous ces impondérables, si nombreux qu'ils finissent par peser très lourd, dont la somme forme ce que pour simplifier l'on nomme chance, ou hasard – mots commodes et creux. Quoi qu'il en soit, Renaud une fois engagé dans la lutte considère qu'il ne gagnerait rien à en envisager encore les aléas. Une certaine imagination du pire contrarie l'action et, si on en est exagérément pourvu, doit être mise parfois en veilleuse. Il est arrivé à Renaud de se dire : si je pense que je vais tomber, je tombe... Il s'est donc habitué à n'y plus penser. C'est un entraînement comme un autre.

*

Ils ont surmonté le Pilier fissuré, traversé vers la gauche, presque de niveau, avant de recommencer à s'élever le long d'un bombement rocheux. Et tout à coup, Renaud se sent las de cette escalade, quelque peu monotone en l'absence de passages bien individualisés. Il a hâte d'en venir aux grandes difficultés, aux grands obstacles : les névés médians, le Fer à repasser, la Rampe, l'Araignée; mais, avant tout, cette fameuse Traversée Hinterstoisser, qui est la clé de l'Eigerwand.

Ils ne devraient plus en être très loin. Combien ont-ils déjà monté? Six à sept cents mètres, sans doute, en moins de quatre heures : plus du tiers de la paroi – mais en altitude seulement, non pas en temps, il s'en faut! Car ce tiers-ci ne compte guère, n'importe quel alpiniste entraîné pourrait s'y attaquer. Seule, la présence de la montagne est déjà écrasante, mais toutes ses défenses sont au-delà. Le seuil interdit... Accessible cependant à un très petit nombre d'initiés, mais toujours redoutable. A partir de lui, chaque mètre compterait et serait à disputer âprement. Dans la lenteur extrême des gestes calculés avec minutie, les heures d'escalade fondraient comme des minutes. Et il en faudrait vingt, trente, quarante peut-être et peut-être davantage encore, pour franchir les derniers mille mètres.

Renaud regarde sa montre : huit heures moins le quart. Ils ont bien marché.

*

Ils sont passés près d'une cavité creusée dans le rocher : une sorte de grotte humide, au fond de laquelle de la glace luit, de reflets mats. Il s'en exhale une haleine morte, porteuse de froid, de moisissure. Dans la tempête, cependant, l'abri de cette caverne sinistre suspendue en plein vide pourrait se révéler précieux. Mais aujourd'hui, le temps est radieux et les alpinistes la dépassent sans regret. Au-dessus, la paroi se redresse encore. C'est un mur lisse, qu'on ne peut éviter. Plus haut encore, une masse énorme, surplombante, de couleur fauve, bouche le ciel : la Rote Fluh, la Paroi rouge, monstrueux bastion barrant la face dans sa partie moyenne. Vincent et Renaud montent d'abord droit vers lui, puis obliquent encore, vers la droite cette fois-ci. Des ébauches de fissures, quelques dalles : deux longueurs de corde. Et la route est coupée : de grands pans de roc formant toiture s'avancent largement dans le vide et arrêtent toute vue vers le haut. Cependant, juste au-dessus des grimpeurs, une entaille verticale blesse la roche. Des ressauts la tronçonnent, on n'en voit que le départ, et il n'est guère engageant. Cependant, il est clair qu'il faut passer par là.

« Ce doit être la Difficile Fissure », dit Vincent. Renaud, silencieusement, acquiesce. L'aspect, en tout cas, justifie bien le nom. Renaud sait que c'est un passage de cinquième degré (ce qui, dans la terminologie des spécialistes, signifie « extraordinairement difficile »), l'un des plus ardus, techniquement parlant, de toute l'ascension. Mais cela le laisse, au fond, assez indifférent. Tout au plus éprouve-t-il une certaine curiosité. Pour Vincent, il n'est pas inquiet (une confiance consciemment aveugle fait partie du rôle de second de cordée; et la relation s'inversera, quand son tour viendra de conduire celle-ci). Mais lui-même, comment s'en tirera-t-il?

Vincent et lui se sont concertés brièvement sur l'opportunité d'une halte, la première depuis le départ. Mais l'endroit ne s'y prête guère; et l'un comme l'autre préfère se reposer après le premier passage de grande difficulté, plutôt qu'avant : tout doit se mériter. D'un commun accord, ils ont donc décidé d'attaquer sans aucun délai la fissure.

Au bout de quelques mètres, un petit surplomb se présente. Vincent l'a bientôt atteint et le surmonte en ahanant. Lourd et volumineux, son sac le tire en arrière et le déséquilibre. Peut-être aurait-il mieux fait de le laisser, pour le hisser ensuite à bout de corde?

Il a maintenant disparu. La corde file, très lentement, par à-coups, avec des pauses qui paraissent à Renaud d'autant plus longues qu'il n'en *voit* pas la raison. Il entend son compagnon haleter; puis, sa voix :

« Il y a un piton. »

Et, presque aussitôt, cette constatation désabusée :

« Il ne tient pas. »

Un tintement métallique : Vincent doit être en train de prendre un de ceux qu'avant d'attaquer la fissure il a pendus à sa ceinture. Et bientôt retentit un son clair, joyeux, que la paroi répercute : le bruit du marteau. Il sonne bien : cela signifie que le piton s'enfonce dans une roche franche, et tiendra. Un claquement sec – celui du mousqueton – et la corde repart. C'est à son seul mouvement et aux bruits qui lui parviennent que Renaud suit, en la devinant, la progression de son ami. Tout à l'heure, en le rejoignant, il aura lieu de confronter à la réalité cette imagination abstraite. Il sait qu'elles ne se ressembleront en rien.

Renaud préfère mener la cordée. C'est naturellement

beaucoup plus exaltant. Et puis, rien n'est si désagréable (et, à la limite, pénible) que ces attentes lorsqu'elles se prolongent : le froid pour le corps, l'anxiété pour l'esprit... On en sort amoindri, au moment de poursuivre. Renaud a souvent éprouvé cela, et l'a ressenti comme une petite injustice (ne faut-il pas qu'il y ait un second? Qui, au demeurant, a été souvent et redeviendra le premier...). En regard de ces inconvénients, le secours de la corde acquis à celui qui suit, lui semble une compensation fort mince, et de surcroît humiliante. Il ne s'agit, il est vrai, que de s'en passer...

La corde file, se tend; et la voix lointaine de Vincent invite Renaud à le rejoindre. Il repart. Immédiatement, l'escalade requiert toute sa force et toute son adresse. Dès le surplomb initial, il doit s'employer à fond. La fissure est haute – une trentaine de mètres – et les difficultés s'y succèdent sans interruption. Que le sac est donc lourd et gênant! De plus, Renaud doit récupérer les pitons au fur et à mesure de la montée. Son grand souci est de n'avoir pas besoin de l'aide de Vincent, de ne pas se faire (ni même se laisser) tirer d'en haut. Il y parvient assez bien, à sa satisfaction. C'est de bon augure pour la suite.

Le passage lui semble très long, et il serait absolument incapable d'évaluer le temps qui passe. De ce premier corps à corps avec le rocher de l'Eiger, il ne gardera qu'un souvenir imprécis. Certaines escalades ont une simplicité presque élémentaire, une belle rigueur qui les gravent dans l'esprit. Celle-ci au contraire est d'une complexité qui traduit à sa façon la structure tourmentée de la montagne. L'Eiger est campé de masses extraordinairement puissantes; mais si le regard s'attarde aux lignes ascendantes, il remarque que celles-ci sont incertaines, fuyantes ou brisées. Tout au plus, au-dessus des strates horizontales de la base, discerne-t-on ici ou là, parmi les fragments de pente basculés vers le vide, des tours plaquées, de lourdes cuirasses, des arcs-boutants.

L'énorme paroi est faite de morceaux mal ajustés, c'est un assemblage composite, un amalgame. D'où l'extrême diversité de l'escalade aussi, qui superpose à l'accumulation des difficultés particulières cette difficulté suprême née d'une constante discontinuité. Le rythme du corps en est rompu, l'esprit désorienté. L'alpiniste le plus complet peut seul y résister; et il n'a pas trop, pour cela, de toute sa force, son expérience et son habileté. Plus d'une fois, dans cet immense abîme confus, Renaud a évoqué l'étonnante unité de matière et de formes, la netteté d'un Grépon, d'une Civetta. Il y a là quelque chose qui satisfait pleinement les exigences de l'esprit, même si la surprise en est exclue. C'est un visage nu, on peut y lire à livre ouvert. Énigmatique, indéchiffrable, celui de l'Eiger est inquiétant, et peut-être maléfique. A force d'être dramatique, son histoire ressemble à une sombre légende ajoutée aux mythologies germaniques. Il serait dangereux de se laisser prendre à son envoûtement. Et cependant, comment ne pas se laisser entamer, quand on s'est mis en son pouvoir? L'Eiger règne par ses ombres.

En ce moment, l'action arrache puissamment Renaud à ces pensées, qui sont celles de l'attente ou du repos. Il se donne entièrement à elle, l'œil rivé à chaque parcelle de rocher proche qui dans l'instant forme son combat et en quoi se résument pour lui tous les problèmes de la vie. D'où l'importance de cette petite surface minérale, que cependant une autre, à la fois différente et semblable, ne tardera pas à effacer à jamais; avant de tomber elle-même dans le néant de l'oubli. Car, à un certain degré de tension, le présent seul peut compter. C'est ainsi que Renaud, émergeant au sommet du long passage, n'en retient que ce sentiment de difficulté très grande, d'effort extrême; et, dans son corps, cette subite lassitude qui, l'âpre combat terminé, peut enfin – jusqu'au prochain – se donner libre cours.

Vincent l'observe :

« Ça va?

– Ça va.

– Pas fatigué? »

Renaud jauge cette fatigue, normale après un passage aussi ardu, et sent qu'elle va très vite s'évanouir : le temps de reprendre souffle...

« Non, répond-il.

– Bon, ça! »

Renaud comprend ce que veut dire Vincent : dans une ascension de cette ampleur, une résistance exceptionnelle s'impose. Après ces sept cents premiers mètres d'escalade que couronne la Difficile Fissure, un alpiniste simplement « normal » pourrait ressentir assez durement déjà le poids de la lassitude. Mais l'Eigerwand ne s'ouvre pas, justement, aux alpinistes « normaux » : car il n'est pas normal de s'attaquer à lui; et il faut, pour oser le faire, être à bien des égards hors des normes courantes de courage et de volonté, d'expérience alpine, d'habileté, de résistance. En se mesurant à cette montagne d'exception, Renaud et Vincent seront tout au long de la course jugés par elle, d'un jugement sans indulgence et sans appel, que peuvent seules sanctionner la défaite ou la mort – celle-ci de préférence.

« Nous nous arrêterons avant la Traversée », dit encore Vincent. Et Renaud acquiesce.

L'aspect de la montagne, au-dessus d'eux, est de plus en plus hostile et inaccessible. Les énormes surplombs de la Rote Fluh barrent la route comme ils arrêtent la vue. C'est encore vers elle pourtant que monte le seul cheminement praticable, sorte de gorge verticale entaillée dans son fond. Plus haut, toutes les lignes se rejoignent. Vincent s'élève posément; puis s'arrête, à peu près à bout de corde. Il se retourne, son regard plonge.

« Ça passe! », crie-t-il.

Phrase rituelle, toujours attendue – et parfois, avec

quelle anxiété! Mais l'heure de l'anxiété n'est pas encore venue. Renaud rejoint Vincent, une fois de plus, et voit, vers la gauche, l'amorce d'une traversée ascendante, avec des tronçons de vire en dévers. C'est donc par là qu'on s'évade du gigantesque entonnoir renversé dans lequel ils ne cessaient de s'enfoncer et qui ressemblait si fort à un piège. Au bout de ce passage oblique il y a, ils le savent, la Traversée Hinterstoisser.

*

Ils se sont arrêtés sur un élargissement de la vire, une sorte de palier exigu. C'est à peine s'ils ont éprouvé le besoin de s'asseoir, les pieds dans le vide : l'immobilité suffit à leur apporter le repos. Maintenant, ils mangent posément; et plus par sagesse, de propos délibéré, que par appétit. Il serait plus juste de dire qu'ils grignotent : quelques morceaux de sucre, quelques fruits séchés, un peu de fromage, arrosés d'une gorgée d'eau. L'alpiniste, en montagne, mange souvent; peu à la fois – et peu au total : pour l'essentiel, il vit sur ses réserves et ne les reconstituera qu'au repos, après le retour. Pendant l'ascension, il s'agit simplement de « tenir », contre la fatigue et le froid. Le problème ne se pose vraiment qu'au bout de quelques jours de cette dénutrition et ne devient grave qu'en cas de durée excessive de l'épreuve, ou bien si des circonstances extérieures – la tempête, un froid glacial – précipitent l'épuisement de l'organisme. Dans le temps, Renaud et Vincent estiment leur marge de sécurité à trois ou quatre jours, selon les conditions. Peut-être même un peu plus. Cela devrait suffire. Au-delà, on entre dans un domaine de conjecture où tout reste possible, mais rien n'est assuré. Les alpinistes connaissent bien ce domaine-là aussi : il n'en est guère qui malgré eux ne l'aient un jour éprouvé.

Coincé sur ses quelques centimètres carrés de roche plane cernée de vide, Renaud essaie de se persuader qu'il est bien dans l'Eigerwand. Il s'est pourtant trouvé déjà dans les plus grandes parois des Alpes, et il le croyait alors sans peine. Aujourd'hui, pour la première fois, sa situation lui semble inimaginable. Pourquoi? Est-ce parce que l'Eiger est isolé, en proue du massif de l'Oberland? Que nulle cime en vis-à-vis ne lui donne sa mesure? Et que, de ses flancs, on domine non pas un glacier, une vallée proches, mais à perte de vue l'univers étranger de la plaine? Cette muraille est une frontière. Si effrayant d'autre part que soit, vu d'ici, le visage de la montagne, il est entièrement fermé, anonyme. Presque abstrait. Par moments, Renaud a l'impression de vivre un rêve éveillé. La réalité la plus dure est cependant là, présente dans la morsure du roc et les meurtrissures de son corps; mais son esprit vacille dans une sorte de vide intérieur. Et de ce contraste violent naît un sentiment d'étrangeté profonde, et presque de dépersonnalisation. Renaud ne s'en inquiète pas : il se sait transformé en bête à grimper. Cela est normal, sinon même nécessaire. Au terme de l'aventure il se retrouvera à la fois semblable à lui-même et, par elle, imperceptiblement transformé. Mais d'ici là, rien ne compte, que l'acte difficile de s'élever. Tout l'être s'absorbe en lui.

Renaud se demande si Vincent a de telles pensées — ne faudrait-il pas dire plutôt : une telle absence de pensée? Qu'importe, d'ailleurs? Tous deux se taisent. Partageant en tout la même épreuve, ils n'ont rien à se communiquer. Leurs paroles ne sauraient aller au-delà des prosaïques et nécessaires détails matériels : la corde; les prises; le chemin...

Bientôt neuf heures. Ils se relèvent, d'un même mouvement. Vincent repart dans la falaise gigantesque. Deux longueurs de corde encore, dans un espace qui ne cesse de s'étrangler, entre la base de la Rote Fluh et le vide énorme ouvert sous les alpinistes. Une cheminée difficile. Puis, Vincent fait halte; et Renaud le rejoint sur le fil d'une mince et courte arête où subsistent des traces de neige dure, glacée. Au-dessus de leur tête pendent des surplombs monstrueux. Et la muraille à leur gauche apparaît entièrement lisse, non pas verticale mais raide à l'extrême et déversée vers l'abîme. Renaud et Vincent se regardent et n'ont pas besoin d'échanger une parole : ils ont l'un et l'autre reconnu ce passage insensé, ce profil tranché de roche abrupte sans faille apparente, sans la moindre saillie où puisse s'attacher le regard et qui autorise un espoir de progression : la Traversée Hinterstoisser.

*

Non, rien n'est plus angoissant, plus désespérant que ce mur lisse et énigmatique. Renaud cherche un mot propre à le caractériser et n'en trouve qu'un : vide. Un vide matériel qui répond en quelque sorte au vide immatériel de l'à-pic et s'accorde à lui. Tel est donc le portail royal de l'Eigerwand, celui que les meilleurs seuls peuvent passer, mais au-delà duquel la retraite se fait aléatoire et ne peut être envisagée qu'en cas de stricte nécessité. A partir de là, par conséquent, l'ascension change de caractère. L'engagement auparavant limité et progressif devient instantanément total.

Un regard au ciel : il est beau, sans un nuage. Après avoir avec beaucoup d'attention scruté la muraille, Vincent repart, sans la moindre hésitation.

*

Il montait lentement, péniblement, en diagonale vers la gauche. Il a maintenant disparu derrière le bombement rocheux. Renaud est seul.

Mais a-t-il jamais cessé de l'être, depuis l'attaque de cette paroi écrasante? Rares ont été les instants où Vincent et lui se sont trouvés réunis. Et quand bien même ils étaient côte à côte, chacun d'eux restait muré en lui-même. Il en serait ainsi jusqu'à ce qu'ils sortent de la face. Car (comme tout ce qui rapproche l'homme de sa mort) le danger est aussi l'extrême solitude. Et la pensée même du danger, la tension qui l'accompagne, la mobilisation de tout l'être sont autant d'entraves à cette liberté de l'esprit sans laquelle il n'est pas d'échanges possibles. Renaud a déjà éprouvé cela, dans certaines situations critiques, mais jamais à ce point. Il s'agissait généralement de brefs instants de crise, de paroxysme qui, une fois résolus, ne laissaient pas de traces. C'est qu'il avait alors abordé l'ascension, si ardue fût-elle, d'un cœur léger et d'un esprit non prévenu. Ici, au contraire, dans cette montagne sombre et chargée d'un passé trop lourd, tout baignait dans une atmosphère dramatique. Jamais Renaud et Vincent n'avaient sciemment assumé un tel risque; et le danger très réel s'accroissait pour eux de tout ce poids d'angoisse amassé par le temps. Telle devait être la dure loi de l'Eiger. Peut-être, à vingt ans, se fussent-ils engagés dans l'aventure avec insouciance – et inconscience. Mais ils en avaient trente, leur combat serait celui de l'expérience et de la lucidité. Ce qui le rendrait plus sûr et méritoire, mais non pas plus facile. Car l'ignorance a ses grâces d'état.

Renaud, donc, est seul. Seul avec la roche qui l'environne et le surplombe; ou, plus exactement, entre roche et vide. Et à ce degré d'énormité, le vide lui-même devient quelque chose de réel : il a une épaisseur, une densité, il se met à peser. Monde totalement insolite, hors du monde. *La masse absolue de la mort* [1]... Cette phrase s'impose avec force à l'esprit de Renaud. Les poètes seuls ont l'intuition de ce

1. Paul Éluard.

qu'ils ne connaissent pas et, d'un assemblage de mots à la fois nécessaire et arbitraire, créent ou recréent un univers. La masse absolue de la mort est là, défiée par deux vivants. Qui sera le plus fort? Aujourd'hui, peut-être ces derniers. Mais la mort gagne toujours, pour finir. Elle seule a l'éternité devant elle. On pourrait aller jusqu'à dire : elle seule *vivra* toujours! Ces pensées s'agitent confusément dans l'esprit de Renaud; et l'étrangeté de la formule lui arrache un sourire crispé. Pour en revenir à cette montagne, où pas une vie animale ou végétale ne paraît, il remarque que la mort selon l'Eiger n'est pas seulement l'absence ou la disparition de la vie, mais l'état de ce qui ne l'a *jamais* connue, et lui reste à jamais impénétrable : le royaume même de la Mort. D'où l'effroi viscéral qui guette quiconque s'y est hasardé. Cependant, l'attention de Renaud se détourne de l'invisible vers le visible : c'est-à-dire, en premier lieu, la corde. Souple, mobile, liée à son corps, elle seule bouge dans l'immense paysage minéral. Et ce mouvement semble lui conférer une sorte de vie – la seule sensible ici, et ce n'est qu'un leurre! Il ne fait, bien sûr, que traduire la progression de Vincent; mais Vincent est invisible. Renaud ne cherche même pas à imaginer ses gestes; et cette lente reptation de la corde devient pour lui un mouvement autonome. La corde se met donc à vivre, à ses yeux, de sa vie propre – étroitement unie, cependant, à celle des alpinistes, qu'elle engage. Mais Renaud lui fait confiance : ils ont déjà partagé des aventures insensées, et ils en sont revenus ensemble, c'est une vieille amie... Quelque chose de plus, en tout cas, qu'un objet inanimé (en ce moment, du moins, dans un monde à ce point figé, hostile). Renaud suit attentivement du regard sa progression irrégulière : de longs arrêts, des frémissements, de petits bonds; et il s'avise que sa solitude, étrangement, s'en trouve allégée.

D'autres cordes, cependant, pendent au-dessus de lui dans l'à-pic; ou plutôt, des morceaux, des lambeaux de vieilles cordes, hachées par les chutes de pierres, effilochées : restes d'ascensions précédentes, de vaines tentatives, de retraites désespérées, d'accidents... Celles-là sont choses mortes. Renaud sait que sa voie sera jalonnée de ces débris qui sont aussi des témoignages lourds de secret, et parfois pathétiques. Il aperçoit aussi, au-dessus de sa tête, quelques pitons rouillés et tordus; et, çà et là, des taches blanches qui marquent les points d'impact des pierres tombées de la partie supérieure de la paroi. Il y en a des dizaines, dont chacune prend une signification menaçante. Renaud se prend à guetter le silence énorme, si rassurant, de la muraille. On parle en général de silence de mort. Mais ici, paradoxalement, le silence est synonyme de vie. Dans quelques heures – ou quelques minutes? – la paroi, touchée en ses parties hautes par le soleil, se « réveillera ». Une première pierre, libérée du gel nocturne, sera précipitée dans le vide et rebondira, par sauts successifs de plusieurs centaines de mètres, jusqu'aux éboulis de la base. D'autres la suivront bientôt, de plus en plus rapprochées, de plus en plus groupées. Il y aura des volées, de véritables canonnades qui gronderont, longuement répercutées, dans la vaste paroi concave. Ce sera comme un bombardement en terrain nu, impossible à prévoir, à éviter. Et les alpinistes ne pourront que le subir, résignés, le dos rond; sachant que le moindre caillou ainsi lancé dans l'espace avec l'énergie d'un projectile a toutes les chances, s'il atteint l'un d'entre d'eux, de lui être mortel, et que son compagnon sans doute arraché le suivra dans sa chute; mais espérant, malgré tout, que de ces centaines, de ces milliers de pierres qui voleront vers eux, nulle ne les touchera.

Pour l'instant, tout est calme. Renaud respire profondément et goûte ce répit, qui pourrait bien être le dernier. Il contemple encore le mur au-dessus de sa tête, par où il paraît à la fois impossible et nécessaire de passer – par où on passe effectivement. Et il pense aux premiers qui ont eu l'audace de concevoir et de réaliser cela.

*

Le 18 juillet 1936, les Autrichiens Edi Rainer et Willy Angerer et les Bavarois Andreas Hinterstoisser et Toni Kurz attaquaient la face. Au début du même mois, les deux premiers avaient poussé une reconnaissance jusqu'au pied de la Rote Fluh et bivouaqué là avant de redescendre, repoussés par les mauvaises conditions de la montagne, entièrement verglacée. Ils inauguraient ainsi la voie des Piliers, qui devait être généralement empruntée par la suite. L'année précédente, les Allemands Max Sedlmayer et Karl Mehringer avaient été les premiers à oser tenter l'ascension de l'Eigerwand, mais l'avaient attaqué beaucoup plus à l'est, à l'aplomb du sommet. Ils avaient réussi à atteindre directement le Premier Névé, au prix de difficultés extrêmes. Ils avaient même pu gagner et franchir le Deuxième Névé; mais le quatrième jour de leur tentative la tempête était survenue, elle les avait enveloppés et avait caché leur lente agonie. Sedlmayer et Mehringer étaient morts prisonniers de la muraille, qui pendant des années garderait leurs corps. Beaucoup d'autres après eux connaîtraient un tel sort.

La tentative d'Angerer et Rainer était la deuxième; mais ils souhaitaient éviter l'escalade très ardue de la base de la paroi à l'aplomb du Premier Névé en l'attaquant vers la droite, où elle paraissait beaucoup plus accessible. De fait, leur itinéraire permettait de gravir sans difficulté majeure le tiers inférieur de la paroi; mais il venait buter sur l'insurmontable Rote Fluh. De ce point, il fallait donc découvrir et forcer un passage permettant de rejoindre, en traversée ascendante, la voie de Sedlmayer et Mehringer, à proximité du Premier Névé. Et rien ne permettait d'affirmer que ce passage existât. Tel était pour Angerer et Rainer le premier problème à résoudre, lorsqu'ils repartirent vers l'Eigerwand. Ce jour-là, une autre cordée – celle d'Hinterstoisser et de Kurz – était dans la paroi. Mais les quatre hommes se rejoignirent au pied de la Paroi rouge, et décidèrent d'unir leurs efforts.

C'est alors qu'avec une extraordinaire hardiesse Andreas Hinterstoisser se lança dans la grande traversée qui devait prendre son nom : quarante mètres de roche lisse et nue surplombant sept cents mètres d'à-pic. Il passa, et ses compagnons le suivirent. La traversée exigeait un rappel oblique. Lorsque tous l'eurent franchie, la corde fut retirée. A partir de là, le retour leur étant interdit, leur seule chance de salut était de gravir toute la face et d'atteindre le sommet. Mais cela, ils l'ignoraient. Ils ne pensaient et ne croyaient qu'à la victoire. Ils atteignirent et traversèrent rapidement le Premier Névé, forcèrent la difficile barrière rocheuse qui le sépare du Deuxième. Tout allait bien, les plus grands espoirs semblaient permis. Cependant, les spectateurs qui de la Petite Scheidegg, inévitable avant-scène de ce théâtre tragique, suivaient l'ascension à la longue-vue, remarquèrent que la marche de la seconde cordée – celle des Autrichiens – s'était considérablement ralentie. Que s'était-il passé là-haut? On en est réduit aux conjectures. Il semble qu'Angerer ait été blessé, sans doute par une pierre. Les Allemands attendirent les Autrichiens, les aidèrent à les rejoindre et tous bivouaquèrent sous le Deuxième Névé. Ils avaient en une seule journée gravi plus de la moitié de la face, mais avec un homme affaibli et handicapé leurs chances se trouvaient désormais compromises.

Le lendemain, par un temps incertain, ils repartirent et remontèrent le Deuxième Névé, puis la muraille qui le sépare du Troisième. Les deux cordées ne se séparaient plus et, du fait d'Angerer, la progression était devenue très lente. Ils ne purent ce jour-là surmonter plus du tiers de la dénivellation couverte la veille.

Seraient-ils en mesure d'atteindre le sommet le lendemain? C'était plus que douteux. Toutefois, ils ne renonçaient pas. Le matin du troisième jour, Hinterstoisser et Kurz reprirent la montée en direction du Troisième Névé. Restés au bivouac, les Autrichiens, eux, ne bougeaient pas : ce qui devait signifier qu'Angerer était hors d'état de poursuivre. Leurs compagnons ne tardèrent pas à s'arrêter, puis à redescendre vers eux. C'était la retraite. Décision amère, quand près des deux tiers de la face étaient gravis; et lourde de conséquences. Après une longue halte des Allemands au bivouac, les quatre hommes repartirent ensemble. Il leur fallut toute la journée pour redescendre trois cents mètres et atteindre le Premier Névé, auprès duquel ils établirent leur troisième bivouac.

Un quatrième jour se leva. Il leur restait à descendre le névé et à franchir, en sens inverse, la grande traversée. Ensuite, ils seraient vraisemblablement hors de danger. C'est du moins ce qu'ils pensaient. Ils ne savaient pas encore qu'ils étaient pris au piège. De plus, le temps changeait rapidement, la tempête se levait – l'éternelle tempête de l'Eiger. Rien en effet ne protège ce bastion avancé des Alpes, que son orientation nord-ouest expose d'autre part à subir dans sa pleine violence l'assaut de toutes les intempéries. Les périodes de beau temps de plus de deux à trois jours y sont exceptionnelles; les tourmentes, soudaines; et tel est le risque principal que présente l'interminable ascension de l'Eigerwand. Après Sedlmayer et Mehringer, et avant beaucoup d'autres, Hinterstoisser et ses compagnons allaient en faire la cruelle expérience.

Ils avaient réussi à descendre le névé, et seules les quelques dizaines de mètres de la traversée les séparaient du salut. Mais ils avaient retiré la corde, et ce court espace leur était devenu infranchissable. La vie était là, à un jet de pierre, cependant elle était inaccessible...

A travers les déchirures des nuages qui montaient en moutonnant à l'assaut de la montagne, les spectateurs de la Scheidegg purent encore voir les efforts désespérés et infructueux des alpinistes pour forcer le passage. En altitude, il neigeait déjà; avalanches et chutes de pierres balayaient la paroi, que le verglas recouvrait rapidement. Puis le brouillard s'épaississant fit tomber le rideau sur le drame qui se jouait là-haut.

*

Il y eut cependant des témoins; et d'autres acteurs allaient entrer en scène. Cette terrible montagne présente en effet l'extraordinaire particularité d'avoir été forée de part en part, traversée qu'elle est intérieurement par le long tunnel du chemin de fer de la Jungfrau. La voie affleure même par endroits la surface, au point que deux courtes galeries transversales ont été creusées, qui débouchent en pleine paroi. La plus basse de ces fenêtres (dite le « Stollenloch » – trou du voleur), sise à droite et en dessous de la Difficile Fissure, a servi à jeter dans l'à-pic les déblais du tunnel, lors de sa construction, et contribue à l'aération de celui-ci. L'autre s'ouvre sous le Premier Névé, à gauche de la Traversée, et correspond à la station du chemin de fer dénommée précisément « Eigerwand ».

Ayant perdu des heures en vains efforts, Hinterstoisser et ses compagnons avaient fini par comprendre que sans le secours de la corde qui leur avait permis, en pendulant, de franchir la traversée à la montée, le retour par cette voie était absolument impossible. Comme on l'a dit depuis, ils avaient bien trouvé la clé et forcé la porte de l'Eigerwand. Mais celle-ci s'était refermée sur eux, et ils avaient jeté la clé – sans le savoir! Il ne leur restait donc que la solution désespérée consistant à tenter de descendre directement, au milieu des chutes de pierres et des avalanches déchaînées par la tempête, la muraille verticale et parfois même surplombante qui tombe du Premier Névé jusqu'à la base, et dans laquelle s'ouvre la fenêtre de la station. C'était la voie de montée de Sedlmayer et Mehringer, et elle leur avait coûté près d'une journée de durs efforts. Encore étaient-ils en pleine force, et les conditions de la montagne clémentes. Hinterstoisser et ses compagnons s'engageaient, eux, durement éprouvés déjà, dans un enfer blanc, vertical et glacé. Mais ils n'avaient plus le choix. S'ils parvenaient à gagner la fenêtre, ils étaient sauvés.

Vers midi, von Allmen, garde-voie du chemin de fer, s'avança jusqu'à l'extrémité de la galerie, ouvrit la porte qui donne sur la paroi. En pleine tempête, l'aspect de celle-ci était effroyable. Et il était plus effrayant encore de penser que des hommes se débattaient dans ce gouffre.

Von Allmen entendit à faible distance – une centaine de mètres peut-être – les voix des alpinistes. Il les héla, et cet appel proche dut les réconforter, car ils lui répondirent d'une voix joyeuse. « Tout va bien », criaient-ils. Rassuré, escomptant leur arrivée à bref délai, le préposé rentra dans le tunnel et regagna son baraquement, pour leur préparer du thé. Puis il attendit. Le temps passait. Une heure. Deux. Il prit le parti de ressortir.

On n'entendait plus dans l'Eigerwand que le hululement sinistre du vent et le fracas des avalanches. Von Allmen appela. Une seule voix lui répondit, et elle avait l'accent du désespoir. C'était celle de Toni Kurz.

« Au secours! criait-il. Tous les autres sont morts. Je suis seul. »

Von Allmen ne pouvait rien faire. Il rentra dans le tunnel et téléphona à la station Eigergletscher. Des guides se trouvaient là-bas. Ils partirent aussitôt, sans hésiter. Un train spécial les monta jusqu'à la galerie. Ils sortirent de celle-ci et s'engagèrent dans l'à-pic. Il fallait un singulier courage pour quitter ainsi le havre où ils se trouvaient et se hasarder en pleine paroi verglacée, et en pleine tempête. Mais jamais aucun guide n'a laissé un homme en montagne sans tenter tout ce qui était possible – et même l'impossible – en vue de le sauver.

Conduits par les cris, ils montèrent lentement et découvrirent Toni Kurz pendant à bout de corde. Ils en étaient encore à une centaine de mètres.

En quelques phrases hachées, Kurz leur relata le drame qui venait de se dérouler : Hinterstoisser, le meilleur grimpeur des quatre, était tombé le premier, à un moment où il se trouvait décordé. La corde de Rainer était restée coincée dans un mousqueton, il n'avait pas pu l'en dégager et, ainsi immobilisé, était mort de froid et d'épuisement. Angerer avait fait une chute et sa corde l'avait étranglé. Ainsi, Toni Kurz avait en peu d'instants vu périr sous ses yeux tous ses compagnons; et il était resté seul, dans une position désespérée.

Les guides examinèrent la situation. Il leur aurait fallu, comme le conseillait Kurz, l'atteindre par le haut, en montant d'abord, pour gagner et puis redescendre une fissure équipée de pitons par les infortunés alpinistes durant leur retraite. Mais, sur la roche entièrement poudrée de neige et verglacée, cette montée s'avéra impossible. La seule ressource serait donc de s'approcher de Kurz par le bas, où le passage paraissait praticable. S'approcher de lui, et non pas l'atteindre, car il était suspendu en plein surplomb, à un endroit inaccessible. De plus, le jour baissait et il ne restait aux guides que le temps de rejoindre la galerie. Ils reviendraient le lendemain – s'il en était encore temps... Ils rebroussèrent donc chemin, la mort dans l'âme, poursuivis dans le crépuscule par les cris d'angoisse et de détresse insoutenables du malheureux Kurz.

Alors commença une nuit atroce, interminable pour l'homme ainsi suspendu sur un abîme d'ombre, au milieu de l'orage et des avalanches, entièrement désarmé, en proie à un froid mortel. Ses pieds, ses mains, ses bras et ses jambes gelaient progressivement. Mais sa résistance était incroyable. Et quand le jour enfin se leva, il vivait encore! Les guides, qui fidèles à leur promesse étaient revenus dès l'aube, essayèrent alors la manœuvre que l'heure tardive leur avait interdite la veille, et ils montèrent en direction de Kurz.

Ils parvinrent à quelques dizaines de mètres en dessous de lui, mais furent arrêtés par un surplomb qui les empêchait même de le voir. La seule solution leur restant consistait à lui faire parvenir une corde. Mais comment? Les tentatives de lancer à l'aide de fusées échouèrent. Il aurait dès lors fallu que Kurz pût envoyer aux guides n'importe quelle ficelle, n'importe quel filin auquel ils auraient accroché le matériel nécessaire. Mais il n'avait naturellement rien à sa disposition. Les sauveteurs pensèrent alors à la corde de Willy Angerer, à laquelle celui-ci était resté pendu, une dizaine de mètres au-dessous de Kurz. Il fallait que ce dernier coupât la corde et en récupérât la plus grande longueur possible. C'était pour lui une tâche terrible à tous points de vue; mais on ne pouvait rien envisager d'autre.

Kurz ne disposait plus que d'une main, et combien malhabile, l'autre étant totalement gelée, et morte. Il essaya néanmoins, parvint à descendre auprès du corps, à trancher la corde à coups de piolet; et réussit même à remonter en se hissant, pour la couper une seconde fois, le plus haut possible, puis la fixer au piton qui le maintenait. Il avait ainsi à sa disposition une portion de corde de quelque huit mètres; mais celle-ci ne représentait pas le quart de la distance qui le séparait des sauveteurs! Un nouveau travail surhumain s'imposait à Toni Kurz : disséquer, à l'aide d'une seule main et de ses dents, cette corde entièrement durcie par le gel; et nouer bout à bout les brins qui la composaient, de façon à obtenir une longueur suffisante. Cet homme suspendu dans le vide, en pleine tempête, depuis près de vingt-quatre heures, trouva encore en lui la force et la volonté d'entreprendre cela et de l'accomplir. Il lui fallut cinq heures!

Cependant le corps d'Angerer, soudé à la roche par le gel, ne s'était pas détaché quand Kurz avait coupé la corde qui le retenait. Ce n'est que plus tard qu'une avalanche l'arracha. Son corps passa tout à côté des guides, en tournoyant dans le vide.

La journée s'écoulait, interminable dans la tourmente. Lorsque enfin le filin si péniblement confectionné par Kurz descendit jusqu'à eux, ils y attachèrent une corde et du matériel d'escalade, que l'alpiniste parvint encore à hisser. Mais la corde était de quelques mètres trop courte, et il fallut en ajouter une seconde, liée par un nœud à l'extrémité de la première.

Les préparatifs de la descente durèrent encore une heure. Elle ne devait plus poser de problèmes : Toni Kurz était installé dans une boucle fixée par un mousqueton à la corde, qu'il suffisait de faire coulisser. Malgré la gravité de ses gelures, son sauvetage semblait désormais assuré.

Il descendit sans encombre vingt, trente, trente-cinq mètres et, le surplomb dépassé, apparut enfin au regard des guides, à cinq ou six mètres d'eux.

C'est alors que, trop gros pour passer dans le mousqueton, le nœud qui unissait les deux cordes stoppa la descente!

Les efforts désespérés de Toni pour vaincre cette ultime résistance devaient rester vains, et il y consuma en peu d'instants ses dernières forces. Après tant de cruelles souffrances et une lutte aussi âpre et courageuse, cette agonie à portée de main du salut devait apparaître aux sauveteurs comme le suprême raffinement d'un sort impitoyable. Il était impossible de l'accepter sans révolte.

Toni Kurz se raidit, poussa quelques gémissements, son corps bascula en avant : il était mort. Ainsi prit fin son supplice, qui avait duré tout un jour et toute une nuit. Son incroyable résistance ne lui avait permis que de souffrir plus longtemps, en pure perte.

Toni Kurz se destinait à être guide. Il respirait la joie et l'ardeur de vivre. Sa jeunesse, sa gaieté lui valaient la sympathie de tous ceux qui l'approchaient. Toute l'histoire de la montagne ne comporte guère de pages aussi cruelles que sa fin et celle de ses compagnons. Ces garçons courageux et décidés avaient mérité de gagner, et peut-être auraient-ils réussi sans la blessure d'Angerer. Ils avaient au contraire succombé après un combat sans merci, sur cette paroi qui révélait à quel point elle pouvait être implacable. C'est à la suite de ces premières tragédies, et afin d'en éviter d'autres susceptibles de mettre en danger la vie des sauveteurs eux-mêmes, que les autorités cantonales de Berne interdirent l'accès de la face! Mesure sans précédent, très controversée; et qui devait au surplus rester lettre morte : que pèsent en effet les sanctions humaines, pour des hommes intrépides déterminés à affronter celles, autrement redoutables, de la montagne!

Le sort d'Hinterstoisser et de ses amis était sans doute injuste. Mais les lois de l'action, comme celles de la vie, ignorent souverainement l'équité. La récompense va à la victoire; et la victoire ne se soucie pas toujours du mérite.

*

C'est à cela que songe Renaud pendant le long temps mort de l'attente, tandis que Vincent invisible rampe vers l'autre versant de la Traversée, celui qui les mènera à la route du sommet, aux pires difficultés, à leur destin incertain. Il pense aux quatre hommes qui se sont trouvés là un jour, à cette même place; qui ont osé franchir la porte de l'inconnu; et qui, prisonniers de leur conquête, jamais ne sont redescendus. Il y pense malgré lui, il ne peut s'en empêcher. Du moins essaie-t-il d'évoquer ce drame comme une très vieille histoire, avec quelque détachement; car l'imagination est mauvaise conseillère. Mais comment être détaché, sur cet Eiger dont par une étrange et sinistre rencontre le nom signifie l'Ogre, le mangeur d'hommes, et qui l'a si bien mérité? Et surtout, comment l'être en ce lieu précis, à quelques dizaines de mètres de l'endroit où les quatre alpinistes ont péri si tragiquement? Bien sûr, d'autres depuis ont en triomphant de la face conjuré la malédiction qui semblait peser sur elle. D'autres ont passé là, déjoué tous les pièges accumulés, atteint la cime et, au-delà d'elle, retrouvé la vie. Renaud sait qu'il triomphera de l'épreuve recherchée. Ou du moins, il le croit, avec une force de conviction plus puissante que toutes les craintes, raisonnées ou non. Cette confiance fait partie du grand jeu, elle en est une pièce maîtresse et trouve son origine dans la volonté autant et plus que dans le sentiment. C'est une arme, dont Renaud n'est pas éloigné de penser qu'elle compte autant que l'expérience ou que les capacités techniques. Elle est la condition (non pas suffisante, mais nécessaire) de leur efficacité. Il ne faut jamais perdre cela de vue. Je sais bien, se dit Renaud, que l'Eiger est très fort. Cependant, aussi longtemps que je crois être le plus fort, et que je me conduis en conséquence, j'ai une chance de le rester. Je n'ai à craindre que la crainte elle-même...

C'est aussi ce qui lui permet d'affronter sans dommage les souvenirs terribles qui hantent cette muraille. Tout au plus ont-ils la force de s'imposer à lui. Il ne se laisse pas entamer par eux. Mais il ne s'y complaît pas. Ces fantômes resurgis de l'abîme sont les fruits douteux de l'attente et de l'inaction. Vincent, là-haut, n'a guère lieu d'avoir affaire à eux! Et Renaud a grand-hâte de repartir, de poursuivre l'escalade qui l'en libérera. Le présent seul alors existera, et il n'y aura plus place en lui que pour cette concentration précise, totale, qui commande le geste. L'action est l'éclatante affirmation de l'être. Elle l'absorbe tout entier, se nourrit de lui, mais le porte en revanche au plus haut point de lui-même. Échange surprenant : c'est elle-même qui permet les prodiges qu'elle exige! Renaud regarde la roche nue, sans faille, sans aspérité. Il brûle d'y engager toutes ses forces et toutes ses pensées.

La corde s'immobilise. « Viens! », lui crie au même instant la voix lointaine de Vincent.

*

Renaud grimpe, le corps déversé à l'extrême. La pente rocheuse s'incurve et s'accentue encore au-dessous de lui. Il n'en peut voir que quelques mètres, et au-delà d'un vide immense son regard se pose sur la vallée profonde et bleue, baignée d'une brume tremblante. Une fois de plus, l'impression d'irréalité le dispute en lui aux âpres contingences de la montagne. Comme il arrive souvent d'un passage trop fameux, celui-ci se révèle tout compte fait moins difficile qu'il ne l'escomptait. Malgré le sac, qui le gêne en le déséquilibrant, il a l'impression de monter bien; et même, de monter vite.

« Ça va? crie Vincent, d'en haut.

– Ça va. »

Il se sent content, et presque tranquille. Il lui semble qu'il ne peut rien lui arriver. C'est en cet instant précis qu'une série de claquements secs, précipités, déchire le silence : l'Eiger s'est réveillé.

« Attention! » crie la voix. Renaud se plaque entièrement contre le rocher. Faute pour lui de pouvoir s'y incruster, sa seule ressource est d'offrir aux projectiles le moins de surface possible. C'est à peine s'il soulève quelque peu la tête, de façon à pouvoir regarder en l'air. De toute façon, il se sent entièrement désarmé, vulnérable : même s'il avait le temps de voir venir un projectile, il n'aurait pas en un tel terrain la possibilité de l'éviter. Il faut donc bien faire confiance au hasard aveugle; et rien n'est plus pénible que ce sentiment d'irresponsabilité personnelle et d'impuissance.

Le martèlement irrégulier se rapproche avec une terrible rapidité. Vincent et Renaud se taisent. Ils attendent.

Des points noirs, très mobiles, apparaissent dans le ciel. Une multitude de points noirs, d'inégale grosseur, composant un tableau mouvant : figure instantanée qui se déforme, éclate comme une nébuleuse. Déjà, elle est sur eux. La volée de pierres s'abat en crépitant, gicle, rebondit, grêle serrée dont Renaud est encerclé. Il attend le choc et l'arrachement, mais rien ne vient. Un murmure assourdi s'élève de l'abîme, où il meurt. Renaud reste aux aguets, redoutant une autre chute de pierres. Mais non, décidément la montagne se tait. Un silence écrasant se réinstalle. Il hèle Vincent :

« Rien?

– Rien. Et toi?

– Non. Ça va. »

Les situations extrêmes sont indicibles et se résolvent en peu de mots. La gravité n'incline pas aux discours. En fait, tout s'est déroulé en quelques secondes, dilatées à l'infini par la présence possible de la mort.

« La corde? »

C'est vrai : il y a cela aussi. Une seule pierre, tranchant un ou plusieurs de ses brins, peut suffire à la mettre hors d'usage. Renaud examine attentivement toute sa partie visible. Mais non, elle ne semble pas avoir été touchée.

« Intacte!

– Bon. »

L'alerte a été chaude. Il se détend quelque peu, mais une inquiétude sourde en lui reste en éveil. Ce calme revenu n'est qu'un répit, et il le sait bien. Ils n'avaient eu à compter jusqu'à présent qu'avec leurs propres faiblesses, leurs propres erreurs. Ils pouvaient à tout moment tomber – mais c'eût été leur propre faute. Or, voici qu'ils viennent d'éprouver pour la première fois l'hostilité active de la paroi, et elle les poursuivra désormais. Sans doute y a-t-il quelque arbitraire, ou quelque naïveté, à prêter à la montagne des sentiments. L'Eiger n'est qu'un géant aveugle. Sa force est monstrueuse, mais c'est une force d'inertie. Toutefois, dans un tel corps à corps, il est difficile de ne pas voir l'adversaire là même où l'on n'affronte qu'une matière minérale et de ne pas lui attribuer l'intention de résister à l'homme, par tous les moyens dont il dispose; sinon même de l'anéantir, cet homme qui ne supporte pas, au fond, de lutter contre l'inanimé et n'a cessé de s'inventer des mythologies, à seule fin de pouvoir donner aux choses un nom... Hasard ou prédestination, l'Eiger avait le sien avant même que des hommes ne vinssent d'eux-mêmes se faire manger par lui – car ce n'est pas lui qui est allé les chercher! Ce dernier point d'ailleurs pourrait se discuter : il y a des façons d'être là et d'attendre, de toute éternité, qui ont quelque chose de provocant. On peut agir par sa seule présence, par sa masse même. L'Eiger ne s'en fait pas défaut, mais c'est le cas de bien d'autres montagnes. Au surplus, l'homme crée ses propres adversaires. Ce qui donne à réfléchir. Mais ce n'est plus, ou pas encore, pour Renaud le temps de la réflexion : il est en train de « faire » la Traversée Hinterstoisser! Il a accompli le fameux rappel pendulaire, passé la ligne qui a longtemps formé tout son horizon, et qui s'efface au moment même où il la franchit. Le voici parvenu sur l'autre versant. Il voit de nouveau Vincent. Et en même temps lui apparaît une perspective nouvelle de la montagne, qui se rouvre vers le haut. Il serait très excessif de dire que son aspect est engageant. Mais il n'est pas non plus désespérant, comme l'était la Rote Fluh qui profile maintenant vers la droite ses surplombs hallucinants. Le mur qui doit mener au Premier Névé ne promet pas le passage, mais il ne le refuse pas non plus. La partie est jouable. En attendant, les grimpeurs ont une fois de plus changé d'univers – et, cette fois, dans l'Eiger lui-même. Il y a déjà derrière eux la zone relativement facile du socle, avec ses terrasses et ses vires; il y a celle des premières difficultés sérieuses, des premières empoignades : les piliers et surtout la Difficile Fissure. Il y a la coupure radicale de la Traversée. Les voici maintenant en pleine face, enfermés avec l'Eiger, jusqu'au sommet. Ils sont au centre de l'énorme muraille concave, creuse comme une coquille vide. Où qu'ils regardent, de toute part, les lignes convergent et semblent se refermer sur eux.

Renaud se rétablit à côté de Vincent sur une minuscule plate-forme et jette un coup d'œil au-dessous de lui : le passage est devenu indéchiffrable. Ainsi d'une page qu'on chercherait à lire à l'envers. Mais pour l'instant, peu lui importe. Sa vie se déroule de bas en haut, l'avenir n'a d'autre direction que celle de la cime. Tout au monde se résume à cette trajectoire ascendante, très simple et très difficile. Les alpinistes ont bien laissé en place, dans la Traversée, la corde fixe qui seule permettra leur retraite en cas d'absolue nécessité; mais, la retraite, ni l'un ni l'autre ne l'envisage seulement. Cette corde est une clause de style alpin.

« Pas trop dur? demande Vincent.

– Non. »

Renaud est sincère : la Traversée l'a agréablement surpris. Toutefois, il doit ajouter aussitôt cette restriction : « C'est... autre chose. »

Oui : autre chose que la difficulté sèche. Sur cette montagne, d'ailleurs, tout est toujours *différent*. Différent de toutes les autres montagnes. Différent de tout. Pourquoi? Il serait trop long et trop compliqué de chercher à l'analyser. Mais il demeure ceci : que le plus difficile à vaincre, dans cette aventure, n'est pas la difficulté... Il faut considérer aussi et surtout l'énormité de cette muraille et de ce vide, celle du risque encouru; l'histoire entièrement sanglante et sombre de l'Eiger, dont s'enveloppe encore toute tentative; enfin, cette présence écrasante de la montagne qui, tout bien considéré, n'est peut-être au contraire qu'une absence monstrueuse, totale au point d'en venir à peser très lourd. La mort elle-même ne serait-elle, au fond, rien de plus qu'une absence, une vacuité absolues, capables de tout combler, de tout engloutir?

« Oui, répète Vincent rêveur, c'est autre chose... » Il n'ajoute rien, mais cela suffit à Renaud pour savoir qu'ils sont bien tous deux dans le même univers, qu'ils le voient et le ressentent de la même façon.

Ils n'ont même pas parlé de la chute de pierres. A quoi bon? Ils savent qu'il y en aura d'autres, fatalement; et qu'ils ne pourront sans doute pas faire grand-chose pour se mettre à l'abri. La seule précaution possible consiste à observer un certain nombre de règles de sécurité tout à fait générales – et assez inopérantes sur une montagne entièrement exposée, comme celle-ci, aux risques objectifs. Il n'y a donc pas lieu d'épiloguer.

Renaud et Vincent font cordée depuis six ans. Ils s'entendent bien. Il ne s'agit naturellement pas là d'un simple accord sportif, ce serait un peu court. Mais ils aiment la montagne de la même façon, qui est d'abord discrète, car ils n'en parlent guère. Cette discrétion elle-même est du reste un élément essentiel de leur entente. Ce serait peu de dire qu'ils se comprennent à demi-mot : il y a un langage des silences, et un seul regard échangé peut suffire à exprimer bien des sentiments. Surtout quand il s'agit de la montagne, toujours liée à l'indicible, et qui ne parle pas volontiers aux bavards. Or, c'est sur elle que s'est fondée l'amitié des deux hommes, qui en a pris la forme. L'été, ils partent ensemble vers elle; l'hiver, ils en rêvent. Leurs relations se sont établies sur ce plan et ne le quittent guère. Là est pour eux tout ce qui compte. Ils ne parlent ni métier, ni vie privée. Vincent est ingénieur, Renaud professeur de lettres, mais la montagne est leur vocation commune. Elle est exigeante. A trente ans, l'un comme l'autre sont célibataires. Renaud ne connaît même pas à Vincent de liaison féminine. Mais Vincent, de son côté, connaît-il seulement le nom de Claire? Il ne l'a en tout cas jamais vue, son ami ne lui en parle pas : elle appartient à un autre monde; à une autre vie, que Renaud se juge parfois cruel d'estimer secondaire et de traiter comme telle. La vérité est qu'elle représente pour lui un attachement, non pas une attache. Et toute la différence est là.

Claire n'aime pas la montagne. Plus exactement, elle ne la connaît pas et n'est pas attirée par elle. Renaud l'a emmenée un jour à l'aiguille du Tour, sommet facile et beau. Malgré toute sa bonne volonté, elle est restée indifférente. Ils ont été déçus l'un et l'autre. Mais ces passions-là ne se commandent pas. Il a donc renoncé à lui faire partager la sienne; mais renoncé, du même coup, à lui faire partager sa vie : ne voulant pas avoir à faire à tout instant un choix, à créer une séparation, un partage. Ainsi s'est établie dans son existence une manière de cloisonnement très strict et, tout compte fait, bénéfique. Incapable de partager la passion de Renaud, Claire est assez intelligente pour la comprendre et assez raisonnable pour l'admettre. Cela bien posé, il n'y a pas, entre eux, de différend à cet égard. C'est un amour tempéré et sage. Claire, qui doit être en train de se dorer dans quelque calanque, ne sait même pas que Renaud est parti pour l'Eiger. Mais de toute façon, ce nom ne signifie rien pour elle.

Renaud, qui ne pense pas à Claire, regarde le mur filer

au-dessus de lui : irrégulier, bosselé. Il débute par une fissure verticale. On est en plein rocher, et ce rocher est ici parfaitement sec. Le glaciériste Renaud n'est pas encore parvenu dans son domaine. Mais Vincent conduit la cordée depuis la base de la paroi, et son compagnon en éprouve quelque scrupule.

« Si je prenais la tête? » propose-t-il.

Vincent le regarde, un peu surpris; et Renaud croit bon d'ajouter, en matière d'explication :

« Le Premier Névé n'est plus très loin. »

Vincent ne répond pas. Il pourrait faire des objections, mais doit craindre qu'en ce cas Renaud n'y voie que l'expression d'un manque de confiance. C'est pourquoi il se tait, et Renaud saisit parfaitement le sens de ce silence. En définitive, il n'a pas tellement envie de conduire dans le rocher – mais n'ose continuer de laisser cette tâche à son ami. Et Vincent lui-même préférerait sans doute rester en tête – mais n'ose le dire... C'est entre eux comme un petit jeu de scrupules déguisés ou tus, qui les conduit avec sûreté à faire tous les deux l'inverse de ce qu'ils souhaiteraient secrètement. Où la délicatesse ne va-t-elle pas se nicher?

« Comme tu voudras », consent finalement Vincent avec bonne grâce. Ils échangent un regard qui signifie qu'ils ne sont pas dupes l'un de l'autre; mais qu'ils sont malgré tout d'accord et que tout est fort bien ainsi.

Avant de repartir, ils examinent le ciel. Toujours pas le moindre nuage. A tout prendre, Renaud préférerait qu'il y en ait quelques-uns : de ces gros cumulus qui, à l'altitude même des sommets, sont le signe le plus sûr du beau temps. Très tôt dans la matinée, il y en avait un, loin vers le nord. Mais il s'est dissous dans la transparence de l'air.

Renaud prend la tête.

*

Il y a des instants, en haute montagne, où l'on aimerait goûter un répit total, un repos de l'esprit et de l'âme plus encore que du corps : une courte évasion hors d'un monde décidément trop dur à l'homme. Et ce besoin est d'autant plus impérieux que l'ascension est âpre, soutenue, et s'oppose, précisément, à ces instants de détente. Moins que partout ailleurs il n'y a de répit possible à l'Eiger, où dangers et menaces sont trop nombreux, trop constamment présents.

Une pierre, grosse comme le poing, a frappé l'endroit précis où Renaud se tenait quelques secondes plus tôt. Elle était seule à tomber, c'est à peine s'il l'a entendue, vue venir. Et il pense à ces quelques secondes de hasard, dont la seule ténuité l'a séparé de sa mort. Mais, encore une fois, faut-il parler de hasard? Hasard ou Providence, éternelle question, impossible à trancher par les voies de la raison... Rien n'est si épouvantable que la pensée d'un univers entièrement livré au jeu de forces aveugles, capables d'anéantir jusqu'à l'esprit. Contre lui-même, celui-ci appelle l'intervention d'une volonté supérieure. Fût-elle mauvaise, fût-elle hostile et constamment imprévisible, il juge l'*intention* préférable aux réactions mécaniques de l'inanimé. On accepte, en un mot, plus facilement de succomber à quelqu'un qu'à quelque chose. Mais pour l'alpiniste, *sa* montagne est toujours un adversaire; donc, un personnage.

Tu voudrais bien nous secouer de toi, pense Renaud, s'adressant mentalement au personnage Eiger. Tu as plus d'un tour dans ton sac. Nous aussi. Tu es entêté. Nous aussi. Et patients. Tu es fort. Mais nous sommes réfléchis. On verra qui aura le fin mot.

Il grimpe régulièrement. Les difficultés, pour l'heure, ne

sont pas excessives. Quelques pierres tombent en vrombissant, elles passent ici à quelques dizaines de centimètres de la paroi et disparaissent, vertigineusement aspirées par l'abîme. Qu'elles soient petites ne diminue guère le danger qu'elles représentent, car la hauteur de leur chute en leur imprimant une énorme force vive transforme chacune d'elles en projectile. Il y a bien le casque, que dès son apparition Vincent et Renaud ont adopté sans l'ombre d'une hésitation. Mais, si utile qu'il soit, sa protection n'est efficace que dans les cas les plus favorables. Non, décidément, à l'Eiger il n'y a pas de répit possible. Renaud le savait bien, de reste, et s'était engagé dans cette lutte comme dans une guerre. Car l'alpinisme extrême en vient à ressembler à la guerre. La généralisation du port du casque n'en est que le moindre signe. Le grand guide Armand Charlet avait été le premier à le dire, à propos de la face nord des Jorasses : « Ce n'est plus de l'alpinisme, c'est la guerre! » Trop de risques, trop de morts... Encore Charlet n'était-il jamais allé à l'Eiger.

Cela ressemble à un assaut en terrain nu, sous le feu ennemi : un très long assaut, qui durera deux, trois, quatre jours et davantage peut-être, sans rémission possible. Il s'agit de tenir, sur le double plan des forces physiques et de la volonté, et d'aller jusqu'au bout; mais aussi, de ne pas être atteint par les armes de la montagne – et cela ne dépend pas de l'alpiniste. C'est un jeu où le destin tient sa place. Un jeu où il faut être savant et habile, mais dont l'issue reste soumise toujours à la donne. Et qui distribue, ici, les bonnes et les mauvaises cartes?

Souvent évoquée, cette idée du « jeu » alpin traverse l'esprit de Renaud, tandis qu'il escalade un passage relativement aisé. Elle lui plaît et, dans une certaine mesure, le détend; cependant que l'âpreté du lieu où il se trouve, suspendu entre terre et ciel, lui communique une acuité singulière. L'alpiniste anglais Leslie Stephen avait été le premier à comparer la montagne à un terrain de jeu. Sans doute ce dernier comportait-il alors un engagement moins total, un enjeu moins grave. Mais tout de même... Inauguré deux siècles plus tôt sur les pentes bénignes du mont Blanc, ce grand jeu de l'alpinisme ne devait-il pas en se développant jusqu'à ses extrêmes conséquences aboutir précisément ici, à l'Eiger? On ne saurait guère aller au-delà...

Mais, par un étrange parallèle, chaque alpiniste retrace dans sa propre carrière les étapes qu'a connues l'histoire générale de l'alpinisme, des premières tentatives et conquêtes faciles à la maîtrise de la plus grande difficulté. Comme s'il mettait ses pieds dans les traces effacées de ses grands prédécesseurs, Renaud n'a pas échappé à cette loi. Ses débuts montagnards ont été très progressifs. Il a commencé par suivre au Buet le chemin ouvert jadis par les frères Deluc; au mont Blanc, celui de Paccard et Balmat. De ces sommets entre tous faciles, il s'est peu à peu haussé à des difficultés dont les limites reculaient à mesure devant son expérience. Et chaque saison était marquée par l'ascension qui l'avait couronnée, tel un degré nouveau sur la voie qui devait le conduire à l'excellence. Il y eut ainsi l'année des Écrins, celle du Grépon, celle de la Meije; celle, encore, du Grépon – mais cette fois par son versant Mer de Glace. Et chacune de ces entreprises, que Renaud novice encore s'était tout d'abord fixée comme un but suprême, au-delà duquel il n'osait rien espérer, devenait au contraire, à peine réussie, le point de départ d'ambitions plus grandes. Il finit par lui apparaître que la difficulté, peut-être, consistait moins à réaliser telle ou telle ascension redoutable qu'à en concevoir la simple possibilité; et qu'ainsi elle appartenait surtout au domaine de l'imaginaire. A partir d'un certain niveau, les étapes furent très rapides et il ne lui fallut que deux à trois ans pour passer des grandes courses classiques aux voies et aux premières exceptionnelles. Ce fut pour lui l'époque de la paroi nord-ouest de l'Olan, du Dru par la face nord puis par la face ouest, de l'éperon Walker des Grandes Jorasses, de la face nord du Cervin et de bien d'autres ascensions aussi ardues, sinon aussi notoires. Renaud en était venu à se trouver (pour autant que l'on puisse parler ainsi) à l'aise dans l'extrême difficulté; et à considérer que, de tout ce qui dans ce domaine est humainement possible, plus rien ne lui était interdit; avec cette simple restriction que dans le rocher pur, il se bornait généralement à être le second de Vincent. Cela ne posait donc plus de problème. Mais comme toute question, une fois résolue, laisse place à une autre, il se demandait parfois d'où lui venait cette avidité qui le poussait sans cesse, voyageur insatiable de l'impossible, d'une montagne à une autre, plus dure; d'une aventure à une autre, plus pleine d'obstacles et de risques. Il ne se hasardait pas, alors, à formuler de réponse; pressentant que l'âge peut-être, et une certaine sagesse qui en est le fruit amer, la lui apporteraient. A vrai dire cependant, une réponse lui avait été déjà donnée. Mais sans doute était-elle venue trop tôt. Sans doute aussi n'aurait-il pas fallu qu'elle lui fût ainsi offerte, sans effort, et aurait-il dû prendre lui-même la peine de la découvrir. Il lui faudrait en tout cas beaucoup de temps pour l'entendre.

Renaud était encore à un âge où l'on se tourne plus volontiers vers l'avenir que vers le passé, et où les projets comptent plus que les souvenirs. Il lui arrivait pourtant de se pencher sur ceux-ci. C'était alors la revanche de certaines heures, humbles mais heureuses, vécues autrefois en montagne : une petite escalade très facile, sans mérite ni hasard aucun; un bivouac; une halte fraîche au bord d'un lac. Ces souvenirs-là, chose étrange, tenaient autant de place dans l'esprit de Renaud que ceux des très grandes ascensions; ils avaient autant d'importance et de saveur, et peut-être même davantage. Par eux s'infusait en lui une vision nouvelle, plus ample, de la montagne et de la vie elle-même. Renaud en comprenait le sens. Même si son intérêt, sa passion, pour l'heure, étaient ailleurs, il pressentait que ces images exemptes de désir ou d'acuité ne cesseraient de se faire plus présentes, plus instantes. Le jour viendrait sans doute où, de simples évocations qu'elles étaient, elles deviendraient elles aussi un appel. L'avenir était de leur côté. Et il pensait alors à René, à leur amitié, aux leçons que celui-ci lui avait appris à lire dans le grand livre de la montagne.

Plus de quinze ans avaient passé depuis. Renaud n'était encore qu'un enfant, à la découverte de l'alpe. De vingt ans son aîné, René le guidait dans cette recherche, plus encore que sur de premiers sommets, bien modestes.

René ne recherchait pas la difficulté (en tout cas, jamais pour elle-même), mais il connaissait très bien la montagne; et Renaud savait qu'il avait fait de grandes courses, dont il se laissait aller parfois à parler, mais sans paraître leur attacher plus d'importance qu'à la plus facile de leurs ascensions communes. Lorsque, après tant d'années écoulées il arrivait à Renaud, et c'était fréquent, de penser à son aîné, il revoyait moins son visage qu'il n'évoquait les traits de son caractère, dont le plus marquant lui semblait être le goût et l'art du bonheur. Jeune encore, René avait atteint à cet équilibre fait de patience et de sérénité que la plupart n'acquièrent que dans la vieillesse, et sans mérite, conduits qu'ils y sont moins par la sagesse que par la décroissance de leurs forces et l'affaiblissement de leurs désirs. En montagne, René était toujours heureux, en toutes circonstances. Renaud l'avait connu dans le petit village des Alpes où il passait toutes ses vacances. René y menait une vie comparable dans ses rythmes sinon dans ses activités à celle des montagnards, et plutôt solitaire. Parfois, des camarades venaient le trouver et il partait quelques jours avec eux, en ascension ou en randonnée. Mais le reste du temps, il était seul – comme Renaud lui-même, en séjour chez un vieil oncle taciturne. Ils commencèrent par se dire bonjour, sans même s'arrêter, au hasard des rencontres.

L'homme mûr et l'adolescent étaient aussi timides et réservés l'un que l'autre. Ce fut toutefois René qui se décida un jour à engager la conversation. Ils firent ensemble une première promenade, puis une excursion plus longue. Renaud s'aperçut bien vite que René recherchait sa compagnie. Le jeune homme ne connaissait rien encore de la montagne, où il n'osait se hasarder seul. Cependant, il souhaitait la découvrir, rongeait son frein et se morfondait au fond de la vallée. René prit à l'initier très progressivement à l'alpinisme plus de plaisir encore qu'à faire (ou refaire) dans ces conditions un certain nombre d'ascensions très faciles. Puis, il est vrai, moins faciles... Cette progression était normale. Mais l'important, aux yeux de René, n'était pas là. Ou, pour être plus précis, tout en montagne lui était important : objet d'intérêt, d'amour et de délectation. Le regret était un sentiment ignoré de lui. Il advenait par exemple que le départ pour une ascension depuis longtemps espérée, projetée, fût au dernier moment empêché par le mauvais temps. René n'en manifestait nulle déception et mettait la journée à profit, de quelque manière – si bien qu'elle n'était jamais perdue. Renaud, qui sur le moment acceptait beaucoup moins bien la déconvenue, gardait cependant le souvenir d'heures délicieuses passées à marcher sous la pluie à travers forêts et prairies gonflées d'eau, saturées de senteurs fortes; ou bien, à se rôtir devant le grand feu de bois que René avait allumé dans la cheminée de son minuscule chalet. « Ne sommes-nous pas bien? » disait-il alors, tout en faisant le récit de ses innombrables aventures en montagne. Renaud, qui ne répondait pas à cette question, ne pouvait s'empêcher de reconnaître, dans son for intérieur, qu'il était effectivement très bien. Seulement, la pensée de l'ascension manquée sommeillait en lui et gâtait imperceptiblement sa joie, qui lui donnait *mauvaise conscience*. Là était précisément ce qui le différenciait de René qui, lui, n'avait jamais mauvaise conscience. Il n'en avait pas lieu. Renaud non plus, d'ailleurs, et sa « mauvaise conscience » n'était qu'illusion et duperie. C'est ce que son ami essayait toujours de lui faire comprendre. Quelques jours plus tard, d'ailleurs, le beau temps une fois revenu, ils réalisaient enfin l'ascension projetée, et René triomphait : « Tu vois, disait-il en riant, nous avons eu notre sommet, et *en plus* nous avons eu notre journée de pluie. De quoi nous plaindrions-nous? Ne crois-tu pas que nous avons beaucoup de chance? » Renaud ne trouvait rien à répliquer et admirait secrètement son mentor d'être ainsi, sans inquiétude, sans impatience. C'est que le bonheur de René consistait non pas à aller sur telle ou telle montagne (qu'est-ce qu'une conquête fatalement éphémère?), mais à *vivre* en montagne. Il n'était alors qu'attention, application. Les sens et l'esprit grand ouverts à toutes les sensations, il n'en laissait rien perdre. La montagne était entièrement présente, pour lui, dans la moindre de ses parties : le torrent dans la gouttelette, le glacier dans le cristal de neige. Sa vie dans le pays des hautes terres était un perpétuel émerveillement, qu'il s'efforçait de faire partager à son jeune ami.

Cependant, Renaud peu à peu lui échappait, sollicité par d'autres appels. Il avait, entre-temps, gravi toutes les cimes faciles de la petite vallée, il aspirait à d'autres sommets plus difficiles, plus fascinants. René l'observait avec une indulgence amusée et sceptique. « C'est de ton âge », disait-il. Il avouait être lui-même passé par là, ce devait être à vingt ans une étape nécessaire de l'initiation montagnarde. Il fallait la dépasser. Il ne doutait pas que Renaud ne dût en venir là. Mais en attendant, celui-ci s'éloignait de lui et il le perdait de vue, non sans mélancolie. Le jeune homme avait trouvé des compagnons de son âge et poursuivait avec eux dans d'autres massifs son apprentissage alpin. Il lui arriva de gravir des sommets dont René avait fait autrefois l'ascension et lui avait parlé, comme de ses plus grandes courses. Il les jugea faciles et ne tarda pas à en dépasser le niveau.

On était alors dans les années de guerre. Un jour, il rencontra fortuitement René, qu'il n'avait pas vu depuis longtemps. Ils parlèrent à loisir. René avait changé. En apparence, il était resté le même : toujours ce calme imperturbable, cette sûreté. Mais il était facile de déceler en lui une tristesse profonde, une sorte de fêlure de l'âme, dont la guerre devait être la cause. Toutefois, ils n'y firent même pas allusion. La montagne restait l'unique objet de leurs préoccupations communes, c'était en elle qu'ils se rencontraient et se retrouvaient. René interrogea le jeune homme sur ses plus récentes ascensions. Il l'écouta avec une extrême attention.

« Eh bien, conclut-il paisiblement, te voici devenu mon maître. » Renaud se récria vivement : « Vous savez bien que cela ne signifie rien! » (il n'avait jamais osé tutoyer son aîné). René sourit et ne répondit pas.

Il devait repartir le surlendemain pour la ville et, afin de lui faire plaisir, Renaud l'accompagna dans une ascension qui devait être la dernière. L'itinéraire était aisé, mais sans monotonie. Ce fut une très belle journée.

« Passe le premier », avait dit René. Il avait aussitôt ajouté : « Et puis, maintenant, tu peux bien me tutoyer. » Et Renaud avait compris que, toute différence d'âge ou d'expérience abolie, il l'acceptait pour son pair. Lui-même, pour la première fois, s'était senti l'égal de son aîné, sur un certain plan du moins, car il savait bien que René le dépassait encore de beaucoup en science profonde de la montagne, au-delà de toute technique.

Au sommet, ils avaient fait une longue halte. Le temps était très beau et très doux. L'été penchait vers sa fin et la lumière avait des reflets de blondeur. La vallée se comblait de brumes subtiles, dont la houle venait mourir doucement sur les pentes.

Étendu, les yeux fermés, René respirait largement, avec délice.

« On est bien », soupira-t-il. Puis :

« Un sommet... Encore un!

– Tu en parles comme si ce devait être le dernier.

– Il y en aura un jour un qui sera le dernier. C'est peut-être lui. Il faut toujours tout goûter comme si ce devait être la dernière fois. »

Et Renaud comprit alors en quoi son ami avait changé : *c'était un homme qui n'avait plus le temps pour lui.* Mais déjà René reprenait :

« Avoue : cela vaut bien ton Grépon Mer de Glace.

– C'est autre chose. »

René se mit à rire :

« Heureusement! Sans quoi, je ne serais pas ici, avec toi. Au fait... Tu ne peux donc pas te passer de « ta » difficulté?

– Je ne sais pas. Non, je ne crois pas.

– Dis : pas encore. Mais tu y viendras, tu sais. Comme moi.

– Peut-être.

– Sûrement. Je l'espère bien.

– Oui, mais d'abord il faut que j'aille *jusqu'au bout.*

– Jusqu'au bout de la difficulté?

– Oui.

– La belle affaire! Qu'y trouveras-tu?

– Je ne sais pas. Justement. Je veux voir.

– C'est tout vu : tu ne trouveras rien. Rien de plus. Ce but-là s'éloigne à mesure que tu crois avancer vers lui. Alors? A quoi bon?

– Je dois essayer.

– Je vois. C'est dans l'ordre. Toi, tu es jeune. »

Il soupira.

« J'ai fait le même chemin que toi. Très vite. Forcément : j'étais moins fort, je suis allé moins loin. Oh, je ne le regrette pas. Un peu plus tôt, un peu plus tard... On finit toujours par s'apercevoir qu'on tourne en rond. Se rendre esclave de sa propre conquête, quelle duperie! Il faut savoir s'arrêter; et cesser de vouloir dominer le monde, pour commencer de le voir...

« Veux-tu que je t'apprenne mon secret? La montagne, c'est la liberté. La plus grande liberté. A commencer par celle de l'esprit, et du cœur. N'oublie jamais ça, petit. »

Ils étaient redescendus vers les hommes, vers la guerre. Renaud n'avait jamais revu son ami, dont ç'avait été là en effet la dernière ascension, le dernier sommet. Ç'avait été aussi sa dernière leçon de sagesse et de vie – un testament. René était juif : il fut arrêté, déporté en Pologne. Renaud sut plus tard qu'il était mort là-bas, dans les plaines tristes et infinies de l'est, derrière les barbelés d'un camp – et quelques jours seulement avant la libération de celui-ci. Il ne pensait jamais sans déchirement à cette fin tellement désespérante et injuste de celui qui aimait par-dessus tout les sommets et leur souveraine liberté. Il se demandait alors si la pensée de ses chères montagnes avaient aidé son ami dans l'épreuve inhumaine – inhumaine, mais voulue et imposée par l'homme. Et il se plaisait à imaginer que l'esprit de René, à jamais libéré, habitait désormais les grands espaces vierges de l'altitude.

Jamais il n'oublierait sa leçon. Mais il ne suffit pas de savoir où est la sagesse. Il faut la conquérir; c'est-à-dire, la mériter. Renaud ne pouvait maîtriser encore cette avidité anxieuse qui le poussait, de cime en cime, vers des aventures toujours plus exceptionnelles, plus hasardeuses. Et il poursuivait l'expérience qui par d'étranges cheminements le conduirait un jour, il l'espérait, à cette même sérénité que René, plus doué que lui, avait si aisément atteinte. Mais il lui fallait pousser sa quête jusqu'au terme. Et ce terme devait être ici : à l'Eiger, la montagne *absolue*. C'était la frontière de l'impossible. La réponse qu'il attendait ne pouvait être qu'au-delà. Au-delà de l'impossible. Au-delà de l'Eiger.

*

Renaud monte bien, avec facilité, avec élan; et se félicite d'avoir pris la tête de la cordée avant ce passage rocheux, qui lui convient. C'est une fissure, et il aime bien les fissures, dont la structure même est favorable à l'escalade, et par conséquent rassurante. Plus même : engageante. Celle-ci n'est pas précisément commode, mais elle est assez franche et somme toute agréable; surtout après la Traversée, terriblement exposée et déversée. Sans doute a-t-il passé celle-ci sans appréhension et sans difficulté véritable, il l'a même trouvée moins malaisée qu'il ne l'escomptait. Mais il l'a gravie en second et il est à peu près certain que, premier de cordée, il ne l'aurait pas franchie avec autant de brio que Vincent. Il n'aurait, en tout cas, pas aimé ouvrir le passage. Ici, au contraire, il se sent à son aise. C'est comme un nouveau départ, car la Traversée ouvre à l'alpiniste le cœur de l'Eigerwand. Mais en même temps, elle l'y enferme : à partir de là et jusqu'aux toutes dernières pentes, les alpinistes engagés dans la face ne peuvent plus compter sur aucune aide extérieure, ils sont livrés entièrement à eux-mêmes, à la merci d'un changement de temps, d'une défaillance, du moindre incident. Et la possibilité d'une retraite est à peu près exclue, tant les risques en sont grands. Telle est l'impitoyable loi de l'Eiger. Tout cela, Renaud le sait fort bien. L'ayant admis une fois pour toutes avant le départ, il se garde à présent d'y penser : dans une lutte aussi âpre, aussi serrée, tout ce qui peut troubler l'esprit entrave l'action et est à proscrire comme nuisible, et peut-être dangereux. La marge qui sépare l'homme de l'impossible est ici réduite à l'extrême et on ne saurait se permettre de mordre sur elle.

La tentation du doute s'insinue parfois cependant dans le cœur de l'alpiniste, aux instants de trop grande difficulté. Elle vient diminuer ses forces, alors même qu'il en a le plus impérieux besoin! Et la lutte de l'esprit contre ce doute néfaste doit doubler la lutte physique contre la montagne. Ce sont des moments d'une tension, d'un paroxysme tels qu'ils ne pourraient longtemps se prolonger. Une ascension comme celle de l'Eigerwand en comporte presque fatalement. Mais Renaud en est, pour l'heure, aussi éloigné que possible et se trouve au contraire dans une phase de relative détente. Il fait beau. Tout va bien. Il n'est pas loin de se demander s'ils ne déboucheront pas au sommet le soir même... L'Eigerwand en un jour! Cela s'est vu; une seule fois, il est vrai, il y a des années de cela, lors de la quatrième ascension.

Renaud n'est même pas parvenu à bout de corde, lorsqu'il atteint une petite plate-forme accueillante. Un surplomb la domine et l'abrite. Deux hommes peuvent s'y tenir assis. Il fait monter Vincent, qui le rejoint très vite. Ils examinent l'endroit, le reconnaissent aux descriptions qu'ils en ont lues ou entendues.

« Ce doit être le Nid d'hirondelles, conclut Vincent. Cela correspond tout à fait à ce qu'en a écrit Lachenal. »

Ils s'installent pour un court instant, serrés l'un contre l'autre, les jambes pendant dans le vide. Au-dessous d'eux, tout surplombe. Si exigu soit-il, ce perchoir constitue dans la muraille un emplacement de repos exceptionnellement confortable et sûr. Et les alpinistes regrettent d'avoir fait halte une heure plus tôt, avant la Traversée. Car le temps presse, il presse toujours ici, les pauses doivent être réduites au minimum indispensable. L'interminable ascension de l'Eigerwand est une sorte de course de vitesse qui, durant plusieurs jours, serait aussi une course de fond! Chaque heure perdue représente un risque accru. Il n'est donc pas question pour Vincent et Renaud de s'arrêter au Nid d'hirondelles. Ils ne prennent que le temps de savourer quelques fruits séchés, d'avaler une gorgée d'eau; de laisser planer leur regard, par-delà l'immensité du vide, sur les alpages de la Scheidegg et d'Alpiglen et la vallée profonde de Grindelwald. La tente abandonnée avant l'aube est à peine visible, menue tache bleue dans le vert pâle des prairies, sous l'éboulis qui donne accès à la face. Qu'elle est étrange, cette gigantesque montagne, sombre et dure entre toutes, pénétrant comme une proue le monde clair et doux des alpages. Rien ne sépare l'un de l'autre, aucune transition. Le regard de l'alpiniste perdu là-haut, prisonnier de la paroi, embrasse dans sa totalité ces plages tendres de la vie dont il s'est, de par sa propre volonté, tranché. Et c'est une autre tentation qui s'impose à lui, toujours présente : celle de la douceur de vivre. Mais, qu'il la regrette ou non, elle lui est devenue inaccessible. Ce qui est donné naturellement à tous les hommes, il lui faudra le regagner durement, au risque de sa vie elle-même. C'est la grande remise en jeu de l'homme, de tout ce qu'il est, ressent, pense, espère. Les autres se contentent d'être, lui se conquiert.

Le regard de Renaud plane sur cette immensité offerte, se pose fugitivement sur tel ou tel point précis, qu'il effleure avant de repartir. Sa main droite, qui machinalement caressait à côté de lui la roche froide, rencontre un objet d'un contact tout différent, frais et mou. Il tressaille, jette un coup d'œil : c'est un morceau de lainage déteint, déchiré, informe, qui se trouve coincé dans une sorte de rainure de la roche, à la limite de la plate-forme. Il doit être abandonné là depuis longtemps et les intempéries l'ont détérioré au point de le rendre méconnaissable jusque dans sa forme et dans son usage.

Renaud le montre à son camarade.

« C'était peut-être à Diemberger, dit Vincent.

– Ou à Longhi. »

Ou à Buhl? Ou à Brandler? Ou à Gonda? A n'importe

lequel des alpinistes qui avant eux ont vaincu la paroi; ou qui ont renoncé et battu en retraite; ou qui sont morts... Comment savoir? Avec des fortunes bien diverses, des dizaines d'hommes se sont attaqués déjà à la muraille. L'Eigerwand est un cimetière immense de débris dérisoires ou tragiques. Chacun d'eux porte en soi son histoire; garde son mystère. Renaud en a aperçu plus d'un depuis le début de l'ascension, sans y prêter particulièrement attention. Il est vrai qu'il ne les avait pas touchés, comme celui-ci.

Sa main abandonne le chiffon, qui continuera de pourrir là, dans un recoin d'ombre que le soleil ne visite jamais.

« Il faut repartir.

– Oui.

– Nous sommes tout près du Premier Névé.

– Il doit y avoir une petite traversée ascendante.

– Le Premier Névé, c'est le milieu de la face.

– En altitude, oui. »

En altitude seulement... En temps, le quart ou le cinquième de l'ascension. Voire le sixième, le huitième, si le mauvais temps ou d'autres complications s'en mêlent. A partir de la Traversée Hinterstoisser, les difficultés se succèdent sans la moindre interruption.

Avec la sécheresse de cet été, le névé sera en glace. Les crampons seront indispensables. Renaud veut profiter du relatif confort de leur position actuelle pour les chausser dès maintenant. Vincent l'imite. Sans doute en seront-ils quelque peu gênés dans le franchissement du court seuil rocheux qui les sépare encore du névé. Mais tant pis! Cela vaut mieux, tout compte fait, que d'avoir à les mettre à découvert, dans une zone où, peut-être, ils seront en équilibre précaire et sans bonne possibilité d'assurance mutuelle.

Ils repartent, Renaud toujours en tête.

Il n'est pas tout à fait dix heures et demie.

*

Renaud est en train d'effectuer la traversée ascendante qui doit les conduire au névé. Le terrain est très désagréable : des dalles abruptes, lisses, moutonnées, semblables à celles que l'on trouve sur les fronts glaciaires. Sans doute est-ce le névé qui les a ainsi rabotées. Et sa fonte lente, aux heures chaudes du jour, provoque sur toute une partie de cette zone un ruissellement qui rend la roche humide et glissante. Pas une prise n'est franche. Renaud doit confier le poids de son corps à de minces saillies arrondies. Le hasard joue ici tout autant que l'habileté, et il déteste cela. Même s'il fait confiance au piton d'assurance qu'il a planté au début du passage (et il en plantera un autre quinze à vingt mètres plus loin), la perspective de partir en pendule dans le vide au moindre dérapage lui est extrêmement désagréable.

Ses crampons le gênent moins qu'il ne le craignait. Il utilise le plus mince relief, la plus menue protubérance de la roche pour y poser et faire peser une ou plusieurs de leurs pointes. Après tout, se dit-il, quelle différence y a-t-il entre un tel rocher, dépourvu d'arêtes vives, verglacé par endroits de surcroît, et certaine qualité de glace extrêmement dure, sur laquelle on progresse en cramponnant, sans tailler de marches; Cette pensée n'est pas exempte de calcul : Renaud est un glaciériste accompli et l'analogie qu'il découvre – ou invente – ainsi renforce sa confiance (et par conséquent sa sûreté). Il termine le passage plus fermement qu'il ne l'avait entrepris. Devant lui, la pente s'incurve, une ligne blanche apparaît, bordant la roche d'un liséré de clarté : le Premier Névé.

*

Renaud s'arc-boute sur une prise incertaine, se rétablit. Une sorte d'arête noire, capricieuse, court devant lui, séparant le névé du vide. La crête y plonge d'un côté, et de l'autre va mourant dans l'étendue blanche qui s'enlève d'un jet, avant d'aller buter contre le ressaut suivant de la muraille. Renaud reconnaît là son domaine. Plus que blanche, à vrai dire, la pente de glace entièrement dégagée de neige est d'un gris uniforme. Le rocher qui la limite à sa base y pousse des prolongements irréguliers; des pointements apparaissent ici ou là. Plus tard en saison, si le beau temps continue, le névé disparaîtra, laissant à nu une roche lisse. Actuellement, sa surface est toute grêlée de pierres tombées de la partie supérieure de la muraille : des centaines de pierres, peut-être des milliers. Le névé est très raide, encastré dans la paroi; sa dimension apparente surprend Renaud, qui l'aurait cru plus grand. Mais à vrai dire, l'absence d'éléments de référence lui interdit toute évaluation précise : il n'y a pas, ici, d'échelle humaine. C'est seulement en parcourant le névé que les alpinistes pourront en prendre la mesure.

Renaud a hâte d'affronter la glace, élément familier. Une telle prédilection est rare, pour ne pas dire exceptionnelle. La plupart des alpinistes préfèrent le rocher. Ils le jugent plus sûr : sauf exception, on peut s'y fier; il offre au corps un appui ferme, inébranlable. Il suffit de ne pas tomber... La glace, elle, et même la neige qui lui a donné naissance, ont leurs traîtrises : on peut glisser soudain sur elles, au moment même où on leur fait confiance. Leur structure stratifiée est hétérogène, pleine de pièges cachés. Elles peuvent à tout instant se casser, s'ébouler sous le poids; toute la couche superficielle peut même se détacher de la couche profonde qui la porte, entraînant l'alpiniste dans sa chute. Renaud connaît bien toutes ces ruses, il les a éprouvées une à une et il a appris à les déjouer. D'une certaine manière, le mauvais rocher *prévient;* la neige et la glace, non. C'est pourquoi la lutte contre elles est beaucoup plus subtile que l'escalade rocheuse; plus personnelle aussi. L'indispensable technique n'en est que l'aspect visible. Si le roc est inerte, la neige ne l'est pas : elle vit, elle réagit; et il faut prévoir cette réaction, déceler la réalité sous l'apparence. C'est à la fois une science et une divination. Dans l'une et l'autre, Renaud est passé maître. C'est pourquoi il aime la neige et la glace; la confiance qu'il a en elles n'étant en quelque sorte que le reflet de la confiance qu'il a en lui-même.

Vincent l'ayant rejoint, il repart aussitôt à l'attaque du névé, sur une bonne glace rugueuse où les crampons mordent bien. Il faut monter en obliquant vers la gauche, en direction du point où le seuil rocheux séparant le Premier Névé du Deuxième apparaît le plus proche et le plus accessible. La pente est abrupte, de l'ordre de cinquante-cinq degrés (Renaud l'évalue moins à l'œil qu'à la torsion, très forte et douloureuse, de ses chevilles). Un premier problème se pose immédiatement. Remontera-t-il le névé avec ou sans taille? Les marches apportent un confort et surtout une sécurité considérables. Mais leur taille engloutit énormément de temps – et la rapidité est en elle-même, à terme, un facteur important de sécurité. Il y a donc du pour et du contre. Si Renaud était seul en cause, la question ne se poserait même pas : il monterait au plus vite, en cramponnant. Mais il y a Vincent, qui se sent moins à son aise que lui sur la glace. Venant en second, il bénéficiera toutefois de l'assurance efficace du leader. Quoi qu'il en soit, la décision lui appartient; et Renaud le consulte, sûr à l'avance de sa réponse.

Vincent repousse en effet vivement l'idée de creuser des

marches. Non pas qu'un vain amour-propre lui interdise d'utiliser ce dont son équipier peut se passer : une grande simplicité, Dieu merci, règne entre eux. Mais il considère sans forfanterie qu'à défaut peut-être de pouvoir franchir ce passage en tête de cordée avec autant d'élégance que Renaud, il est du moins capable de le suivre sans plus d'artifices techniques. Et surtout, il croit comme lui que la rapidité doit primer, autant que faire se peut. L'accord est donc immédiat. Simplement, ils ne progresseront pas ensemble. Ce serait trop risqué. Parvenu au bout de chaque longueur de corde, Renaud plantera un piton et y assurera la montée de son compagnon.

Il est déjà bien engagé. Il monte en traversée légère vers la gauche. Pour renforcer son équilibre il s'aide, à chaque pas, de la pique de son marteau-piolet plantée dans la glace mince. Celle-ci a déjà tant fondu qu'il arrive à Renaud de sentir à travers elle le rocher. Sur ce toboggan vertigineux lancé vers le vide, il se sent totalement sûr de lui. C'est un sentiment exaltant. Et il déplore la relative brièveté du passage glaciaire et la grande prédominance du rocher dans l'itinéraire de la face – jusqu'à présent, du moins. Les premiers alpinistes qui s'étaient attaqués à l'Eigerwand escomptaient une ascension presque purement rocheuse; et la plupart d'entre eux, venus des Alpes orientales, n'avaient de la glace qu'une faible expérience. Or, ils avaient dû constater à leurs dépens qu'à l'Eiger les difficultés glaciaires étaient elles aussi étendues et sévères, avec les trois névés médians et, dans la partie supérieure de la paroi, celui de l'Araignée; avec, aussi, dans le rocher lui-même, les nombreux couloirs et passages verglacés. Seul un alpiniste très complet pourrait en venir à bout. Renaud, lui, a depuis le départ l'impression d'accomplir une grande course rocheuse, il s'en étonne et se sent vaguement frustré. Mais il sait qu'il faut tenir compte de la physionomie changeante de la montagne – en particulier de celle-ci – et des conditions exceptionnelles dues à une saison très sèche.

Au reste, Vincent et lui ne font qu'aborder la partie de la paroi présentant des accidents glaciaires. Tout peut changer, d'un moment à l'autre.

*

Et tout change, en effet : une fraction de seconde a suffi pour que le monde bascule. Il n'y a pas eu d'avertissement, pas même le bref délai de grâce qui, d'ordinaire, permet de voir venir l'ennemi et, plus rarement, d'y faire face. A peine quelque chose qui ressemblait à un grand craquement, plutôt qu'à un roulement; et c'est comme si la montagne, soudain, s'écroulait sur les deux hommes. Il y a d'abord eu quelques gros blocs tonitruants qui en deux bonds sont venus éclater, lourds obus, au sommet même du névé, l'éclaboussant tout entier de mitraille. Des quartiers de roche ricochent, heureusement déviés vers la droite. Puis une grêle de cailloutis pleut de la muraille séparant le Premier du Deuxième Névé. Cette avalanche a surpris Renaud en pleine pente, à vingt mètres environ au-dessus de Vincent. Il est en équilibre précaire, sur quatre pointes de crampons. Il a beau se pencher en avant, s'arc-bouter contre un adversaire invisible, il sait que la moindre poussée, le moindre choc le renverseront dans l'à-pic ouvert au-dessous de lui. Il n'a ni le temps d'avoir peur, ni la tentation de se révolter contre l'absurde (car l'homme appelle absurde ce qui lui échappe; et une fois de plus, Renaud impuissant sait sa vie entre les mains d'un pouvoir étranger, conscient ou non). Et la première chute de pierres n'était rien auprès de celle-ci. Il fait, en esprit, une vague prière. Quelque chose comme : « faites que je sois épargné! », mais les mots ne sont pas formulés. Si bien que le *« faites »* pourrait aussi bien être : « *pourvu que* je sois épargné ». Car Renaud ne sait même pas au juste à qui il s'adresse (autrement dit, à qui il faut s'adresser pour avoir quelque chance d'être entendu; ni même s'il y a quelqu'un pour entendre). Et le « que *je* » pourrait être remplacé par « que *nous* », car en cet instant la cordée ne forme vraiment plus qu'un seul corps, un seul être, uni, soudé à lui-même par la corde, lien de vie et de mort. Si Renaud est atteint, il « volera ». Un piton d'assurance, fiché dès le départ dans la trop mince couche de glace, quinze mètres plus bas, ne résistera certainement pas : et Renaud entraînera Vincent, lui-même en équilibre instable sur son rebord rocheux. Si inversement c'est Vincent qui est frappé et « dévisse », Renaud, faute de point d'assurance proche, ne pourra le retenir et sera arraché de la pente.

Cependant, tout autour d'eux, les pierres tombent dru. Renaud pense rapidement que seul un miracle pourrait empêcher que l'un des deux – et même, les deux ensemble – ne soient touchés. Et il ne croit guère aux miracles; du moins, à celui-là (ce qui ne l'a pas empêché de le solliciter, à tout hasard et sans conviction profonde). Aussi envisage-t-il, assez froidement, la probabilité de sa mort; ou plutôt, de leur mort à tous deux. Car en cet instant, il ne sépare pas la mort de Vincent de la sienne : elles se confondent. Toutefois, Renaud ne *vivra* que la sienne et s'y prépare. Il se sent extrêmement lucide, l'esprit aiguisé. Il dédaigne de regarder venir les pierres, puisque de toute façon il ne peut les éviter. Il attend. Sans résignation : la résignation est quelque chose de passif; à la limite, c'est la mort. Et même se sachant (ou se croyant) condamné, Renaud *veut* vivre. Aussi, simplement, il attend, d'une volonté tendue, les dents serrées. Il se tait. Vincent se tait. Renaud ressentira-t-il d'abord – chute de son ami – l'arrachement par la corde brutalement tendue; ressentira-t-il au contraire le choc fulgurant qui le déracinera lui-même, avant d'entraîner Vincent; ou bien, assommé sur le coup, ne ressentira-t-il rien du tout et sombrera-t-il, inconscient, dans l'éternel néant? Il est prêt à tout.

*

Et rien ne se produit. La mortelle averse se ralentit, cesse de tambouriner autour de lui sur la surface du névé. De derniers cailloux rebondissent avec une sorte de nonchalance. Renaud se redresse et regarde Vincent, qui lui-même le regarde. Le miracle s'est produit, et dès lors s'insère dans l'ordre des choses. Il devient normal. Il n'y a rien à dire, et le silence se prolonge.

« Que faisons-nous? » demande enfin Vincent. C'est la seule question qui se pose. Ils commencent en effet à payer la rançon de ce beau temps persistant et de la sécheresse de la face, qui multiplie les risques d'éboulement. Et l'avalanche de pierres (qui a dû se détacher du front du Deuxième Névé) peut se renouveler à tout instant. Si elle avait surpris les alpinistes à l'abri dans le Nid d'hirondelles, la sagesse leur aurait commandé de n'en pas bouger pendant un certain temps après la fin de celle-ci; sinon même jusqu'au soir et au regel, s'il s'en produisait d'autres. Mais ils se trouvaient, comme l'on dit, « embarqués » : engagés dans le passage le plus dangereux, entièrement à découvert et sans le moindre abri à proximité.

Avant toute chose, Renaud pare au plus urgent : il plante un piton et s'y assure fermement. Ainsi, si une nouvelle chute de pierres survient et qu'il soit atteint, du moins n'entraînera-t-il pas son compagnon.

Deux solutions s'offrent : ou bien, battre en retraite jusqu'au Nid d'hirondelles – deux longueurs de corde désagréables –; ou bien poursuivre, le plus rapidement possible, jusqu'au sommet du névé, et à la falaise rocheuse menant au Deuxième Névé, qui doit être relativement abritée en raison de sa verticalité. Renaud évalue la distance qui l'en sépare à une bonne longueur de corde (c'est ici l'unité de mesure), une longueur et demie au plus; et il suppute que c'est la solution la plus rapide. En outre, au lieu de leur faire perdre de l'altitude, et du temps, elle leur en fera gagner. C'est donc tout bénéfice. Mais il veut s'assurer que Vincent est du même avis, et répond à sa question par une autre question :

« On continue?

– On continue! »

Il repart aussitôt, très vite, à la limite du souffle. Il monte droit, avec, malgré le poids du sac, une sorte d'élasticité, d'élan. De pas en pas, il se dresse sur les pointes de métal qui portent son corps, sa vie. C'est presque une danse.

Déjà, il est à bout de corde. De quelques coups de marteau-piolet, il taille dans la glace une encoche plutôt qu'une marche véritable, y prend pied, plante encore un piton, et Vincent démarre à son tour. Renaud le voit monter très rapidement, lui aussi, et s'évertue à faire coulisser au même rythme la corde dans le mousqueton pour la maintenir tendue. Vincent ne s'arrête, brièvement, que pour récupérer le piton intermédiaire et rejoint son camarade. Renaud repart en toute hâte. La distance qui le sépare encore du rocher diminue à vue d'œil. Pour l'instant, les pierres ne tombent plus. Il faut en profiter. Renaud parcourt d'un seul élan toute la longueur de corde et atteint le mur, à la limite duquel il plante un dernier piton à glace. Quelques minutes plus tard, Vincent est à côté de lui. L'un et l'autre sont haletants. Mais ils sont, ici, à peu près à l'abri. Chacun se taille dans la glace grenue, au contact du rocher et déversée vers lui, une marche confortable. Ils vont ainsi pouvoir se reposer un peu, debout.

Ils ne parlent toujours pas. Non pas que leur essoufflement, qui déjà s'apaise, les en empêche. Mais, comme tout ce qui (dans la joie d'ailleurs aussi bien que dans l'angoisse) atteint à une intensité extrême, l'instant qu'ils viennent de vivre est indicible et refuse le commentaire. La chute de pierres essuyée au cours de la Traversée leur avait laissé le loisir de penser, de craindre, de vouloir, de calculer; et même, de communiquer. Avec celle-ci, rien de tel : ils lui ont été entièrement soumis, vidés de pensée comme de sentiments et de réactions, résignés à l'inévitable. Maintenant, ils *récupèrent*.

Renaud se demande s'il a vraiment « voulu cela »; si sa libre détermination de se mesurer à l'Eiger est restée entière; et si (en admettant que par impossible le choix lui appartînt encore) après cette première et dure expérience de la paroi il persisterait à l'affronter. Sa conclusion est que ce genre de question irréaliste n'a pas de raison d'être. Il se trouve placé (et peu importe maintenant que cela ait été ou non de par sa propre volonté) dans une situation redoutable et simple, qu'il lui revient de résoudre par les seuls moyens dont il dispose : un esprit habile à le faire, un corps docile et bien exercé aux gestes nécessaires, un matériel sommaire mais approprié. Un point, c'est tout. Renaud pense à ce discutable sentiment de *devoir* qui l'a conduit ici (un devoir dont il ne pouvait même pas discerner clairement les motifs); et il lui revient à l'esprit cette phrase de Claudel : « Le devoir est des choses prochaines sur lesquelles il n'y a point doute. » Déplacée avant le départ, elle s'applique en revanche admirablement à sa situation présente : proches, cette glace, cette roche qui lui sont le seul appui dans tout ce vide; et prochaine, la lutte constamment poursuivie, recommencée. Quant au doute, où y aurait-il place pour lui dans un combat aussi âpre et serré? Mais s'agit-il encore bien d'un devoir? Ou plutôt, le douteux devoir de la conquête n'a-t-il pas cédé la place au devoir de vivre – de lutter pour vivre – désormais seul réel? Mais cette question-là non plus ne se pose plus et seule compte la réponse : ce commandement très impérieux, irréfutable, de se dépenser sans compter, d'aller à la limite extrême de ses forces, et s'il le faut au-delà. Ou, plus exactement, de la repousser, cette limite, car les ressources humaines sont immenses. En tout cas, Renaud n'a jamais aussi vivement et clairement ressenti à quel point le simple instinct de conservation peut prendre valeur de devoir moral. Il est bien, songe-t-il d'autre part, qu'à partir du moment où la volonté risquerait de faiblir devant des obstacles ou des dangers trop forts, il soit de toute façon trop tard pour revenir sur ce qu'elle avait d'abord souverainement décidé; et que le libre choix du combat se trouve en quelque sorte pris en relais par la nécessité de gagner, à seule fin de survivre.

Renaud a longtemps cru qu'il allait en montagne par simple amour de la montagne – ce qui est louable. Or, il n'aime pas l'Eiger. Qui, du reste, a jamais aimé l'Eiger? C'est, dans l'ordre minéral, un monstre. Monstre, en allemand, se dit : *Untier* (dans le seul ordre animal, s'entend) et signifie : ce qui *n'est pas* une bête. On pourrait et on devrait, pour l'Eiger, faire le mot *Unberg :* la montagne qui n'est pas une montagne, qui est quelque chose d'autre. Les Allemands – ceux-là mêmes qui l'ont les premiers défiée et vaincue – l'ont appelée *der Berg des Schreckens* : la montagne de l'épouvante. C'est vrai, mais un peu court. Renaud récuse d'ailleurs la formule, dans ce qu'elle a de douteusement littéraire et de déclamatoire. Susceptible comme tout un chacun d'éprouver de la peur pour des raisons précises, nettes, il repousse cette notion d'épouvante, pétrie d'irrationnel et de mystère. Il reconnaît toutefois que l'Eiger est fait exprès : gigantesque coquille vide et creuse où tournent éternellement les courants et les nuages prisonniers de la paroi froide, abîmes, ravines sombres et grondantes hantées de légendes macabres et de mort... Il faut se garder de cette fascination, et conserver la tête froide.

Deux à trois mois avant son départ pour l'Eiger, Renaud a rencontré Rébuffat, qui quelques années auparavant avait réussi avec Magnone et trois autres Français la huitième ascension de la paroi, dans des conditions rendues épouvantables par un orage essuyé dans la moitié supérieure de la muraille. Hermann Buhl, futur vainqueur solitaire du Nanga Parbat, se trouvait là aussi avec un second autrichien; et il y avait aussi une cordée de deux Allemands. Pour la première fois, neuf hommes se trouvaient ensemble dans la face! Ensemble, ils luttèrent et sauvèrent leur vie.

Nul homme plus que Rébuffat n'aime la montagne – toutes les montagnes, jusqu'à la plus âpre. Mais il avait détesté l'Eiger. Il en parlait sans le sourire de la victoire, sans cette sympathie qu'inspire l'adversaire loyal, sans plaisir, et le moins possible. A des années de distance, ce n'était même pas pour lui un bon souvenir.

« C'est une montagne désagréable, a-t-il conclu simplement. Jamais je ne retournerai là-haut. C'est bien assez d'y être allé une fois! »

C'est vrai : l'Eiger, montagne que l'on n'aime pas, est une montagne où l'on ne revient pas. Qu'on soit parvenu à en triompher, ou bien qu'elle vous ait repoussé, l'épreuve subie est telle que les meilleurs n'ont ni l'envie, ni le courage de la renouveler. Et bien rares sont les exceptions qui viennent confirmer cette règle.

Les huit premiers alpinistes qui ont affronté l'Eiger ont péri : n'ayant pu atteindre le sommet, ils n'ont pas davantage réussi à en regagner la base et sont morts sur place, prisonniers de la tourmente, ou bien sont tombés. Les premiers qui, arrêtés en pleine paroi par le mauvais temps, ont pu redescendre sains et saufs furent Matthias Rebitsch et Ludwig Vörg, en 1937. Vörg fut aussi le premier à oser s'attaquer plusieurs fois à cette effrayante montagne : il y revint l'année suivante, en compagnie d'Anderl Heckmair, et participa ainsi à une victoire[1] que sa connaissance d'une grande partie de la voie avait assurément facilitée, sinon même permise. Après une première tentative infructueuse, le guide oberlandais Hans Schlunegger était lui aussi revenu, et il avait réussi la troisième ascension. Karl Blach, puis Wolfgang Stefan avaient ensuite, à leur tour, connu l'échec et puis la réussite. Moins heureux, Lothar Brandler s'était attaqué deux fois en vain à la face nord[2]. Renaud admire ces hommes intrépides et sait déjà que jamais, quoi qu'il arrive, il ne reviendra à l'Eiger.

*

Pas plus que la première fois la corde, soigneusement examinée de bout en bout par Vincent et Renaud, n'a révélé la moindre coupure. Il est étrange, et rassurant, que sur des centaines de pierres tombées en quelques dizaines de secondes dans un espace aussi restreint, aucune n'ait frappé les deux alpinistes (Vincent a seulement ressenti sur son casque le heurt d'un léger ricochet). Cette constatation leur rend un courage dont ils avaient bien besoin. Ils ne se font en effet

1. Partagée par la cordée autrichienne de Harrer et Kasparek.

2. Et une fois encore, après l'ascension de Renaud et Vincent! Postérieurement à celle-ci, un certain nombre de noms seraient à ajouter à cette liste. Adolf Derungs, après avoir réussi l'ascension avec Lukas Albrecht, la tenta en solitaire, et se tua. John Harlin, après l'avoir réussie en été, la tenta en hiver. Et se tua. Michel Darbellay, après une tentative infructueuse, réussit la première ascension en solitaire. Dougal Haston était, à ma connaissance, le seul homme à avoir réussi deux fois l'ascension de l'Eigerwand (en été, puis en hiver!), avant la double victoire, en l'espace de six jours, de Yannick Seigneur (septembre 1970).

Un cas particulier et dramatique est celui de Günther Nothdurft qui, après une tentative solitaire (la première) à l'Eigerwand, réussit l'ascension mais trouva la mort dans la descente avec son camarade Franz Mayer.

nulle illusion : ils auront à essuyer jusqu'au sommet encore beaucoup d'avalanches et de chutes de pierres. Il est donc bien nécessaire que chacune d'elles leur laisse un appréciable pourcentage de chances. Autrement, devenant sans espoir, leur combat n'aurait même plus de raison d'être; et le seul calcul des probabilités suffirait à les condamner.

Il s'agit pour l'instant de savoir s'ils doivent repartir sans plus attendre. Il est près de midi et les heures qui viennent seront les plus chaudes, les plus chargées de périls.

On accomplit rarement une ascension sans commettre une seule erreur; et en montagne, toute erreur se paie, au comptant ou à terme. Celle de Vincent et Renaud, qui peut se révéler lourde de conséquences en entraînant soit une importante perte de temps, soit de gros risques supplémentaires, aura été le choix d'un horaire qui les amène en pleine journée dans la zone des névés médians, la plus dangereuse de toute la face. Il leur apparaît maintenant qu'ils auraient eu avantage à ne partir que l'après-midi, pour bivouaquer soit avant la Traversée, soit même dans le Nid d'hirondelles, de façon à aborder la zone des névés dans les toutes premières heures froides de la matinée, quand le gel maintient encore soudées les pierres instables. Ils n'ont pas prêté assez d'attention à cette particularité et devront en subir les conséquences. Attendre le regel, alors que dans l'après-midi le soleil encore chaud viendra frapper la face, c'est accepter de perdre ici le tiers de la journée. Ne pas l'attendre, c'est s'exposer sciemment à d'énormes risques. Il n'y a pas de troisième solution. Il n'y en a pas de bonne.

Renaud et Vincent sont une fois de plus d'accord : pour continuer. L'attente leur serait insupportable, elle saperait leur moral, éroderait leurs forces. Ils vont donc se lancer sans délai dans l'inconnu, à la grâce de Dieu. Et peut-on parler d'imprudence? Il y a parfois en haute montagne des imprudences nécessaires, inévitables, impliquées au départ par l'excessive hardiesse du propos. On pourrait parler d'imprudences a priori. L'attaque de l'Eigerwand en est le plus parfait exemple, sinon même l'archétype. Sur cette montagne, au surplus, toute perte de temps constitue en elle-même un danger – donc aussi une imprudence, si elle est délibérée. Enfin, le lieu où se trouvent présentement les deux alpinistes ne se prête guère à une halte prolongée. En somme, leur choix s'impose presque et, dans la déraison générale d'une semblable ascension, n'a en soi rien de déraisonnable.

Ils examinent attentivement le terrain au-dessus d'eux. On ne voit pas grand-chose, mais le rocher apparaît de plus en plus humide et verglacé. C'est une sorte de mur, de falaise, dont la partie médiane est coupée d'une profonde cheminée, légèrement inclinée vers la droite. Ce goulet canalise l'eau de fonte du Deuxième Névé, qui en regelant le caparaçonne d'une épaisse couche de glace. La « Cheminée de glace », pense Renaud, qui en a entendu parler. Il sait qu'on peut l'éviter par la gauche : un dièdre très ouvert, qui vers le haut surplombe; une roche noirâtre, luisante, peu engageante. Des plaques de verglas jettent çà et là de froids reflets. Deux questions se posent : est-il préférable de garder les crampons, ou de les déchausser, pour les remettre à la base du Deuxième Névé? Et puis : Renaud gardera-t-il la tête, ou Vincent la reprendra-t-il? Est-on dans le rocher ou dans la glace? Dans les deux à la fois, à dire vrai. Le verglas transforme la roche en une matière hybride contre laquelle toute technique pure échoue, insuffisante et inadaptée. Il ne peut même plus être ici question de technique. Il faut faire appel à toute l'expérience de l'alpiniste, à cette science subtile qui lui permet de *sentir* la montagne et d'agir sur elle, tout comme on devine les réactions d'un être aimé et familier. Une manière d'instinct y concourt avec la connaissance profonde. Et il serait vain, à cet égard, de chercher à départager Renaud et Vincent. Ce dernier reprendrait volontiers le commandement. Mais Renaud n'a mené que peu de temps; et au-delà de ce passage rocheux, qui doit être assez court, les attend le Deuxième Névé, obstacle glaciaire majeur, dans lequel il conduira la cordée. Il reste donc en tête. Et pour la même raison, tous deux conservent les crampons. Cette solution est-elle la meilleure? Comment le savoir jamais? Est-elle simplement bonne? Les prochaines minutes le diront. La montagne impose constamment de ces choix, souvent difficiles, portant sur l'itinéraire ou la technique à adopter. Le succès final dépend, pour une grande part, de la réponse plus ou moins judicieuse apportée à chacun de ces problèmes particuliers, dont en outre chacun conditionne souvent le suivant. En ce point de l'ascension, cette pensée frappe Renaud comme une évidence; et il se dit que, tout autant que l'application d'une technique solide mais brute, l'alpinisme est la mise en œuvre d'une stratégie puis d'une tactique savantes, qui analysent, calculent, prévoient avant de décider. C'est un jeu de l'esprit, tout autant que du corps. Il faut être attentif, et il faut être ingénieux.

La Cheminée de glace ne semble guère praticable, et le glaciériste Renaud lui-même est tenté de lui préférer le dièdre rocheux de gauche, malgré son aspect rébarbatif. Il est si raide qu'il faut renverser la tête pour le regarder. Et le surplomb forme une avancée qui arrête toute vue vers le haut.

Renaud attaque franchement, avec décision, la roche lisse qui le repousse. Pas de prises : il faut grimper en adhérence, et les crampons ne s'y prêtent guère. Leurs pointes ne mordent pas sur ce calcaire nu. Et puis, le sac est décidément trop lourd... Renaud s'élève, à grand-peine, de deux ou trois mètres, et doit redescendre – presque retomber – à côté de Vincent qui l'observe, attentif, imperceptiblement anxieux.

« Veux-tu que je passe devant? hasarde-t-il.

– Non! »

Renaud ne veut pas renoncer. Mais il a compris qu'il ne passerait pas, crampons aux pieds. Il détache donc les siens et Vincent l'imite. Puis il repart, et cette fois-ci tout est différent : même si l'escalade est très difficile, à travers la chaussure son pied est maintenant en contact avec le rocher et le sent. Il s'élève lentement, sur des prises minuscules, presque invisibles, presque insensibles. Il sait qu'il est à la limite de l'adhérence. Mais il sait aussi qu'il ne tombera pas. Et plus il monte, plus il en est sûr : comme si la nécessité de plus en plus grande de ne pas tomber entraînait une maîtrise croissante. Renaud a souvent eu l'occasion de remarquer cette extraordinaire faculté d'adaptation qui est capable de repousser, indéfiniment croirait-on, la limite des possibilités humaines. De toute façon, il a le sentiment très net d'être encore en deçà de cette limite.

Le dièdre est parcouru d'une très mince fissure – presque une griffure. Le grimpeur la suit et s'en aide autant que possible, c'est-à-dire fort peu. Ce passage serait plutôt du ressort de Vincent; mais dans une face comme celle-ci où, à partir d'un certain point, difficultés glaciaires et rocheuses alternent constamment et même s'entremêlent, il n'est guère possible de respecter à tout moment les spécialisations. Et à vrai dire, chacun des membres de la cordée doit être capable d'accomplir en tête l'intégralité de la course. Il n'y a donc rien à regretter.

Renaud a le haut du corps rejeté en arrière par le surplomb; et, dans ces conditions, la gêne et le poids du sac deviennent insupportables. Il aurait certes pu le laisser à Vincent, puis le hisser; mais cela aurait entraîné des manœuvres de corde, et une perte de temps supplémentaire. Comme toujours, le choix s'est opéré entre des inconvénients. L'extrême longueur de cette course et sa variété elle-même nécessitent une quantité de vivres et de matériel alpin dont le poids et l'encombrement viennent accroître la difficulté et ralentir la progression. C'est un cercle vicieux! Il faudrait pouvoir partir pour l'Eigerwand allégé au maximum, avec la certitude de le gravir sans bivouac. Cette solution est concevable sur d'autres montagnes. Mais l'alpiniste le plus brillant, le plus rapide ne saurait jamais avoir ici une telle certitude, tant le déroulement de la course dépend avant tout, à l'Eiger, de facteurs extérieurs à l'homme : les conditions atmosphériques, on ne peut plus instables, et celles de la paroi. En fait, l'ensemble de circonstances exceptionnellement favorables susceptible de permettre l'ascension de la face en une seule journée est si improbable qu'il serait folie de l'envisager et d'y conformer ses plans. Seuls jusqu'à présent, les Autrichiens Waschak et Forstenlechner ont réussi cet exploit, en 1950 (et probablement sans l'avoir même espéré). Ils ont bivouaqué au sommet.

Depuis lors, chacun de ceux qui se sont attaqués à l'Eigerwand a sans doute nourri en secret l'espoir presque chimérique de rééditer cette prouesse; et il a dû bien vite y renoncer, au fil des heures. Renaud n'a pas échappé à la tentation de cette illusion. Mais déjà elle s'amenuise, à mesure que, les difficultés se succédant désormais sans interruption, la progression se ralentit. D'ailleurs, la cordée qu'il forme avec Vincent est généralement plus sûre que rapide.

Midi approche.

*

La lutte que soutient Renaud contre le dièdre est sévère. Il s'y absorbe tout entier; aussi lui fait-elle perdre toute notion du temps. S'il avait à mesurer ce dernier, le seul élément de référence dont il disposerait serait sans doute le degré de fatigue de ses muscles, tendus et crispés par l'escalade sans aucune possibilité de relâchement. Le temps qu'il vit est, pour ainsi dire, un temps physiologique.

La mince fissure s'est effacée. Renaud a dû, tout en montant, traverser légèrement vers la droite. Il approche maintenant du sommet du surplomb, là où les lignes basculent en arrêtant la vue. Et, comme toujours en pareil cas, il se pose cette question anxieuse : qu'y a-t-il au-delà? Pourra-t-il continuer? Et aussi, pourra-t-il se reposer un instant, après ce passage exceptionnellement dur?

Il se hisse péniblement, débouche de l'autre côté de l'auvent rocheux sur un étroit rebord où il pourra tout au plus reprendre souffle, et voit qu'il se trouve ramené vers la cheminée, plus rébarbative que jamais : la glace en déborde, noire et blanche, vitreuse, suintante. Elle affecte les formes torturées et noueuses d'un sarment gigantesque, avec des brisures, des boursouflures, des rameaux arborescents, des prolongements irréguliers comme des pseudopodes. Non, vraiment, ce ruissellement figé et vertical n'a rien d'attirant. Sans crampons surtout – et il n'est pas question, ici, de les remettre! Il s'agit donc de s'en évader au plus vite. Renaud a atteint la « cascade » pétrifiée et taille quelques encoches qui lui permettent de s'élever un peu en coinçant le pied, entre glace et rocher. Il a entrevu la possibilité d'échapper au couloir en s'attaquant à une grande dalle lisse, légèrement concave, qui le domine sur la gauche. Non pas, certes, que son aspect soit encourageant : les rares prises sont inversées, comme les dalles imbriquées d'un toit! Mais aucune autre solution n'apparaît. D'ailleurs, le départ de la dalle n'est pas d'une raideur excessive.

« Alors? crie d'en bas Vincent invisible.

– Ça passe. »

La réponse de Renaud fait la part de l'optimisme : la preuve reste à administrer, que le passage est franchissable. Le « ça passe », formule rituelle bien connue des alpinistes, signifie simplement qu'on ne se heurte pas à une résistance insurmontable, au refus de la montagne. Elle écarte la certitude de l'échec, sans pour autant pouvoir affirmer celle du succès. C'est ainsi qu'il faut l'entendre.

S'étant brièvement détendu – en tout, quelques dizaines de secondes de halte sur le rebord du surplomb –, Renaud s'apprête à « faire la preuve »; il plante un piton d'assurance, et attaque la dalle.

*

Il doit grimper en opposition totale et se rappelle la phrase d'un guide, à l'époque de ses premières ascensions, dans un passage particulièrement délicat : « Ici on ne devrait pas tenir. Et pourtant, on tient... » On tient, c'est vrai; mais dans un équilibre extrêmement précaire et, semble-t-il, contre toutes les lois de la pesanteur. En montagne, Renaud a parfois l'impression que l'escalade d'extrême difficulté doit nécessairement comporter une petite part de miracle : miracle mérité, d'ailleurs, qui correspond en gros à la marge de sécurité. Cela dit, il ne se repose en rien sur celle-ci, la connaissant pour très réduite. Or, elle ne l'a jamais été pour lui davantage que sur ce mur séparant les deux premiers névés de l'Eigerwand, ce mur qui trouve le moyen de se redresser encore et ressemble à un toit, follement raide et vertigineux, dont les feuillets rocheux inversés représenteraient les ardoises géantes. Il est impossible d'imaginer terrain plus désagréable, ni plus exposé. Pas un appui, pas une prise franche. Renaud se sent toujours à la limite de la chute, et sans la moindre possibilité de planter un piton pour se prémunir contre celle-ci. Un coup d'œil jeté vers le bas lui révèle, après dix mètres de roche nue, mille mètres de vide au fond desquels des vallées, des villes, des lacs reposent doucement dans une brume bleue. Si insignifiants sont ses points d'appui, que Renaud a l'impression d'être suspendu, et presque de flotter dans ce vide énorme qui, ici, ne signifie pas seulement l'abîme vertical, le gouffre menaçant, mais la vacuité totale, absolue, dans toutes les dimensions de l'espace : d'un côté, le mur de glace et de roche compact, sans défaut; de l'autre, le néant. Entre les deux, lui, Renaud. Si bien que le mur finit par ne plus lui apparaître que comme la porte ouverte sur ce vide et ce néant; et qu'ainsi l'escalade prend le caractère particulier, mais bien réel, du combat contre un adversaire sans merci. La moindre faute ne pardonnerait pas. L'attention de Renaud est aiguisée à l'extrême, presque douloureuse. Chaque parcelle de son corps participe à la lutte avec intelligence, se fait elle-même intelligence et devient un élément de connaissance de la montagne. Connaissance qui s'exprime et culmine dans la conquête. Mais la conquête, chose d'un seul instant, n'est qu'un vain mot. Et ce qui compte, en définitive, est ce qui restera de cet instant dans l'esprit et dans le cœur.

Cependant, Renaud est bien loin de ces pensées. Il rampe sur son toit de plus en plus redressé, de plus en plus aigu, où les parties sèches alternent avec des traînées de glace qui se multiplient dangereusement. La dalle s'achève sur une sorte de cassure, au-delà de laquelle elle se prolonge – et, Renaud l'espère, se termine – par un ressaut plus lisse que jamais. Plus de prises inversées, plus de lames imbriquées comme des feuillets de schiste : seulement la roche nue, sans aucun défaut visible. Renaud pense confusément qu'il ne pourra pas escalader ces quelques mètres; que nul autre à sa place, d'ailleurs, ne le pourrait; que cependant il faut le tenter, parce que c'est la seule chose à faire; qu'il faut y réussir, parce que c'est la seule chance qui reste; et que par conséquent, il le fera! Et il s'élance comme à un assaut, pour en avoir fini, de toute façon, le plus vite possible.

*

Si par hasard quelqu'un, plus tard, lui demande comment il a franchi ce passage, Renaud répondra qu'il ne le sait pas, qu'il ne se le rappelle plus; et il pourra même ajouter qu'il ne le comprend pas. L'impossible est moins ce que l'on ne peut accomplir, que ce qui dépasse l'entendement. Mais l'entendement n'a ici rien à voir, la seule chose qui compte est d'avoir réussi, avec, sans ou même contre lui.

Renaud jaillit du vide et prend pied sur une mince vire. Il est à la fois épuisé et exultant. Il a conscience d'avoir franchi, sinon le passage le plus ardu qu'il ait jamais gravi en tête de cordée, du moins celui qui présentait la plus grande somme de difficultés et de risques conjugués. Il évite de se demander si ce morceau d'escalade, si dur, ne sera pas suivi d'un grand nombre d'autres semblables. A chaque heure suffit sa peine, et la sienne a été extrême. Aussi repousse-t-il un proche avenir tout chargé de menaces, pour vivre entièrement dans l'instant. Et cet instant est heureux.

Il regarde vers le haut : le Deuxième Névé est là, deviné plutôt que vu. Quinze mètres de rocher l'en séparent encore, au sommet desquels apparaît vaguement une frange de glace gris verdâtre, allongeant çà et là de minces tentacules griffus. De le savoir si proche, Renaud sent son cœur battre plus fort. Il a hâte de le joindre, de le toucher. Mais depuis qu'il a quitté Vincent, il a franchi toute une grande longueur de corde; il est arrivé, ou très peu s'en faut, au bout de celle-ci. Il faut donc faire venir son second, et d'ailleurs l'emplacement où il est parvenu s'y prête : la vire présente un élargissement formant presque une petite plate-forme.

Renaud consulte sa montre et constate qu'il a mis près de

vingt-cinq minutes pour franchir ces trente à quarante mètres. Cela ne le surprend nullement. Il avait évalué ce temps à un quart d'heure au minimum, une demi-heure au maximum; il ne s'était donc pas trompé.

Il sait maintenant qu'ils n'atteindront pas ce soir le sommet...

*

Il se penche. Il ne distingue rien, au-delà de la dalle qu'il vient de forcer, que des masses lointaines et confuses; et surtout ce vide, ce vide énorme, obsédant, qui remplit tout.

« Viens! » crie-t-il au vide.

Le vide ne répond pas; mais la corde, d'abord immobile, s'anime insensiblement, mollit; il y passe des tensions brèves, de courtes ondulations qui font penser à des frissons. Renaud se saisit d'elle fermement, cherche à devancer ses pulsations, à l'accompagner dans le moindre de ses mouvements. La maintenant autant que possible tendue, il suit en esprit la montée de son compagnon, ses élans, ses pauses, ses efforts, ses réflexions – qui furent les siens peu d'instants auparavant, et qu'il revit ainsi.

Il lui semble que Vincent monte beaucoup plus vite qu'il ne l'avait fait lui-même; et cela ne l'étonne pas : il le croit bien meilleur varappeur que lui; et puis, solidement assuré d'en haut, Vincent peut prendre impunément le maximum de risques et gagner en rapidité ce qu'il perd en sûreté.

Les pierres... Renaud n'y avait pas un instant pensé pendant toute son escalade du mur, où la moindre chute de cailloux ou de glace aurait pu, plus que partout ailleurs, avoir pour lui des conséquences fatales. Et rien, absolument rien n'est tombé, de toute cette demi-heure. Mais à présent que son ami se trouve à son tour engagé dans le mauvais passage, la pensée de ce danger le traverse. Et presque aussitôt, un grondement sourd se fait entendre. C'est la réponse immédiate de la montagne ainsi provoquée.

« Attention! » hurle Renaud, à l'adresse de Vincent. Il n'a pas songé à lui-même; et ce n'est pas par altruisme, mais parce qu'il ne lui est pas encore venu à l'esprit qu'il puisse être, lui aussi, en danger.

Un moment se passe, qui lui paraît très long. On entend au-dessus, sur le Deuxième Névé, des chocs sourds, des éclatements. Ces pierres doivent tomber de la Gelbe Wand – la Muraille jaune – qui domine le névé sur sa droite, sinon même de plus haut : l'embouchure de l'Araignée. Quelques secondes encore, et Renaud les voit jaillir dans le ciel à sa verticale, noir essaim bourdonnant qui s'abat. Cette sombre grêle emplit l'air, chacun des grains qui la composent grossit vertigineusement en se séparant de tous les autres, et déjà disparaît. Il y a, dans ce cataclysme instantané, quelque chose de sidéral.

Une partie des pierres, auxquelles la surface du névé a servi de tremplin et dont la trajectoire passe au-dessus de la tête de Renaud, est venue s'abattre sur la dalle quelques mètres plus bas; l'autre, sans toucher la paroi rocheuse, s'est engouffrée dans l'à-pic et a dû rebondir sur le Premier Névé, pour de là être précipitée jusqu'au bas de la face. Une longue rumeur monte en mourant de l'abîme.

« Renaud! »

La voix de Vincent est anxieuse.

« Non, je n'ai rien. Ici, je suis à l'abri. »

Vincent, qui est en train d'escalader le dièdre, ne risquait rien non plus, protégé qu'il est par l'avancée du surplomb. Mais il ne va pas tarder à surmonter celui-ci. Et il se trouvera dès lors, à la base de la dalle, dans la zone la plus menacée. Menacée, elle ne l'était naturellement pas moins quand Renaud s'y trouvait. Mais alors, celui-ci n'avait pas lieu d'y penser. Maintenant, il *sait*.

La corde, qui tout à l'heure s'était immobilisée en tension, mollit de nouveau : Vincent a repris sa progression et il grimpe rapidement. Il va déboucher du surplomb, duquel Renaud voit déjà déborder la masse arrondie de son sac.

C'est alors que se déclenche une nouvelle chute de pierres.

*

Tout s'est passé presque exactement comme la première fois : un grondement, un crépitement, une volée sombre projetée dans le ciel, un martèlement sec et dru, très proche, puis la plongée dans le gouffre invisible. Cela n'a pas duré dix secondes, durant lesquelles Renaud n'a pas fait un mouvement, esquissé un geste. Un grand froid, un grand poids intérieurs : il se sentait figé, devenu lui-même pierre. Ensuite seulement il a retrouvé sa mobilité, et le fleuve du temps s'est remis à couler.

Renaud réfléchit rapidement : son camarade est en train de passer le surplomb et ne peut faire la moindre halte. Lorsqu'il débouchera au bas de la dalle, il sera entièrement à la merci de toute autre chute de pierres. Il n'y a rien à faire là contre.

« Vincent?

– Oui.

– Ça va?

– Oui.

– Tu ne peux pas t'arrêter. » Ce n'est pas une question : Renaud le sait, et l'affirme.

« Non.

– Quand tu auras passé le surplomb, tu seras à découvert. Il faudra faire très vite.

– Bien. »

La partie à jouer ne sera pas facile, dans cette situation intenable. Et, si rapidement que Vincent passe la terrible dalle, que les minutes seront longues! Renaud donnerait très cher, pour que son ami soit déjà debout à son côté.

Vincent a franchi le surplomb. Il se rétablit sur le rebord qui en forme le toit et repart aussitôt à l'attaque de la dalle. Il grimpe très bien, très vite, au prix d'efforts certainement épuisants. C'est contre les règles, bien sûr. Mais la règle suprême est de survivre, et elle annule toutes les autres. Renaud juge que Vincent ne va pas encore assez vite! Il n'ira jamais assez vite, avec cette masse monstrueuse de montagne prête à s'abattre sur lui.

Venu d'en haut, le son d'un sourd craquement vient frapper Renaud. Vincent a dû l'entendre aussi, car il lève la tête.

« Vite! crie Renaud. Tire-toi sur la corde. »

Vincent empoigne celle-ci et se hisse désespérément. Renaud l'aide de son mieux. Le piton planté par lui à l'aplomb de la plate-forme où il se trouve est sûr et résisterait en cas de chute à la traction de la corde, qu'il s'efforce de haler. Mais en peu d'instants, Vincent a rejoint son ami. Il regarde au-dessous de lui. Puis il regarde Renaud.

« Eh bien... », fait-il, simplement. Et ces deux seuls mots signifient beaucoup de choses : par exemple, que Renaud est vraiment très fort, d'avoir réussi à passer par là en tête de cordée (et, qui plus est, avec son sac); que ç'aurait été à Vincent de le faire, et que celui-ci est vaguement gêné d'y avoir manqué; mais que si, décidément, Renaud est capable en rocher d'une telle maestria, il n'y a plus rien à regretter, car lui, Vincent, n'aurait pu faire mieux. Mais l'heure n'est pas aux discours. Il s'est donc contenté de dire « eh bien... » Et

Renaud a compris. Et il est content de lui. D'autant plus content que le craquement de mauvais augure de tout à l'heure n'a été suivi d'aucune manifestation de colère nouvelle de la montagne. Naturellement, cela peut recommencer à tout instant; et les alpinistes, en remontant le Deuxième Névé, se trouveront de nouveau dans une zone très exposée. Mais en pareil cas, on espère toujours que le pire est passé (quand bien même on n'ose, au fond, pas trop le croire). Maintenant qu'ils se trouvent, très provisoirement, hors de danger, il vient à Renaud quelque chose qui ressemble à de la rancœur : que la montagne se défende contre les efforts du grimpeur avec ses armes, qui sont (ou *devraient* rester) passives, et lui oppose une lisse verticalité, cela est normal, c'est le jeu. Le grimpeur, lui, dispose contre elle de ses armes actives qui sont la force et l'adresse physique, la technique, l'intelligence de l'escalade. Ainsi, chacun des adversaires a sa chance et un certain équilibre est respecté. Mais si la montagne use contre l'alpiniste de moyens meurtriers, contre lesquels il est fatalement sans défense (ceux qu'il appelle les « dangers objectifs »), alors cet équilibre des chances est rompu. Chaque fois que cela lui arrive, Renaud éprouve le sentiment d'une tricherie; et il se rappelle une formule dont les enfants usent volontiers : ce n'est pas de jeu. Et pourtant, si : cela aussi, le risque de la mort, et la mort elle-même, font partie du grand jeu alpin qui leur doit sa force et sa gravité. Non, il n'y a pas, il ne peut pas y avoir tricherie. Celui qui n'accepte pas le jeu tout entier, et jusque dans ses extrêmes conséquences, celui-là n'est pas à sa place en montagne. Renaud a fait en un clin d'œil (ce n'est pas la première fois) le tour de la question et décide que tout est bien; qu'il a eu tort de faire à la montagne un procès d'intentions, et de lui adresser le moindre grief. Après tout, elle ne l'a pas convoqué. Et ce n'est pas *sur lui* qu'elle déverse, intentionnellement, ses rochers : c'est au contraire lui qui est venu se mettre là où ils se déversent, de toute éternité. Cela change tout. Un provocateur n'a jamais le droit de se plaindre...

Le « provocateur » lève le regard vers ces hauteurs qu'il vient d'absoudre de malice, et dans une lumière tout intérieure mais neuve elles lui paraissent à présent revêtues d'innocence – même si elles restent, fatalement, chargées de menace. C'est un sentiment assez étrange. Et, tandis que Vincent à côté de lui se repose de son épuisante grimpée, il vient à Renaud une pensée plus étrange encore : il regarde le vide d'où il sort et, très posément, imagine sa chute; ou, pour être plus précis, celle qui aurait pu se produire quelques instants plus tôt, mais qui n'a pas eu lieu. Et s'il l'imagine, c'est justement que le passage périlleux est derrière lui et qu'il se trouve dans un instant de détente relative. Il n'a par conséquent plus – ou pas encore – de crainte immédiate et peut laisser à son esprit la liberté de divaguer quelque peu.

Si je tombais, à quoi penserais-je – ou à qui? s'interroge Renaud. Question... A sa mère, selon les bons auteurs? Sincèrement, il ne le croit pas. A Claire? Pas davantage. Sa conclusion est que, tout simplement, il se dirait : je tombe. Peut-être aussi : je vais certainement mourir (mais en est-on jamais tout à fait persuadé?). Aurait-il peur? Il ne saurait l'affirmer. Tous les avis concordent là-dessus : la peur, c'est bon pour *avant;* elle s'attache à la menace, plus qu'à l'événement lui-même. Elle reviendra en force *après* celui-ci, si on a la chance de lui survivre. Renaud imagine très bien tout cela; et le tient, au demeurant, de rescapés qui lui ont fait bien volontiers le récit de leur expérience : monde insolite du vide, vu à l'envers; mouvement vertigineux de lignes montant de l'abîme ouvert; et, au milieu de ces images folles, un sang-froid incrédule et cette seule pensée que tout sera très vite fini.

Renaud vit très froidement sa chute fantastique, et n'en

est nullement ébranlé. De quoi il se réjouit : signe de force. Il faut tordre son cou à l'imagination!

« A quoi penses-tu? demande Vincent, surpris de l'expression songeuse de son ami, plus que de son mutisme. Renaud sourit :

– Oh, à rien d'important... »

Il est sincère : outre que de tels phantasmes ne peuvent se transmettre sans perdre leur caractère inoffensif d'irréalité, il est bien vrai que la présence et le poids du réel sont ici à ce point écrasants qu'ils effacent et emportent tout le reste.

« Non, rien d'important », répète Renaud presque machinalement, au moment même où il va être ramené aux choses vraiment sérieuses : encore une chute de pierres! La montagne a repris l'initiative.

Ils n'ont rien d'autre à faire que d'attendre sagement, côte à côte de l'autre. Immobiles. Silencieux. La giclée les survole et s'abat là où Vincent se trouvait moins de dix minutes plus tôt. Presque palpables, ce sont très précisément les quelques minutes, les quelques mètres qui séparent la vie de la mort. Les alpinistes connaissent bien ce jeu d'esquive, qu'ils mènent de leur mieux dans l'ignorance de celui de l'adversaire, mais où le hasard reste toujours maître.

Une minute passe. Nouvelle chute de pierres. Trois minutes. Une autre chute. Ils continuent d'attendre. Quatre minutes. Cinq. Six. Plus rien. Mais jusqu'à quand?

Le moment est venu d'une décision capitale, d'où dépendra non seulement le succès final, mais encore le destin des deux hommes (la victoire d'ailleurs, à l'Eiger, est quasiment la condition de la survie). Les éléments du choix sont simples. Deux solutions se présentent : ou bien, poursuivre sans désemparer. Ce qui revient à traverser la zone la plus dangereuse de la face à l'heure la plus dangereuse du jour, et les risques sont énormes. Ou bien, s'arrêter, accepter de perdre de longues heures, jusqu'au regel. A première vue, c'est la solution de sagesse. Ou plutôt, ce le serait si à l'Eigerwand (on en revient toujours là) toute perte de temps ne représentait, elle aussi, un péril majeur. Et la face nord est orientée de telle sorte (en réalité, au nord-nord-ouest) que le soleil la frappe surtout à une heure avancée de la journée, et jusque vers la fin de l'après-midi. Le dégel, et par conséquent les chutes de pierres qu'il provoque, peuvent donc se prolonger jusqu'aux approches du crépuscule. A cela s'ajoute qu'une fois repartis, les alpinistes ne trouveront plus d'emplacement de bivouac possible qu'au-delà du Deuxième Névé, dans la muraille rocheuse dite du Fer à repasser. Or, ils mettront peut-être des heures à gagner celle-ci, et ils ne peuvent courir le risque d'être surpris par la nuit sur le névé. Sans doute, certains se montrent-ils très habiles à grimper dans les ténèbres et à franchir de nuit des passages très ardus, à la seule lueur de leur lampe frontale. Mais Renaud a horreur de cela, Vincent lui-même n'y est guère enclin; aussi établissent-ils généralement leurs bivouacs assez tôt, bien avant la tombée de la nuit. En l'occurrence, donc, s'ils ne repartent pas sans plus tarder – et il n'est encore qu'une heure de l'après-midi –, ils risquent non seulement de voir se consumer sur place la journée entière, mais encore d'être amenés à bivouaquer là même où ils se trouvent présentement; et à ne se remettre en route que le lendemain matin, après une attente interminable et exaspérante d'une quinzaine d'heures! Perspective qui donne à réfléchir. Mais si au contraire ils repartent, leurs chances de traverser le terrible tir de barrage de l'Eiger et d'en sortir indemnes sont faibles. Renaud et Vincent connaissent bien ce genre de dilemme, ils ont eu plus d'une fois à opérer des choix semblables. Mais jamais aucun n'est apparu de telle conséquence; donc, de telle difficulté. Chacun d'eux aimerait s'en remettre à l'autre.

« Alors? Que faisons-nous? » demande Vincent. Mais

c'est une question qu'il se pose à lui-même aussi bien qu'à Renaud, dont il n'attend pas de réponse : son ami n'en sait pas plus long que lui; et il ne lui appartient pas de prendre, seul, une décision.

« On pourrait essayer... », hasarde Renaud.

Essayer quoi? Cela ne signifie pas grand-chose. Recommencer à grimper, sous la menace constante du cataclysme qui peut se déclencher d'une seconde à l'autre? Il ne peut être question de rien d'autre. Il s'agit d'abord de ne pas s'abandonner à l'inaction sans avoir au moins tenté contre elle ce que les militaires appellent un « baroud d'honneur »; et de la tromper comme on trompe la faim.

Ce rôle échoit encore à Renaud. Il remet ses crampons et repart, sur une roche moins raide mais de plus en plus lisse et verglacée – un véritable front glaciaire. L'escalade est moins rude, moins sévère que celle de la Cascade, mais tout aussi exposée. La moindre glissade serait sans appel. Sur ce terrain toutefois, mi-roche, mi-glace, où les crampons mordent bien, Renaud se sent en confiance. La vue de l'abîme prodigieux sur lequel il est suspendu ne l'effraie pas, bien au contraire : ainsi marcherait-il sur les eaux, et ce miracle né de sa volonté l'exalte. Il ne s'est jamais senti plus fort, ni plus sûr. Il monte. C'est la seule chose importante. Très exactement la seule au monde. Ses affections, ses souvenirs, ses projets, toutes ses pensées et ses sensations mêmes – en un mot, tout ce qui forme, ou plus exactement formait sa vie avant la grande aventure –, tout cela vient se jeter dans cet unique impératif comme un fleuve vient se jeter et se fondre dans la mer. Jusqu'au sommet, il n'existe plus que pour monter. Et le sommet, en le rendant à la vie simple et banale qui est celle de tous les hommes, sera pour lui comme une autre naissance. C'est pourquoi son appel est en lui le plus impérieux qui soit : à la fois la voix et la voie de la vie, d'une évidence aveuglante. Mais le simple instinct de conservation est bien dépassé : cet appel a le ton d'un impératif moral. Son intelligence et son cœur d'homme s'y adonnent tout entiers. Il croit en ce devoir élémentaire et proche, essentiel, comme on croit en Dieu. Il monte, et peu de chose – l'effort et la souffrance du corps, l'anxiété de l'esprit – le sépare d'une joie inconnue. C'est, par excellence, l'instant où la pensée s'absorbe et s'accomplit dans l'action; où le corps et l'esprit sont par et pour celle-ci profondément réunis, réconciliés. L'être ressent obscurément cette harmonie, comme une plénitude. Le passage que Renaud est en train de gravir n'est sans doute pas plus exaltant que beaucoup d'autres. Il l'est peut-être moins. Cependant, c'est ici que pour une raison mystérieuse, venue de lui-même, le grimpeur est saisi de cette allégresse, de cette jubilation. Peut-être celles-ci expriment-elles surtout le soulagement de pouvoir continuer à monter, au lieu d'être réduit à l'immobilité redoutée, à l'inaction et à l'attente vaine où s'engloutit stupidement le temps. Mais c'est une question que Renaud ne se pose même pas.

La glace qui couvre la roche est friable, inégale : tantôt mince, tantôt épaisse, avec des renflements. A certains endroits, elle a fondu en profondeur et ne forme plus qu'une croûte, séparée du rocher, que les crampons traversent pour rencontrer ce dernier (d'une dureté non pas tant plus grande, que différente) et y chercher leur appui, à tâtons. Renaud est habile à ce jeu, tout d'adresse et de nuances. Il s'élève et voit diminuer, d'instant en instant, la distance qui le sépare du névé. Devant lui, les difficultés cèdent une à une. Mais ce ne sont pas tellement ces difficultés qui en ce moment le préoccupent. Il se sait, de même que Vincent, capable d'en triompher si la montagne n'y ajoute pas ses armes meurtrières. Et tout ce que l'escalade lui laisse d'attention disponible est mobilisé à guetter les signes d'une nouvelle chute de pierres que la simple raison lui montre inéluctable. A dire vrai, la seule incertitude devrait porter sur la durée du délai de grâce laissé aux alpinistes. Cependant, l'homme attend toujours en sa faveur le miracle le plus improbable. Le sceptique Renaud lui-même n'y manque pas : « Et si je pouvais atteindre le névé sans chute de pierres... Et si nous pouvions le remonter entièrement sans chute de pierres... Et si nous pouvions atteindre ainsi le point (il ne sait même pas où celui-ci se trouve) où nous serons définitivement à l'abri... Et si... » Jeu absurde, presque enfantin.

Il touche la langue de glace aux reflets d'eau trouble qui forme la terminaison du névé dans le mur. Y ayant pris pied, il monte encore quelques mètres sur une pente très raide; puis celle-ci s'adoucit et Renaud voit surgir devant lui toute la surface du Deuxième Névé, qui lui paraît immense : sept ou huit fois plus long que le premier, sinon davantage encore, parfaitement lisse et régulier – un véritable plan incliné. La pente semble un peu moins forte que celle du Premier Névé (mais peut-être n'est-ce qu'une illusion, imputable à ses dimensions beaucoup plus vastes). Vers la droite, le névé est comme encastré dans une muraille géante; et sa partie supérieure est dominée par la masse fauve de la Gelbe Wand, plus écrasante encore que ne l'était la Rote Fluh. Renaud a le sentiment de pénétrer dans un sanctuaire naturel, d'une incroyable sauvagerie. Le névé – un véritable glacier suspendu – repose dans le vide, entre deux à-pics sans mesure. Il baigne dans l'ombre éternellement froide de la paroi. S'il n'en était pas ainsi, sa remontée serait un chemin de clarté lancé en plein ciel. Renaud suppute ce que sera ce parcours aérien. Voyant la trace des pierres qui jalonnent ou ont labouré la glace, il conclut qu'il sera plus prudent de traverser le névé vers la droite et de s'élever ensuite en longeant autant que possible la rive rocheuse, qui doit être plus abritée des chutes de pierres.

Vers la ligne de changement de pente, à la base du névé, il plante un piton. Bien lui en prend, car à peine en a-t-il enfoncé la plus grande partie, que des pierres recommencent à tomber. Elles viennent de la Gelbe Wand et dévalent la pente abrupte du névé en bonds de plus en plus énormes. Il est effrayant de les voir venir, grossir, de les entendre siffler dans l'air. Elles commencent à s'abattre autour de Renaud, qui en toute hâte passe sa corde au mousqueton du piton et commence à se laisser descendre en la faisant coulisser.

Il se trouve dans la zone la plus dangereuse, celle où presque toutes les pierres viennent rebondir, avant de disparaître dans l'à-pic. Sous une telle grêle, il est impossible de concevoir la moindre possibilité de passer. Et la retraite la plus précipitée s'impose.

Au bout de sa corde, Renaud voudrait pouvoir se laisser tomber comme une pierre. Mais les pierres sont plus rapides que lui...

Il est frappé : au bras droit, un choc très dur, très sourd; si violent qu'il abolit, comme écrasée sous lui, la douleur qu'il aurait dû faire naître. La première réaction de Renaud est de manœuvrer son bras, et il constate qu'il lui obéit parfaitement. Il n'a donc aucune lésion sérieuse, rien qui compte. Le caillou qui l'a atteint devait être très petit.

L'angoisse, comme la douleur, ne vient qu'après : la pensée le traverse qu'avec un bras cassé, ici, il n'aurait été qu'un mort en sursis. Il la chasse brutalement. C'est alors qu'il est encore frappé. A la tête, cette fois : un heurt qui l'étourdit et l'assourdit en même temps. Le casque qui le protège a résisté; mais la pierre devait être beaucoup plus grosse que la première. L'espace d'un instant, le système de lignes verticales qui entoure Renaud se met à osciller; et celui-ci se laisse aller. Heureusement la corde est là, qu'il continue de tenir fermement; et elle le retient. Deux ou trois secondes suffisent à rétablir l'univers de roche et de vide dans son équilibre, dans sa rigueur et sa fixité. Il n'y a pas pour Renaud de temps à perdre, car les pierres continuent de pleuvoir. Au milieu de leurs éclatements mats, il reprend sa descente. Il a maintenant quitté la glace et ses derniers prolongements, rejoint le mur rocheux qui plonge dans l'à-pic; et les pierres qui volent encore autour de lui se font plus rares. Il aperçoit au-dessous de lui Vincent qui le regarde, immobile, la tête renversée, l'air anxieux. Quelques instants plus tard, il l'a rejoint sur la petite vire. C'est alors seulement que son bras commence à le faire souffrir. C'est une souffrance sourde, extrêmement supportable, tout juste suffisante pour lui rappeler le choc subi et très susceptible apparemment de se laisser oublier. Son crâne au contraire n'est nullement douloureux, et pas même sensible. Renaud comprend que le casque a encaissé tout le choc de la pierre; et que sa tête n'a eu à subir que le heurt du casque lui-même. Il tâte celui-ci et constate qu'il est profondément cabossé, au niveau du pariétal droit. Vincent suit du regard la main de son ami et hoche la tête.

« Nous avons bien fait de prendre nos casques. » Tel est le seul commentaire de Renaud. Et une sorte de contentement l'envahit. Il pourrait se réjouir sans mesure de n'avoir pas été tué; mais non, chose étrange, il est tout à la puérile satisfaction de n'avoir pas emporté son casque en vain!

« Et maintenant, interroge Vincent, qu'allons-nous faire? »

La réponse est évidente, la tentative infructueuse et risquée de Renaud l'impose : ils n'ont pas une chance sur cent de traverser le névé dans de telles conditions. Il faut attendre!

*

Ils se sont installés, tant bien que mal, sur leur morceau de vire pour cette attente insupportable. Ils rongent leur frein. Chaque minute, chaque seconde du temps, si précieux pour eux, qui s'écoule dans une inaction exaspérante, ils ont l'impression qu'elle leur est injustement et stupidement arrachée. Et c'est la plus dure des épreuves que leur a réservées jusqu'à présent la montagne.

Cependant, ils ne pouvaient agir autrement, c'eût été une folie véritablement suicidaire. Les avalanches de pierres se succèdent. Leur rythme est très irrégulier, mais en moins d'une heure ils en ont compté une bonne dizaine.

Ils ne parlent guère. Ils écoutent. Ils guettent tous les bruits de la montagne. Ils sont soucieux, tendus. Sans doute se savent-ils à peu près complètement à l'abri. Mais leur esprit vit le temps qui coule inexorablement, le temps perdu qui jamais ne se regagne; et il suppute l'usage qu'ils auraient pu et dû en faire. Renaud se voit remonter le névé, atteindre les rochers du Fer à repasser qui séparent celui-ci du névé supérieur. Et il se sent malheureux, physiquement tout autant que moralement. Prostré, il se recroqueville sur le mince rebord de rocher plat qui lui est dévolu.

Vincent essaie de réagir :

« Au moins, nous aurons ta corde pour remonter jusqu'au névé. »

Mais le cœur n'y est pas et sa voix elle-même manque de conviction. Qu'est-ce que ces quelques minutes gagnées, en comparaison des heures gaspillées?

« Oui, consent Renaud, morne. Nous aurons la corde. »
Un lourd silence retombe. Il regarde sa montre : trois heures moins le quart.

*

Renaud frissonne. C'est l'humidité de la roche glacée qui le pénètre – un froid venu de très loin, des entrailles mêmes de la terre. Et pourtant, il a conscience qu'il ne fait pas vraiment froid. Fait-il même assez froid, pour cette face nord presque constamment plongée dans une ombre glaciale? Les chutes de pierres incessantes ne montrent-elles pas que même en l'absence de soleil, ici aujourd'hui, il ne gèle pas? Une des premières choses que Renaud ait apprises en montagne est que le froid, si dur à supporter, est du côté de la vie. La chaleur, douce au corps, c'est au contraire le danger et peut-être la mort. C'est l'avalanche, l'annonce du mauvais temps. En montagne plus qu'ailleurs, il faut accepter de souffrir pour vivre. La vie est lutte.

Renaud regarde le ciel, et le ciel n'a pas cessé d'être bleu. Mais ne s'y glisse-t-il pas une quelconque épaisseur blanche, transparente et cependant sensible? Quand on est vulnérable, et par là sujet à craindre, où finit la lucidité, où commence l'illusion? Plus on scrute le ciel éclatant et vrai, plus on le soupçonne d'être trompeur. Et les sens eux-mêmes de l'homme, si imparfaits, ne le trahissent-ils pas? Ce pâlissement qu'une extrême attention parvient à déceler dans l'azur le plus pur, est-il bien de celui-ci? Ne provient-il pas plutôt d'un regard incertain, ou abusé? Renaud se le demande; il doute en même temps et du ciel et de lui.

Du côté de la terre, en revanche, il n'y a point de doute : elle est d'une netteté, d'une rigueur implacables. L'épaisseur de vide que, de lui à elle, traverse le regard de Renaud semble l'y unir plus que l'en séparer. La distance dénoncée par l'extrême rapetissement des choses d'en bas est en même temps comme abolie par l'acuité de la perception. Jamais peut-être Renaud n'avait remarqué une telle rigueur des lignes – naturelles comme humaines : rocs et forêts; mais aussi bien, villages, maisons, champs et routes –, ni une telle franchise de couleurs pures et crues juxtaposées. Mais cette vue à la fois lointaine et proche, sans mystère, qui permet par exception de fouiller dans toute leur nudité les traits les plus secrets de la terre humaine, est-elle de bon augure? D'ordinaire, vue de haut, celle-ci s'enveloppe de brumes tremblantes qui la dissimulent; l'air lui-même que traverse le regard a une densité, une consistance qui ajoutent encore à l'éloignement. Il s'agit d'un autre univers. Et la fausse proximité de la vallée au-dessus de laquelle il se trouve suspendu a pour Renaud quelque chose d'insolite.

Il distingue très bien la tente, minuscule point bleu piqué au milieu de vastes pâturages. Il y a longtemps qu'il ne l'a regardée, qu'il n'a pensé à elle, à la nuit paisible qu'il y a passée. Quelques heures seulement l'en séparent; mais aussi le passage d'un seuil mystérieux. L'arrachement s'est fait, Renaud appartient maintenant tout entier au monde sans hommes. Et, comme il arrive dans chacune de ses grandes ascensions, la substitution de la verticale à l'horizontale comme ligne directrice a cessé de lui paraître insolite. C'est un acclimatement. Terrifiant à quiconque se trouverait par impossible transporté ici sans transition, le visage de la montagne autour de lui est devenu pour Renaud quelque chose de normal. Ce précipice monstrueux qu'il a de son propre effort creusé sous lui peu à peu, il le contemple sans surprise, sans émotion. Quel que soit le pouvoir du vide sur l'homme assujetti aux lois exorbitantes de la pesanteur, Renaud sait en avoir, par son expérience, par son habileté, acquis un autre, capable de le contrebalancer. Et il se sent égal à tout ce qui pourrait ici l'anéantir ou l'écraser. Seulement, il faut être vigilant et, à la force de la montagne, qui est une force d'inertie, opposer précisément le contraire de l'inertie : toutes les ressources mobilisées d'un corps et d'un esprit en éveil; une volonté, une attention constamment tendues, bandées comme un arc. Dans cette lutte démesurée de plusieurs jours et plusieurs nuits, tout dixième de seconde de distraction peut tuer. Dans cette paroi de deux kilomètres de haut, chaque centimètre peut tuer. La moindre faute sera immédiatement, mécaniquement saisie par la montagne et sanctionnée avec sa rigueur implacable. Renaud mesure paisiblement ce risque depuis longtemps connu et accepté. Il promène sur les lignes dures qui l'entourent un regard amical et sûr. La seule chose qu'il reproche en ce moment à cette montagne est de l'avoir contraint à suspendre un combat bien engagé. Mais cette trêve trompeuse n'est en réalité qu'un aspect, un moment du combat; et à certains égards le plus difficile, en ce qu'elle rompt le rythme et use la volonté. Il faut ne pas perdre cela de vue, et rester sur ses gardes. Renaud le sait aussi et n'y manquera pas.

Ils mangent, moins par faim que pour tuer le temps – formule stupide, quand le temps (ici surtout) finit par tuer si sûrement son homme. Ce n'est pas un repas, mais une sorte de mastication paresseuse et lente. D'instant en instant, chacun puise dans sa poche ou son sac des morceaux minuscules – bonbons, fragments de sucre, fruits séchés – et les suce plutôt qu'il ne les croque, s'appliquant à les garder dans sa bouche le plus longtemps possible, et s'absorbant dans cette occupation dérisoire; car toute absence de pensée vaut mieux qu'une pensée irrésistiblement ramenée à la rumination du temps perdu. Mais il est très difficile de ne pas penser, et l'effort qu'on y applique est encore pensée...

Renaud regarde les ombres des monts tourner, en bas, sur les vallées. Celle surtout, énorme, de l'Eiger : triangulaire; noire; envoûtante. De guerre lasse, il ferme les yeux. Il pense à la prairie de Gletsch.

*

Bientôt quatre heures. Renaud et Vincent échangent un mot de loin en loin, sans autre but que de rompre le silence écrasant. Car ils n'ont à se communiquer rien qui vaille. Presque tout ce qui ailleurs pourrait faire l'objet d'une conversation leur paraît ici vain ou futile : leur condition présente pèse trop. Et quant à parler de celle-ci, à quoi bon? L'un et l'autre savent tout ce qu'il y a à en penser; en débattre ne les aiderait nullement à agir sur elle. Ils ne pourraient au contraire que ressasser, ce faisant, une irritante impuissance. Et ils cherchent obstinément à faire le vide en eux – entre les chutes de pierres, du moins, que malgré la sécurité éprouvée de leur refuge ils ne peuvent s'empêcher de suivre, de l'oreille et du regard, dans une tension extrême.

Depuis près d'une heure, le rythme de celles-ci s'est ralenti. Depuis une vingtaine de minutes, il ne s'en est pas produit. C'est alors que se glisse en Vincent la tentation de l'espoir :

« Et si nous essayions encore?... »

Renaud ne réagit pas tout de suite et reste immobile; comme si les paroles de son ami avaient mis très longtemps à l'atteindre. Puis il lève la tête, et hausse les épaules avec lassitude.

« Essayer quoi? Il nous faudra plus d'une heure, deux peut-être, pour atteindre le haut du Deuxième Névé – à supposer qu'arrivés là nous soyons à l'abri. Il se produira fatalement pendant ce temps d'autres chutes de pierres. L'heure du regel est encore loin. »

Il pense aussi au soleil invisible qui quelques heures plus tôt faisait poudroyer le ciel, très haut, sur leurs têtes. Il est en train de tourner lentement autour de la montagne et se rapproche de la face nord à mesure qu'il descend. Bientôt peut-être ils le verront nimber d'un fil d'or les crêtes de l'ouest; puis il se lèvera ici, peu d'instants avant son crépuscule. Mais, même si ses rayons sont affaiblis, en cette saison et à cette altitude ils gardent de la vigueur; et ces instants-là seront encore lourds de danger, prolongeant le risque jusqu'à une heure tardive. Tout cela, d'ailleurs, Vincent le sait aussi bien que Renaud.

« Essayer quoi? » répète ce dernier machinalement. Mais en même temps qu'il parle raison, si fort est en lui le désir d'échapper à cette attente passive, qu'il se sent envahi de la même envie aussi impérieuse qu'absurde.

« Je pourrais au moins monter jusqu'au névé », s'obstine Vincent. Renaud ne répond pas et son compagnon doit prendre ce silence pour un acquiescement tacite, car il se relève. Il se hissera à la corde de caravane passée là-haut dans le piton, et dont Renaud maintiendra l'autre extrémité tendue. Après tout, il ne s'agit que de monter une demi-longueur de corde. Renaud comprend que Vincent ait envie de tenter à son tour l'expérience. Ensuite, ils seront à égalité.

Vincent empoigne la corde et s'élève de quelques mètres. A ce moment précis, en même temps avertissement et interdiction, une nouvelle chute de pierres se déclenche (il n'y en avait pas eu une seule depuis une demi-heure) et éclabousse largement le mur au-dessus de lui. Il se laisse précipitamment redescendre et retombe sur la vire à côté de Renaud.

« Alors? Tu as vu! » dit seulement celui-ci. Il ne songe guère à triompher, cela lui serait trop amer. Il faut se résigner. L'attente recommence.

*

Heures vides qui coulent dans le vide. Et chaque seconde est comme une goutte de ce flot lent mais irrésistible qui emporte l'homme avec lui. Le temps se traîne, inutile puisque inemployé, et par là pernicieux. Renaud évite de regarder trop souvent sa montre, sur laquelle son esprit avance toujours de façon excessive. Lorsque de loin en loin il se laisse aller à la consulter, c'est surtout par curiosité intellectuelle : il s'agit de comparer le temps mental ainsi dilaté au temps réel. Et ce qui est le plus étrange, c'est quand ils se mettent à varier l'un par rapport à l'autre, quand le temps intérieur qui coulait si lentement s'accélère peu à peu, jusqu'à rejoindre et puis dépasser le temps sidéral. Le moment vient où, vérification faite, ce qui avait semblé à Renaud n'être qu'un quart d'heure, vingt minutes au plus, se révèle avoir été en réalité une demi-heure. Il a du reste noté bien souvent déjà ce phénomène, dans ses haltes forcées ou ses bivouacs passés. Et il s'est interrogé sur le sens de cette accélération subjective. Il a conclu qu'elle répondait à une sorte d'adaptation de tout l'être à une attente vaine, usante, dont on ne peut se défendre qu'en la faisant passer plus vite (ne fût-ce qu'en esprit) et en l'épuisant. C'est un exercice difficile, que ce combat contre l'inusable temps; et c'est le temps lui-même qui en donne peu à peu les moyens, à mesure que son pouvoir s'affaiblit. Mais cette accoutumance à l'attente, qui finit par la précipiter, s'accompagne nécessairement d'une chute de l'attention, d'une sorte de mise en veilleuse du corps et de l'esprit, qui tend vers la torpeur et l'hébétude. C'est un affaiblissement, soit consenti, soit subi, de la conscience qui permet de traverser moins malaisément les temps morts de l'ascension, en engourdissant l'anxiété, l'impatience et parfois même la souffrance physique. Elle peut présenter ses risques. L'esprit de Renaud, qui s'est peu à peu comme vidé de pensée, se ranime vivement à chaque chute de pierres et mobilise le corps. L'un comme l'autre se tend alors brièvement, juste le temps de l'alerte (réaction vaine d'ailleurs, le roc aveugle lancé dans l'espace est fatalement le plus fort), puis la tension retombe.

Renaud est maintenant envahi par le froid, qui a cessé de se localiser à ses extrémités pour l'imprégner tout entier, le baigner. C'est moins une souffrance vive qu'une sensation de gêne et d'inconfort. Si les alpinistes avaient tout de suite accepté de bivouaquer ici même, ils se seraient glissés dans leurs sacs de duvet et auraient été bien. De toute façon, il faudra l'installer bientôt, ce bivouac mal venu, dont la nécessité ne fait plus guère de doute. Renaud y est presque résigné; et s'il tarde encore à le précipiter, et même à en parler, c'est par une sorte de paresse dont l'inaction forcée est seule responsable. Et puis, à dire vrai, il en est encore à ne concevoir d'autre geste que celui de grimper. Vincent, qui se tait à son côté, doit éprouver les mêmes sentiments; les mêmes absences de sentiments...

Il y a eu à un moment donné, dans le bras de Renaud frappé sur le névé par une pierre, une série d'élancements assez douloureux, qui lui ont donné des craintes. Mais cela s'est assez vite calmé, il ne ressent plus qu'une meurtrissure vague et comme lointaine, que certains mouvements accroissent légèrement, sans plus.

A un autre moment, son attention est attirée par le fait que les pierres, certaines du moins, semblent tomber plus près de leur perchoir. Puis l'une d'elles, qui a dû ricocher, siffle tout près, à leurs oreilles. Et un peu plus tard, Renaud se sent touché, plus que frappé, par un minuscule éclat. Mais dans l'impossibilité où ils sont de trouver un plus sûr abri sans descendre encore de quelques mètres vers le sommet de la dalle (où, d'ailleurs, aucun emplacement de repos ne s'offrirait à eux), il accueille cette menace de plus en plus proche avec une surprenante indifférence. Fatalisme? Tout au plus la pensée effleure-t-elle Renaud, que leur situation n'est pas sans quelque analogie avec celle du condamné de Poe dans *le Puits et le Pendule,* et se pose-t-il quelques questions : les pierres tombent-elles vraiment plus près d'eux? Et pourquoi? Il essaie un moment d'imaginer les raisons mystérieuses qui, là-haut, ont pu modifier insensiblement l'origine des chutes ou, plus bas, leur trajectoire.

Mais il renonce assez vite à ce jeu intellectuel. Du reste, les projectiles ont cessé de se rapprocher. Renaud, de nouveau, sombre dans la torpeur.

*

« Les pierres ne tombent plus. »

C'est Vincent qui a dit cela. Renaud tressaille. C'est vrai, elles ne tombent plus. A combien remonte la dernière chute? Une demi-heure au moins, bien davantage peut-être. Dans l'engourdissement profond de sa conscience, il s'en était à peine avisé. Pour la première fois depuis longtemps, il consulte sa montre : cinq heures et demie passées. La halte forcée a duré déjà près de trois heures. Cette pensée s'empare brutalement de Renaud et le redresse. Un regret intense le poigne. Trois heures! Que n'auraient-ils pu faire, durant ces trois heures, s'ils n'avaient été contraints de s'arrêter! Passer le Deuxième Névé, assurément. Franchir le Fer à repasser, peut-être. Peut-être aussi le Troisième Névé, et atteindre la Rampe, où commence le tiers supérieur de la face. Peut-être... S'ils ne s'étaient pas arrêtés... Renaud connaît bien ce jeu des « si », qui marque périodiquement la vie en haute montagne – et la vie tout court. Et il s'en méfie à juste titre, car rien n'est si vain que de chercher à refaire le passé à sa convenance, ni si illusoire. Le passé commande l'avenir de façon irréversible. Et ce n'est pas avec des regrets que l'on fait des victoires. Le monde est à ceux qui savent prendre les choses où elles en sont, et comme elles sont. Il sera bientôt six heures du soir, Vincent et Renaud sont à la base du Deuxième Névé : il n'y a rien d'autre à considérer que cette situation dans sa sécheresse. Ils ont commis une sérieuse erreur en ne faisant pas en sorte d'aborder en début de journée la zone des névés médians. Ils ont commencé à payer cette erreur en étant contraints de perdre des heures précieuses – mais là, il ne s'agissait pas d'une seconde erreur : seulement de la conséquence inéluctable de l'erreur initiale. Ils ne pouvaient et ne devaient rien faire d'autre que s'arrêter et piétiner, la rage au cœur. La seconde erreur – et Renaud le sent, il le sait – serait sans doute de prendre maintenant prétexte d'une incertaine accalmie, pour repartir à une heure de toute façon défavorable et tardive. Sans doute le moment devait-il venir où l'attente elle-même, à force de se prolonger, ferait naître dans leur cœur et leur corps ce désir déraisonnable de tenter maintenant ce qu'ils n'ont pas osé quelques heures plus tôt. Et chaque minute l'accroît, ce désir, du silence énorme de la montagne qui se confond ici avec le sentiment de la sécurité et prend une signification presque complice. Renaud est de nouveau en pleine possession de lui-même, son esprit et sa volonté s'aiguisent, dans ce besoin renouvelé et ardent de la lutte. La simple phrase de Vincent : « Les pierres ne tombent plus » n'a pas pour lui d'autre sens et lui dit éloquemment que son compagnon est aussi avide que lui de repartir. Sa tentative manquée ne lui a pas servi de leçon. Plus exactement, considérant que les choses ne se passent jamais deux fois de suite de la même façon, il croit leurs chances intactes et entières. Cependant, l'un et l'autre savent que la température n'a pas baissé sur la face; que dans quelques minutes le soleil aux rayons peut-être mortels va paraître; et que, par surcroît, la nuit est trop proche. Lucidement, Renaud voit s'ouvrir devant lui la voie resplendissante qui sans doute est un piège, et il la connaît pour telle. Mais si forte est leur tentation, qu'ils vont s'y engager – non pas par aveuglement, mais par faiblesse.

« On essaie encore? demande Vincent.

– On essaie », répond Renaud.

Ils se relèvent.

*

« Regarde! » lance Renaud.

Pour la seconde fois, il vient d'atteindre le névé : en s'aidant de la corde laissée sur place, et de ce fait la montée aurait dû lui sembler très facile. Mais il est encore ankylosé par la longue halte et vaguement endolori. Ses muscles sont raidis, ses gestes maladroits. Il lui faudra un certain temps pour retrouver sa condition physique normale.

Renaud s'est arrêté. Vincent est encore en bas, sur ce méchant morceau de vire que tous deux détestent, car ils l'identifient inconsciemment à l'attente vaine qu'ils y ont subie.

« Regarde », répète Renaud.

Il a tourné son visage vers la droite, où le soleil se lève, derrière une ligne indécise d'arêtes brisées qui tremble dans son poudroiement. Un point de feu s'allume au contact de la roche, puis s'en dégage et grossit à vue d'œil jusqu'à devenir un globe incandescent. Quelques secondes suffisent au disque de lumière pour régner entièrement dans le ciel. Renaud a senti ses rayons balayer son visage, avant de s'emparer de son corps et de glisser sur le névé en le remontant vertigineusement vite. Chose étrange en vérité, que cette aurore du soir, ce soleil qui se lève, très bas, non pas en montant mais en tournant et descendant déjà vers les horizons. Là où il touche la montagne, celle-ci s'enveloppe et frémit d'une poudre dorée où coulent encore, cependant, des ombres bleues. Cette vive clarté qui frappe tangentiellement la muraille révèle et accroît la complexité torturée de son architecture. Tout détail saillant en ressort et rejette dans leur nuit les ravinements profonds. Le caractère de conque géante de la paroi s'en trouve dramatiquement accentué et son fond semble receler d'inépuisables gouffres de ténèbres. L'uniformité de l'ombre lui conférait une unité de structure et de caractère qui maintenant éclate. Chaque trait de l'Eigerwand prend une expression particulière et se différencie de l'ensemble. L'adversaire formidable mais unique se fait armée d'adversaires innombrables, partout embusqués. Au nouvel éclairage de la montagne répond une nouvelle coloration de la lutte.

Cependant, alors que le soleil enfin paraît ici, déjà il se retire des fonds. Au moment même où ce qui était ombre devient lumière, flamme, embrasement, la clarté là où elle régnait cède la place aux ombres. Et, des sommets aux plus basses vallées et aux plaines, l'image d'un monde en peu d'instants s'inverse et devient son propre négatif. Mais le temps est compté à Renaud, pour découvrir et analyser tout cela. Cette révolution des rayons et des ombres n'est pour lui que spectacle, tout son intérêt est ailleurs : dans l'inépuisable lutte; et dans l'influence peut-être, sur cette lutte, de l'irruption solaire.

« Nous ne sommes pas prudents, constate-t-il, d'un ton presque machinal et presque indifférent.

– Non, confirme sur le même ton Vincent qui reprend :

– Nous avons tort. »

Mais il n'en paraît pas convaincu et, quelques secondes plus tard, ajoute :

« Peut-être... »

Mais il n'explicite pas son propos. Voulait-il dire qu'ils ont effectivement tort (*peut-être,* et non pas sûrement); ou au contraire sous-entend-il que, *peut-être,* il n'en est rien? Sa voix est restée suspendue, sa phrase ouverte sur plus d'une possibilité. Sur plus d'une incertitude. Parler est vain. Ils ont pris un parti – qui est aussi un pari – et cela seul compte. S'ils gagnent, ils auront eu raison. S'ils perdent...

S'ils perdent, ils paieront. Il n'y a pas lieu d'épiloguer. L'étrange est que Renaud et Vincent commettent de concert, délibérément, une faute. Et c'est la première fois que cela leur arrive. Mais à dire vrai, ce manquement aux règles élémentaires de la prudence est-il bien, ici, une faute? Prolonger l'attente, même forcée, n'en aurait-il pas été une aussi, par ses conséquences possibles? Le seul choix n'était-il pas en réalité, non pas entre une erreur et une solution juste, mais entre deux erreurs connues comme telles (et aux conséquences imprévisibles), dont il s'agissait d'assumer la moindre? Et ce choix étant imposé, l'imprudence devenait peut-être non seulement permise, mais nécessaire dans la mesure où elle était consciente et lucide. L'alpiniste devait s'engager totalement – mais le hasard restait maître. Ainsi l'énormité même de cette muraille, la démesure de son ascension imposaient-elles de nouvelles règles, étrangères et parfois même contraires au code général de l'alpinisme; et, en fonction d'elles, un comportement entièrement insolite. En cela aussi se confirmait que l'Eiger est une montagne différente de *toutes* les autres.

*

Vincent a rejoint Renaud, qui s'apprête à repartir. Celui-ci lève la tête : toute la surface, maintenant aveuglante, du Deuxième Névé s'étend devant lui. Vers la droite, en contre-jour, l'énorme masse de la paroi rocheuse baigne dans une ombre violente, démesurée, dense comme la nuit. Vers la gauche au contraire, le soleil gagne encore, sa clarté se répand dans une vibration profonde et douce. Renaud sent sur lui ses rayons comme une présence, comme un contact qui bientôt sans doute se fera morsure. Il n'y a guère ici de transition entre l'instant où le corps est étreint par le gel et celui où le brûle, à travers l'atmosphère raréfiée de l'altitude où tout est extrême, une flamme ardente et proche. Renaud traverse ce bref répit sans pouvoir le goûter, ni même y prendre garde : il attaque la montée du névé et, entièrement absorbé dans l'action, redevient insensible à tout le reste.

Son attention est sollicitée à la fois par le terrain – la progression à effectuer – et par les chutes de pierres possibles, sinon même probables – le danger à éviter. Le premier domaine est celui de l'homme; le second, celui du hasard, qui n'est peut-être que la somme de ses ignorances, mais par là lui échappe. Tout l'effort de Renaud s'applique donc au premier, qui lui permet de déployer ses facultés. Au second, il n'accorde qu'une vigilance à peu près impuissante, donc déprimante. Cependant chacun des gestes difficiles de l'escalade, en affirmant son pouvoir, le fortifie contre ce doute et cette inquiétude. L'action ne supprime pas le danger mais, en partie, le désarme. Telle n'est pas sa moindre vertu.

Si l'ensemble du névé, au loin, a l'aspect d'une vaste surface uniforme, toute différente apparaît vue de près la matière dont il est formé. C'est une glace grise, grenue, irrégulière, où les crampons par bonheur mordent bien. Aux abords de la roche seulement, où elle a fondu puis regelé, elle pousse vers l'à-pic de courts tentacules vitreux et lisses en forme de racines, avec leurs étranglements et leurs renflements noueux.

Plus haut, le névé est semé de débris, grêlé de pierres tombées de la paroi. Renaud les a bien remarquées déjà lors de sa première tentative, et naïvement s'étonne de n'en pas dénombrer davantage maintenant, après l'infernal bombardement de l'après-midi. Il s'étonne aussi de les voir à ce point disséminées; ce qui sans doute témoigne de l'étendue du névé, mais aussi lui rend confiance, en lui montrant qu'il garde ses chances. Il emploierait aussi bien le pluriel. Mais cela ne changerait rien. Le singulier lui-même englobe Vincent : la cordée forme un ensemble indissociable.

Renaud note que les traces de chutes sont beaucoup plus nombreuses dans la partie médiane du névé que sur ses côtés. Aussi, au lieu de le remonter tout droit, suivant la ligne de plus grande pente, le traversera-t-il en obliquant légèrement vers la droite pour en rejoindre le bord le plus proche, qu'ils suivront ensuite, au contact du rocher. Le trajet en sera plus long, plus malcommode en raison du dévers; mais ils gagneront beaucoup en sécurité.

La traversée est fortement ascendante. Renaud cramponne ferme et, d'un coup de marteau-piolet, griffe de loin en loin la glace d'encoches sur lesquelles, mieux assuré, il se détend quelques secondes, avant de repartir. Parvenu à bout de corde, il s'octroie une véritable marche, plante un piton d'assurance et fait venir Vincent. Quatre à cinq longueurs de corde sont nécessaires pour atteindre la roche. Au contact de celle-ci, le rebord du névé est presque toujours largement décollé, formant une sorte de rampe, au-delà de laquelle s'ouvre entre glace et rocher une rigole profonde et sombre. Il faut ici changer de direction, traverser vers la gauche en suivant la ligne irrégulière, festonnée, du rebord neigeux qui monte, très haut, vers l'arête du Fer à repasser. Renaud se réjouit de pouvoir gagner autant d'altitude dans un terrain qui lui convient particulièrement. Aussi réelle qu'ailleurs, la difficulté – tant il la domine – lui apparaît à peine. Cependant la progression, en traversée ascendante très déversée, va devenir franchement désagréable. Les crampons épousent la pente par toutes leurs pointes, les chevilles sont tordues à l'extrême (et, circonstance aggravante, toujours dans le même sens). L'effort ininterrompu auquel elles sont soumises est très pénible et devient rapidement douloureux.

En revanche, la raideur de la pente permet à Renaud de prendre presque constamment appui sur le rebord de glace limitant le névé et de s'en servir comme d'une main courante (sans trop peser dessus, toutefois, car cette glace est à plus d'un endroit mince et friable).

Vincent suit, avec moins de facilité. Renaud sait que son ami n'aime guère ce genre de passage; qu'il doit en conséquence en ressentir plus vivement que lui et en accepter moins bien tous les désagréments. Le seul avantage de Vincent est de s'en remettre à Renaud, à sa supériorité reconnue et volontiers admise, voire proclamée. Renaud, lui, n'a d'autre recours que lui-même; mais il se suffit. Sa confiance est intacte, entière. Il se sent bien.

Partout où le terrain le permet, ils marchent en même temps. Il s'agit de gagner autant que possible du temps pour diminuer le risque. Si un passage plus délicat se présente, Renaud plante un piton d'assurance et Vincent attend qu'il ait atteint un emplacement sûr.

Le monotone trajet glaciaire s'étire. Ce névé n'en finit pas! Renaud a déjà compté douze longueurs de corde, et l'éperon qui marque le sommet du glacier suspendu lui semble encore très haut et très loin.

Bientôt sept heures. Le soleil descend au loin vers le Jura. Ici cependant, ses rayons sont encore chauds. Pourquoi les pierres ne tombent-elles pas? Pourquoi ne tombent-elles plus, depuis plus d'une heure, dans cette paroi maintenant ensoleillée que leurs chutes balayaient quand elle baignait dans l'ombre froide? Pourquoi? C'est absolument anormal, incroyable même. Mais Renaud sait qu'il se passe en haute montagne, parfois, des choses mystérieuses, incompréhensibles, qui jouent tantôt contre l'homme et tantôt pour lui. Se trouvant dans ce dernier cas, Renaud se borne à accepter, sans plus se poser de questions, cette grâce de la montagne. Il se demande seulement jusqu'où elle lui sera accordée. Car, passe encore d'admettre, pour l'espace d'un instant, l'inexplicable. Mais on ne saurait trop espérer qu'il se perpétue. Voilà ce que pense Renaud. Et au même moment, comme une réponse qu'il aurait ainsi provoquée, un bruit soudain de canonnade se fait entendre au-dessus de lui, dans la Gelbe Wand. C'est tout simplement le retour aux lois normales. Renaud se plaque étroitement contre le rebord du névé. Vincent en fait autant. Une masse de pierres, dont plusieurs sont énormes, tourbillonne et s'abat une centaine de mètres devant eux, ricoche sur le haut du glacier suspendu dont elle dévale en quelques bonds le tremplin gigantesque, et disparaît dans l'abîme. Elle est suivie d'une petite grêle de cailloutis aux murmures de source. Renaud immobile l'observe et remarque que les pierres projetées de la muraille ne touchent le névé qu'à une certaine distance – plusieurs mètres – du rebord supérieur de ce dernier. Pour l'instant, Vincent et lui sont donc relativement à l'abri. Bien leur a pris, de ne pas gravir directement le névé : ils se seraient trouvés dans la trajectoire mortelle.

La chute de pierres se prolonge. Mais à quoi bon attendre davantage sur place? Quelques minutes de plus ou de moins ne changeront rien à l'affaire. Et puis, de toute façon, Renaud décide de faire confiance à cette configuration générale des pentes qui devrait normalement les protéger dans toute cette zone de la montagne, en vertu des simples lois physiques. Tout de même, il tient à consulter Vincent et se tourne vers lui :

« On y va? »

Celui-ci acquiesce, d'un signe de tête. Renaud repart.

*

Encore trois longueurs de corde. La chute de pierres s'est arrêtée; puis il y en a eu une autre, beaucoup moins importante et plus courte, que Renaud a vue traverser l'air, à quelques mètres devant lui. Il a continué d'avancer imperturbablement : donnant raison à la logique (il sait qu'il *doit* être abrité par la muraille elle-même) contre une peur tout instinctive. Il pense être arrivé maintenant au niveau de la grosse chute de pierres de tout à l'heure. Au-dessous de lui, d'ailleurs, la glace est labourée.

Il poursuit sa marche. L'éperon se rapproche. Des pierres y tombent continuellement, et cela inquiète beaucoup plus Renaud que la traversée de la partie terminale du névé. Elles ne s'abattent pas en avalanche, ce sont le plus souvent des pierres isolées; mais elles balaient l'itinéraire qu'ils auront à suivre obligatoirement dans le rocher. Il sera donc impossible d'éviter le danger.

Déjà, celui-ci se rapproche. Le névé s'encastre moins étroitement dans la muraille. Entre la masse compacte de la Gelbe Wand, où ruissellent des cascades, et l'avancée du Fer à repasser dont l'arête se dessine toujours plus nettement, la paroi se creuse quelque peu. Ce n'est pas exactement un couloir, mais presque un entonnoir, situé juste au-dessous du glacier suspendu de l'Araignée dont il doit canaliser toutes les pierres. La traversée, à sa base, ne sera pas sans risque...

Jusqu'à présent, la montée du Deuxième Névé s'est passée inespérément bien. Jusqu'à présent... Mais plusieurs questions se posent et s'imposent maintenant, étroitement liées les unes aux autres – et appelant parfois des réponses contradictoires! Par exemple : combien de temps sépare encore les alpinistes de l'éperon? Quand ils l'atteindront, sera-t-il toujours dans les mêmes conditions d'insécurité? A quelle heure y cesseront les chutes de pierres? Et restera-t-il alors assez de jour pour permettre de gagner un emplacement de bivouac acceptable? C'est une équation à résoudre, qui comporte beaucoup d'inconnues. Cependant, il faut trouver la réponse juste (et il n'y en a qu'une). Car si les chutes de pierres continuaient à leur rythme actuel quand les alpinistes y seraient exposés, ils ne pourraient alors ni s'arrêter, ni poursuivre; et revenir sur leurs pas serait aussi risqué et déraisonnable. Cela signifierait donc qu'ils auraient dû rester ici à attendre. Mais il serait trop tard! Et comment déterminer *maintenant* ce qu'il convient de faire, en fonction de ce qui n'est pas encore?

Il est déjà huit heures moins vingt. Dans deux heures au plus, il fera nuit. Même si les alpinistes ont pu « passer », auront-ils atteint un emplacement possible de bivouac? Ils risquent d'être surpris par les ténèbres en pleine escalade, dans une partie de l'éperon n'offrant aucun point d'arrêt. Mais comment, d'autre part, envisager de passer la nuit sur le névé? Sur le rocher glacial, du moins seront-ils au sec. Et s'il ne se présente pas la moindre plate-forme, il leur restera la ressource de dormir en pleine paroi, suspendus à des pitons. Ayant tout bien pesé, ils ont pris leur parti de ce risque. Ils continuent d'avancer.

*

Renaud est maintenant parvenu sous la concavité légère de la muraille qui précède l'éperon. Il pénètre dans la zone dangereuse : les pierres venues d'en haut ne survolent pas, ici, le sommet du névé, mais s'y abattent directement. Renaud l'a, de loin, observé tout à l'heure avec beaucoup d'attention. Si une chute de pierres survenait, il n'aurait d'autre ressource que de se plaquer contre la pente et d'attendre, résigné, en comptant sur sa chance – ce qu'il n'aime guère, préférant se prendre en charge et ne compter que sur lui-même. On ne peut d'autre part, ici, diminuer le danger par la précipitation; même si le terrain est relativement facile. Cette méthode n'est valable que pour de très courts passages, très menacés : telle, par exemple, la traversée d'un couloir, que l'on peut effectuer en courant; quitte à s'arrêter de l'autre côté, une fois à l'abri, pour reprendre souffle. Mais le péril, pour Renaud et Vincent, va s'étirer sur des dizaines de minutes, des heures peut-être, dont chaque seconde pourra leur être fatale. Ils sont dans la partie la plus dangereuse de la face, à l'heure la plus dangereuse. Ils le savent. Un certain manque de rigueur dans le calcul d'un horaire toujours plus ou moins imprévisible d'ailleurs, les a conduits à cette situation. Ils en viennent maintenant à regretter de s'être, par prudence, arrêtés si longtemps à la base du Deuxième Névé. Pour en arriver là, était-ce bien la peine de perdre trois grandes heures? N'auraient-ils pas plutôt dû tenter de franchir coûte que coûte, sous les chutes de pierres, les quelques longueurs de corde qui les séparaient de la zone abritée? Ils auraient ainsi gagné un temps irremplaçable, atteint certainement avant la nuit le Troisième Névé, et peut-être la Rampe. Vain regret, que Renaud balaie de son esprit en avançant sous la menace, qu'il ressent presque physiquement, comme une masse écrasante : celle de la montagne elle-même, prête à s'abattre sur lui. Ce n'est d'ailleurs là qu'une image : il sait très bien qu'avec la force de la chute, un méchant caillou de quelques dizaines de grammes peut suffire à l'expédier.

Il s'arme de confiance. Tout en mesurant combien cela

est vain : cette arme, dont le seul mérite est de le fortifier, n'est pas une cuirasse. Dans une telle situation, peut-on encore affirmer que l'esprit soit plus fort que la matière? Renaud veut le croire, jusqu'à l'absurde. Sa pensée, parce qu'elle est pensée, récuse le pouvoir aveugle de vie ou de mort des masses énormes de matière inerte qui le dominent. Contre elles, il n'a pas de recours. Il n'a pour lui que sa volonté, sa conscience d'homme. Tous ses sens en éveil, il avance.

*

Il est parvenu à bout de corde et fait venir Vincent, plus lent que lui.

« Arrête! » crie-t-il soudain.

Un craquement s'est fait entendre au-dessus d'eux, dans la paroi. Puis un bruit de chute : heurts sourds, multiples, précipités; répercutés sur un registre plus aigu. Les pierres!

Vincent est à une quinzaine de mètres de Renaud. Il se plaque sur la glace. Renaud se plaque. Le nez sur la pente, aveugles, inertes, offerts aux coups, ils ne perçoivent et ne vivent que par leur oreille, douloureusement tendue vers les éclatements proches. Il n'y a plus place en eux pour la pensée.

La chute est brève. Dès qu'elle s'est tue, ils se redressent. Les pierres sont passées entre eux, à quelques mètres seulement de Vincent, qui déjà repart.

*

Tandis que son ami avance vers lui, Renaud sent se glisser dans son esprit une pensée insidieuse : qu'il eût encore été dix mètres plus bas, Vincent cinq mètres plus haut, et l'un ou l'autre était tué. C'est une évidence qui ne mérite même pas qu'on s'y arrête. Renaud a manqué plusieurs fois déjà en montagne, de quelques secondes ou de quelques mètres, le rendez-vous ignoré avec la mort et ne s'en est pas autrement ému : cela fait partie du jeu, il faut l'admettre au départ une fois pour toutes. Son inquiétude actuelle est donc plus subtile : et s'il avait été blessé? se demande-t-il. Seulement blessé... Dans une aussi grande ascension, la moindre lésion physique peut suffire à transformer l'extrêmement difficile en impossible. L'incident le plus banal, le plus bénin partout ailleurs, peut réduire l'alpiniste à l'impuissance. Et comme à l'Eigerwand les secours extérieurs ne peuvent l'atteindre, d'en bas, que dans la partie initiale de la paroi ou, d'en haut, qu'à proximité de l'arête sommitale, et que Vincent et Renaud se trouvent dans la vaste zone intermédiaire où ils n'ont rien à attendre que d'eux-mêmes, cet incident, s'il survenait, équivaudrait à une condamnation. Ce serait une mort différée, bien plus épouvantable que la mort immédiate. La plupart des victimes de l'Eiger avaient connu une fin semblable : bloquées par la tempête, par une blessure ou par l'épuisement. Le piège tendu où les hommes s'engageaient consciemment était même plus perfectionné : après avoir imaginé qu'il fût immobilisé ici par l'accident le plus léger dont il pourrait être victime, Renaud envisage que ce soit Vincent, et non pas lui-même, qui soit atteint. Que pourrait-il faire alors? Son action devrait être entièrement commandée par le sauvetage de son compagnon. Faudrait-il le laisser sur place (et ce serait de toute manière un abandon de nature à affaiblir terriblement la résistance morale et par là physique de celui-ci) pour essayer d'aller chercher des secours? Mais seul, ébranlé par des circonstances dramatiques, Renaud aurait-il la moindre chance de sortir de la paroi, soit qu'il choisît de tenter la descente, soit qu'il entreprît de forcer la voie encore très longue du sommet? Devrait-il au contraire rester avec le blessé, dans l'attente d'une aide problématique? Où serait pour ce dernier la meilleure chance? Choix extrêmement difficile et pénible. Renaud incline à croire que, dans un tel cas, il n'accepterait pas de quitter son compagnon et déciderait de partager son sort; même si, froidement, il considère que c'est sans doute la pire solution. Toute la difficulté consisterait alors pour lui à accepter d'entrer, peut-être, dans la mort avec ses forces intactes et en pleine lucidité. Plus d'un alpiniste a fait cela, et précisément à l'Eiger, où le risque de se trouver dans une situation semblable est constant. Renaud, qui le savait fort bien avant le départ, n'y avait pas songé depuis le début de l'ascension. Il y pense maintenant, sous la menace directe des pierres; et s'efforce aussitôt de chasser ces imaginations comme de vains phantasmes, car elles ne lui seraient pas bonnes : dans cette sorte de guerre par amour qu'est l'alpinisme, tout comme dans la guerre véritable, la victoire finale ne peut revenir qu'à celui qui n'envisage même pas la possibilité de la défaite. S'abandonner, si peu que ce soit, à la faiblesse ou au doute équivaut à donner à l'adversaire des armes contre soi. La victoire sur la montagne est d'abord une victoire de l'imagination, qui crée ce qu'elle invente.

*

Comment Vincent, qui va rejoindre Renaud et lui voit ce visage attentif, lisse et tranquille, soupçonnerait-il les pensées qui viennent d'agiter son ami? Mais quelles ont pu être celles de Vincent lui-même, tandis que les pierres volaient en sifflant à quelques centimètres de sa tête, et maintenant encore qu'il progresse lentement à l'endroit le plus menacé?

Comment ne songerait-il pas à l'accident possible, et à ses conséquences? Mais cela, bien sûr, Renaud ne le saura jamais. Et chacun d'eux restera seul avec ses craintes, qui sont ici du domaine de l'inavouable.

Ils se sont donc rejoints et ils se taisent. Ils se taisent parce qu'il n'y a rien à dire. Ils savent très bien tous deux ce qu'ils ont à faire, et c'est la *seule* chose qui compte.

La corde n'a pas été endommagée. Renaud s'apprête à repartir sans perdre une seconde, car on ne peut s'attarder ici. Dans la paroi elle-même, il n'y a pas eu de nouvelle chute; mais il n'est guère de minute où quelque pierre ne tombe de l'éperon. Renaud examine la voie. Après une vingtaine de longueurs de corde sur l'interminable névé (il avait commencé à les compter, mais n'est pas allé au-delà de dix à douze), ils sont parvenus au sommet de celui-ci. La rive de glace irrégulière court à peu près horizontalement sur quelques dizaines de mètres, avant de s'abaisser brusquement vers la base de l'éperon, que les alpinistes dominent de peu. Il leur apparaît qu'ils ne doivent pas gagner cette dernière, mais quitter le névé sans perdre d'altitude, pour s'élever en diagonale à travers la muraille, en direction du Fer à repasser. Vincent reprend alors la tête et cherche le meilleur point d'attaque du rocher. Renaud le suit des yeux en laissant filer la corde et ressent le soulagement d'avoir cédé pour un temps à son compagnon les responsabilités du premier de cordée. Sans cesser d'être acteur, le voici donc redevenu quelque peu spectateur. Il contemple sous lui l'entière étendue du Deuxième Névé, qu'en contre-jour les rayons frisants du soleil à son déclin et, déjà, plus bas qu'elle, transforment en un drap d'or ruisselant de reflets, scintillant de paillettes. Au-delà de l'immense plan incliné, vertigineux et aveuglant, plus rien n'existe : c'est la nuit où ont sombré les vallées. Renaud se sent suspendu entre ciel et terre, également tranché de l'une et l'autre. L'arpent de neige qui le porte devient un îlot de lumière, un esquif à la dérive sur les eaux égales de l'espace et du temps. Encore une fois, la réalité s'estompe.

C'est la fatigue qui l'y ramènera : seize heures de tension nerveuse, d'efforts soutenus, la longue halte même qui sous le névé ne fut pas un repos, tout cela se fait soudain sentir à l'instant du relâchement, comme révélé par lui. Cette fatigue, cependant, n'a rien d'impérieux ni de contraignant. Ce n'est encore qu'un avertissement, un rappel. Le corps, tant sollicité dans l'action, ne se laisse pas indéfiniment oublier. Mais dès qu'il commence à exister, c'est qu'il commence à faiblir; et l'instant, peut-être, est proche où ce serviteur jusque-là docile et discret se fera gêne et bientôt souffrance. Renaud n'en est pas encore là. Mais il sait qu'il lui faudra penser à mesurer et ménager ses forces. Partout ailleurs, il se dirait : nous avons fait la moitié de l'ascension. Et il ne risquerait guère de se tromper : simple question d'arithmétique. Mais à l'Eiger, où tout est toujours incertain, il sait qu'au contraire cette seconde moitié théorique peut, en durée, se multiplier selon les conditions atmosphériques, celles de la montagne ou de l'alpiniste lui-même. Les deux amis comptent pouvoir achever l'ascension le lendemain (n'avaient-ils pas, le matin, espéré même l'accomplir dans la journée, sans bivouac?); mais il se pourrait fort bien qu'ils soient encore en pleine paroi dans deux, voire dans trois jours. Et en ce cas, les chances de survie diminuent de plus en plus rapidement. Voilà pourquoi il faut être économe de ses forces comme on l'est de ses vivres. Tout se tient.

Vincent a trouvé son point d'attaque. Renaud le rejoint, ils quittent les crampons et Vincent repart. Il enjambe la mince crête glaciaire qui s'effrite sous lui et prend pied dans l'espèce de rigole étroite et profonde qui court entre glace et rocher. Il s'arc-boute et commence à s'élever. Le premier obstacle est un petit toit rocheux. Renaud y voit planté un vieux piton rouillé. Vincent ne s'y fie pas et en enfonce un autre. Il passe. La corde court. Le marteau tinte encore. Quelques pierres tombent vers la gauche, dans un murmure irrégulier et grelottant. Vers Berne, le soleil commence à s'enfoncer dans un matelas de nuages légers et bas.

« Viens! » commande la voix de Vincent. Renaud s'ébranle. Il se sent lourd – oh, ce sac!

Des dalles lisses, un peu de verglas... Le toit semble à Renaud d'autant plus difficile à passer qu'il doit récupérer le piton. Il le surmonte et découvre au-dessus de lui tout un pan de muraille verticale, surmonté d'un petit surplomb. Vincent s'est arrêté sur un minuscule replat et Renaud le rejoint, quelque peu essoufflé. Vincent repart instantanément à l'assaut du mur. Il paraît en grande forme. Encore deux pitons. Il passe le surplomb, en légère traversée vers la gauche.

« Viens! »

Un nouveau passage dur, qui requiert toutes les forces de Renaud. Au-delà, le mur se poursuit, coupé d'une petite vire sur laquelle Vincent attend son compagnon. Comme tout à l'heure, après le toit, il s'est arrêté au premier emplacement favorable, sans se préoccuper d'être ou non à bout de corde. Renaud franchit rapidement les quelques mètres qui les séparent. D'ici, la voie se dessine clairement : il faut traverser vers la gauche, à l'horizontale, en utilisant d'abord la vire, puis recommencer de s'élever, en diagonale, pour gagner l'arête du Fer à repasser, désormais proche. L'éperon a moins de cent mètres de haut et ils ont gravi, obliquement, près des deux tiers de cette dénivellation.

Le rocher ici se délite, mais l'escalade paraît aisée et Vincent progresse très rapidement. Une longueur de corde... Renaud part à son tour et la facilité – relative – du trajet le surprend, tant il s'en est déshabitué depuis des heures. Il doit quand même prêter attention aux prises friables, à la roche désagrégée qui a couvert la vire de graviers instables. Mais il se sent soudain plus léger.

Encore une longueur de corde horizontale. Renaud s'engage.

Chute de pierres sur la gauche, entre Vincent et lui. Éclatements.

Chute de pierres au-dessus de sa tête, qu'il baisse tout en collant son corps à la paroi. Il ressent en cet instant une extraordinaire indifférence, faite à la fois de résignation et de détachement.

Un caillou frappe son casque, puis un autre l'épaule. Ils sont petits, les chocs sont amortis : ils ne devaient pas tomber de très haut.

Le silence revient. Renaud se redresse et repart. « Rien?

– Non, rien. »

Pas un mot de plus, pas un commentaire. Ils sont tous deux d'un calme parfait. Ils se savent, depuis l'attaque du Deuxième Névé, dans la partie de l'ascension la plus exposée aux risques objectifs. D'où ce calme, qui contre ces derniers est une arme de défense (et sans doute la seule). Le temps passé dans ce champ de tir est par lui-même porteur de périls. La lenteur est ici dangereuse; mais la précipitation le serait plus encore. Il faut faire *comme si de rien n'était.* Les alpinistes ont seulement hâte de gagner l'arête, où ils seront en sécurité, autant que faire se peut, et autorisés à se détendre.

Vincent entame la dernière traversée ascendante qui doit les mener sur l'éperon. C'est un morceau de paroi raide, sans obstacle particulier, mais où rien ne tient. Lui-même, et la corde en glissant, font rouler dans le vide des ruisseaux de cailloux instables. Renaud à son tour suit ce chemin hasardeux, se hisse, se rétablit sur l'arête. Enfin! C'en est terminé pour aujourd'hui, de ces versants minés, prêts à s'abattre par pans entiers sur l'imprudent qui ose s'y aventurer.

« Nous avons gagné », constate Renaud, qui pense seulement à ce pari extrêmement risqué qu'ils ont fait, de tenter sous les pierres la traversée du névé et l'attaque du Fer à repasser. Ils auront, jusqu'au sommet, bien d'autres parties à jouer âprement, à emporter ou à perdre. Vincent le prend ainsi :

« Oui, nous avons gagné. »

Oubliées, les premières atteintes insidieuses de la fatigue! Avec l'accès de l'arête, l'ascension change instantanément de physionomie. Elle se renouvelle, et les alpinistes sentent sourdre en eux-mêmes des forces neuves, un élan oublié. Ils empoignent de confiance la crête rugueuse : c'est un assaut. Pour un peu, ils monteraient ensemble. C'est la faute à laquelle la montagne guette, souvent, ceux qui ont déjoué ses pièges les plus difficiles. Cette faute-là ne sera pas commise; et Renaud attend, rongeant son frein.

Il remarque soudain que le soir tombe. Il avait depuis un moment cessé (on pourrait presque dire : oublié) d'y prêter attention. Et voici que le soleil s'est couché, que les ombres bleues s'approfondissent et que la nuit remplit déjà les vallées, où les feux deviennent visibles et tremblent dans l'éloignement, étoiles furtives. Il va falloir bientôt songer au bivouac.

« De la belle aube au triste soir... »

Pourquoi ce vers de la « Chanson du Mal-Aimé » lui vient-il subitement à l'esprit, remonté de quelles profondeurs? Poète, va! pense-t-il en souriant intérieurement. Apollinaire, homme des villes, comment aurais-tu pu savoir que c'est l'aube terne et blafarde qui en haute montagne est triste, avant la venue du soleil qui fait éclater la couleur – toutes les couleurs? Et que le soir au contraire y est une fête folle de lumière, un flamboiement? J'aime le soir, qui est accomplissement, repos sur la tâche faite, satisfaction et promesse, plénitude. J'aime la nuit, fleuve profond de souvenir et d'oubli. Mais je n'aime pas l'aube grelottante, grosse d'incertitude et de toutes les angoisses du futur, lourde de désolation – l'aube qui ne devient belle qu'en devenant le jour, et en mourant...

La corde en se tendant avertit Renaud, qui repart. L'arête lui semble facile. Un passage plus dur le surprend, mais il est très court. Dans la pénombre, Renaud tâte et sent les prises plus qu'il ne les voit. Il en naît, pour lui, une illusion d'irréalité qui le repose et le satisfait. Le second souffle qu'il avait trouvé en abordant l'arête se fortifie, il sent sourdre en lui une fraîcheur nouvelle. Au terme de la longue et dure journée, ce n'est pas le sentiment de quelque chose qui s'achève; mais de quelque chose qui commence...

*

Il monte avec allégresse, le nez sur le rocher; et bute soudain sur une silhouette qui se confond si bien avec celui-ci qu'il l'en distingue au mouvement plus qu'à la forme. Il ne croyait pas rejoindre si tôt Vincent. La nuit tombe avec rapidité. En réalité, il serait plus juste de dire qu'elle monte, puisqu'en montagne elle vient toujours d'en bas. Renaud discerne à peine l'endroit où ils se trouvent. C'est une petite plate-forme, abritée par un surplomb. Il la reconnaît tout de suite. Il souhaitait par-dessus tout l'atteindre avant le crépuscule. C'est là qu'ils passeront la nuit. Ils ne pouvaient espérer emplacement plus favorable.

« Le Bivouac de la mort, dit-il.

– Oui. Le Bivouac de la mort. »

C'est un nom assez terrible, qu'ils prononcent le plus prosaïquement, le plus naturellement du monde, comme pour lui donner une innocence qu'il n'a jamais pu avoir. Car deux hommes sont effectivement morts ici, épuisés, dans la tempête, après des jours et des nuits d'une interminable agonie sans le moindre espoir. Il est impossible de venir à l'Eigerwand sans s'y heurter périodiquement aux vestiges et au souvenir des drames passés. Il faut en prendre son parti; c'est-à-dire, n'y pas trop attacher d'importance.

*

Sedlmayer et Mehringer étaient les premiers à oser affronter la face nord de l'Eiger. Et ils n'avaient pas choisi l'itinéraire qui devait être adopté par la suite et qui, facile dans l'ensemble jusqu'à la Traversée Hinterstoisser, emprunte la partie droite du socle. Le leur était la ligne directe, idéale qui du point le plus bas de la paroi s'élève verticalement jusqu'au Premier Névé, à la gauche de la Traversée et à l'aplomb même du sommet. Cette voie est incomparablement plus difficile, et par conséquent plus longue. En un seul jour cependant, les deux alpinistes allemands avaient gravi huit cents mètres, surmonté les terribles bombements rocheux qui arrêteraient plus tard la descente de Hinterstoisser et de ses compagnons; ils avaient dépassé le niveau de la Traversée et celui de la fenêtre de la station Eigerwand, avant de bivouaquer sous le névé. Et leur victoire semblait possible.

Cependant, le lendemain, leur progression se ralentit à l'extrême : il leur fallut toute la journée pour atteindre et traverser le Premier Névé!

Le troisième jour, on les vit gagner, puis remonter le Deuxième Névé. Mais le temps changeait, et dans l'après-midi le brouillard les dissimula au regard des gens d'en bas.

Dans la nuit qui suivit, un violent orage éclata. Puis ce fut la tempête : dans la vallée, une pluie épaisse; en haute montagne, la neige; et un froid glacial (à la Petite Scheidegg même, le thermomètre était tombé à près de moins dix degrés!). De tout le jour suivant, l'épais rideau de nuages qui recouvrait la montagne ne se leva, ni ne se déchira; et on ne sut rien des alpinistes.

Le lendemain, qui était un dimanche et leur cinquième journée dans la face, vers midi le brouillard se dissipa et on les aperçut de nouveau, qui achevaient de remonter le Deuxième Névé en direction du Fer à repasser : il était facile de comprendre que, dans l'impossibilité où ils se trouvaient de redescendre, leur seul espoir était d'atteindre le sommet.

La brume ne tarda pas à retomber, les cachant de nouveau. La tempête ne désarmait pas. Elle dura encore des jours et des jours, dans le sifflement du vent et le fracas des avalanches. On ne pouvait rien faire pour les deux alpinistes.

Des semaines plus tard, le célèbre aviateur allemand Udet réussit à longer de très près la paroi et aperçut un homme immobile, planté dans la neige jusqu'aux genoux, mannequin tragique. C'était Sedlmayer ou Mehringer, mort debout au sommet du Fer à repasser.

Cela s'était passé vingt-trois ans plus tôt. Depuis, on appelait cet endroit Bivouac de la mort.

*

Le nom des deux Allemands ne sera pas prononcé entre Renaud et Vincent, qui s'efforcent de chasser de leur esprit jusqu'au souvenir de leur agonie solitaire. Eux ne sont ici que pour vivre. Et ils disent « Bivouac de la mort » comme on dit « col des Hirondelles » aux Jorasses, ou « Cheval rouge » à la Meije : c'est un lieu-dit, dont le nom ne représente plus que quelques syllabes dépouillées de sens. Voilà tout.

Dans les ténèbres maintenant totales, ils s'affairent à

préparer le campement précaire. Ce sont des gestes habituels, qu'ils retrouvent facilement – presque un mécanisme, comme celui de l'escalade. Et en même temps, un rite de la nuit en haute montagne : ouvrir les sacs, en sortir les duvets, le réchaud – car le temps presse et il s'agit de s'apprêter à la fois à dîner et à dormir. Il faut aussi tout arrimer, car la plate-forme est exiguë, quoique suffisante. Deux pitons solidement plantés serviront à l'assurance du matériel et des hommes. Les alpinistes ont pris soin de remplir leurs bidons aux cascatelles qui nombreuses coulaient dans la paroi (et qui maintenant se sont tues). Au surplus, un suintement continu se produit à l'extrémité de la petite vire, et ils ne risquent pas de manquer d'eau.

Bientôt, le réchaud ronfle. Ce bruit a quelque chose de réconfortant, cette flamme parle de vie, elle évoque mainte soirée semblable dans la grande solitude de l'alpe. La nuit qui les entoure limite pour eux le monde aux quelques pieds carrés de surface plane qui leur donne asile. Invisible, l'immensité qui les environne a cessé d'être et se réduit à ce qu'ils en savent; à ce qu'ils en imaginent. Le minuscule campement cerné de ténèbres devient tous ceux qui l'ont précédé : tant de bivouacs dont ne subsiste que le souvenir de quelques éléments essentiels, liés à la vie : la tiédeur du duvet; le liquide avalé bouillant, dont la chaleur se répand, irradie dans tout le corps; la dureté et le froid de la roche à travers les vêtements; la fatigue; l'anxiété encore vague du lendemain; la satisfaction de ce répit et la volonté d'en profiter au mieux... Renaud est dans l'Eigerwand, certes, et le sait. Mais il est aussi à la Noire de Peuterey, à l'arête de Furggen au Cervin, dans l'éperon Walker des Jorasses; au Dru, à l'Olan, à l'Ailefroide, dans toutes ses patries de l'altitude... De l'une à l'autre, son esprit agile parcourt l'immensité des Alpes. Elle lui est offerte sans partage. Il s'en saisit. La montagne lui appartient, en esprit seulement, mais tout entière. Il rêve ainsi, un long moment, avant de revenir à la seule réalité de cette petite plate-forme, suspendue dans l'irréalité d'un espace interstellaire.

Les premières étoiles à lui révéler l'existence d'un tel espace, tout en en marquant la frontière, ont été celles d'en bas : celles de la terre, celles des hommes. Les étoiles d'en haut commencent tout juste à devenir visibles. Ce sont d'abord d'imperceptibles aiguillons de lumière, qui semblent trouer le velours sombre du ciel; et elles n'existent que par cette lumière immatérielle. Puis elles prennent leur forme, leur masse, de laquelle irradie une douce clarté scintillante – tellement plus proche qu'en plaine, dans l'extraordinaire limpidité de l'air. Ainsi les hommes qui passent la nuit en pleine montagne sont-ils comme immobilisés dans le vide entre ces deux sources de lumière que viendra parfois effacer la brume, ou la masse invisible mais menaçante des nuages. Entre terre et ciel...

« Vaghe stelle dell'Orsa [1]... », murmurent presque machinalement les lèvres de Renaud, que ces mots caressent en coulant sur elles. Et il se les répète : « Vaghe stelle dell'Orsa »...

Le rocher n'est plus qu'un épaississement de la nuit. Dans l'à-pic, le névé se devine à peine, comme une tache infiniment pâle. Jusque dans ces ténèbres épaisses, pourtant, l'impression de haute montagne est extraordinaire. Renaud a peine à croire qu'ils n'aient que de peu dépassé les trois mille mètres (trois mille deux cents peut-être, certainement pas trois mille trois – une altitude inférieure à celle des Charmoz ou du Moine!). Mais la paroi commence si bas que la moitié, ou peu s'en faut, de son développement vertical s'étage entre deux et trois mille mètres. Au reste, ce qui compte ici, c'est moins l'altitude absolue que la hauteur de

1. « Étoiles vagues de la Grande Ourse... » Premiers mots d'un célèbre poème de Leopardi (Le Ricordanze).

paroi déjà gravie : plus de mille mètres; et il n'en reste que sept cents.

Que sept cents? Ces sept cents-là, Renaud les imagine... De tout ce qu'ils ont grimpé jusqu'à présent, plus de la moitié était facile (relativement, s'entend). Plus de mille mètres, soit, mais dont les six cents premiers ne comptent guère. La journée du lendemain sera rude!

Par instants, Renaud allume sa lampe, dont il faut ménager la pile. L'eau placée sur le réchaud ne va pas tarder à bouillir. Avec des gestes lents et précautionneux, les deux hommes se passent des objets, de la nourriture : ici, tout est précieux, puisque irremplaçable.

Ils commencent à manger. Renaud n'avait pas faim; ou plutôt, il le croyait, mais constate qu'il mange avec plaisir. Plaisir qui n'est rien encore, auprès de celui qu'il prendra quelques instants plus tard à boire, très chaud, le bouillon préparé par Vincent. Et il n'y a là nulle gourmandise : seulement une avidité très violente de tout le corps, après tant d'efforts. Ce qu'il absorbe (et surtout ce qu'il boit) passe aussitôt dans sa chair, dans son sang; et il en éprouve profondément le bienfait. C'est une transfusion, une régénération. Une partie de la lourde fatigue du jour glisse de lui.

Après le repas vient le rite nécessaire du thé, boisson bienfaisante entre toutes, qui en même temps stimule, réchauffe et désaltère. Si brûlante soit-elle, c'est une sensation de fraîcheur physique qu'elle répand en lui. Il se sent bien...

Le dîner terminé, ils s'apprêtent à dormir. Ils desserrent leurs vêtements, se déchaussent, glissent les chaussures au fond du sac pour leur éviter de geler et s'enveloppent eux-mêmes de leur duvet. Puis, enfin, après tant d'heures silencieuses où, dans le feu de l'action, leurs brèves paroles ne servaient qu'à entretenir ou guider celle-ci, ils parlent : à bâtons rompus, avec de fréquentes et de plus en plus longues retombées de silence. Même maintenant, ils ne peuvent échapper à cette montagne obsédante. Ils se sont mis en son pouvoir; non seulement elle détient leur corps, mais elle domine et possède leur esprit. Tout au plus en pensée, chacun d'eux pourrait-il s'évader brièvement de la muraille gigantesque; mais leur parole, elle, reste prise à ce piège et ils n'osent échanger un seul mot qui lui soit étranger. Même s'ils viennent à parler d'une autre montagne, c'est pour finalement la comparer à celle-ci : tout les ramène à l'Eiger.

« Te rappelles-tu, aux Jorasses? Le grand dièdre... C'était quand même plus difficile qu'ici!

– Techniquement, bien sûr. Mais... »

Mais aujourd'hui, c'est *autre chose.* On en revient toujours là, et point n'était besoin d'achever la phrase restée en suspens. La difficulté de chaque passage de l'Eigerwand ne peut être appréciée isolément. Il faut la replacer dans le contexte de cet énorme ensemble où elle s'accroît, se multiplie de l'accumulation même des obstacles successifs semés sur une hauteur de paroi et dans une durée d'ascension aussi exceptionnelles. Le peu de franchise de la roche, les risques suspendus, l'histoire sombre de la cime créent chez l'alpiniste une tension constante qui ajoute encore à cette difficulté, en lui conférant de bout en bout une coloration dramatique. Ce que Renaud ressent à l'Eiger, il ne l'avait jamais encore éprouvé. Sans doute chaque sommet – comme chaque être – est-il unique. Mais ils se rejoignent, à travers leurs particularités : ils appartiennent au même ordre. Or, à tout ce qui le rapprocherait des autres montagnes, l'Eiger ajoute une dimension qui l'en sépare de façon radicale. Ne serait-ce pas, justement, celle qui différencie le normal du monstrueux? En entendant ce dernier mot sans emphase aucune et sans vaine littérature... Renaud pour sa part incline à le croire et il n'en est pas surpris. Il avait souvent, à l'avance, essayé d'imaginer leur aventure présente, qui passe toute imagination. Ce qu'il prévoyait n'était pas absurde (il connaît trop bien la montagne pour cela), mais de toute manière inférieur à la réalité. Le pouvoir de l'Eiger tient à sa masse matérielle, mais aussi à une aura mystérieuse. On le subit sans pouvoir l'expliquer.

Pourquoi suis-je ici? s'était demandé Renaud en abordant la muraille. La réponse était peut-être là : s'il s'agissait d'aller jusqu'au bout de ce que l'homme peut accomplir, ressentir, subir en montagne, et au-delà de ce qu'il peut éclaircir, l'expérience de l'Eiger étant inégalable comme inimaginable devenait par là même inévitable. C'était, en un certain sens, la recherche de l'absolu.

*

Ils ont brièvement récapitulé cette première journée, évoqué ses péripéties. En somme, tout s'est bien passé. Sans doute ont-ils commis une erreur d'appréciation qui a failli les contraindre prématurément au bivouac sous le Deuxième Névé et leur a en tout cas coûté des heures d'attente; attente inutile d'ailleurs, puisque de guerre lasse ils ont passé outre au danger considérable des chutes de pierres et poursuivi l'ascension dans les conditions les plus risquées. Ce en quoi ils ont eu raison, puisqu'ils ont réussi. Le succès justifie. C'est du moins ce qu'ils sont tentés de penser maintenant; et il y aurait là-dessus bien à redire. Ce genre de raisonnement ne peut en effet se tenir qu'*après* l'événement. Vincent va déjà au-delà, et retrouve le regret :

« Quand je pense que nous aurions pu bivouaquer dans la Rampe...

– N'y pensons plus, justement. Ce qui est fait est fait! »

Renaud, par principe, se refuse à ce jeu stérile de « la vie avec des si », à ces ruminations vaines. Chacun est sujet à leur tentation; mais en face d'elles, il a une fois pour toutes décidé d'être sans complaisance et sans faiblesse, et de prendre les choses où elles en sont.

Très naturellement, la conversation s'oriente vers la journée du lendemain. L'un comme l'autre compte bien qu'elle leur permettra d'atteindre le sommet (et, secrètement, chacun d'eux espère même que ce sera assez tôt pour autoriser la descente immédiate par la voie normale). Cependant, ils avaient déjà, le matin même, envisagé la possibilité d'effectuer l'ascension en un seul jour, ils ont dû très vite en rabattre et les dimensions énormes de la paroi ne cessent de les étonner.

Ils se posent des questions : en quel état sera la cheminée de la Cascade glacée? Ils savent que c'est un passage extrêmement difficile. Trouveront-ils la Traversée des dieux, qui donne accès au névé suspendu de l'Araignée? Celui-ci ne sera-t-il pas balayé de trop d'avalanches? Découvriront-ils, enfin, celle des Fissures terminales – la seule! – qui permet de gagner l'arête sommitale? Que d'obstacles encore sur leur voie, et combien redoutables! Que d'incertitudes! Mais leur confiance reste la plus forte.

De loin en loin, encore, le grondement de quelque chute de pierres qui est, dans la nuit noire, comme une voix de la montagne. Mais, bien que le froid ne soit pas très vif, ces avalanches se raréfient, et en même temps s'affaiblissent : un filet d'eau qui se tarit...

Vincent et Renaud parlent à mi-voix. Comme s'ils n'osaient pas troubler l'énorme silence minéral. Ils sont assis l'un à côté de l'autre, les pieds dans le vide, aussi confortablement que le permet un tel perchoir. Le duvet les protège mieux du froid de la roche que de sa dureté. Un piton auquel ils ont noué leur corde bien tendue les maintient. Ainsi pourront-ils dormir sans risque de rouler dans l'à-pic. S'ils dorment... Mais du moins somnoleront-ils par moments.

La meurtrissure au bras droit que Renaud avait gardée du choc de la pierre sous le Deuxième Névé s'était assoupie. Et puis, dans l'action, il n'y pensait même plus. A présent, au repos, elle se réveille et de longues flèches de douleur lancinante traversent le muscle. Cependant, même pénibles, les mouvements ne sont pas altérés, ils gardent toute leur liberté et leur précision. Il n'y a donc là rien de grave et Renaud ne s'en inquiète pas.

Le temps? Par myriades, les étoiles veillent, fidèles, au-dessus de sa tête. La vallée, sous lui, reste présente. Il n'y a donc de nuages ni en haute ni à basse altitude. Il lui semble, seulement, qu'il ne fait pas très froid. Il ne gèle certainement pas. Il est vrai qu'ils ne sont guère à plus de trois mille mètres et qu'aucune comparaison n'est possible avec un bivouac aux Jorasses ou sur les arêtes du mont Blanc. Et puis, la nuit ne fait que commencer. C'est toujours dans sa seconde partie qu'elle est le plus froide – juste avant l'aube. Par grand beau temps, elle est généralement glaciale. Il faut donc espérer ce signe favorable.

La conversation languit; pour autant qu'on puisse employer ce mot de conversation. Ce ne sont plus que des phrases hachées, de loin en loin. Si l'un des silences qui les séparent se prolongeait par trop, aucun des deux hommes n'oserait plus le rompre, croyant l'autre endormi. Voilà pourquoi tantôt Renaud, tantôt Vincent se hâte de dire quelque chose, fût-ce une banalité. Après la solitude du jour – la séparation de fait que l'ascension difficile impose presque constamment aux membres de la cordée – et avant la grande solitude de la nuit, c'est pour l'alpiniste l'heure de l'amitié, du contact humain retrouvé, de la détente heureuse. Si grande que soit la nécessité du sommeil réparateur, au terme duquel il trouvera les épreuves nouvelles du lendemain, il retarde d'instinct cette échéance en prolongeant la veillée. Tel est le sens profond des mots insignifiants échangés par Vincent et

Renaud, si taciturnes auparavant; et telle est leur importance réelle, qui va bien au-delà d'eux-mêmes. C'est le message de l'amitié, la voix et la présence de l'homme dans ce monde étranger à l'homme. Tout comme le silence est, lui, la voix de la montagne, sa présence toute-puissante. Il l'emportera, pour finir, il aura (si l'on peut dire) le *dernier mot*. Mais que ce soit, du moins, le plus tard possible!

*

Ils se sont laissé surprendre, comme toujours en pareil cas : ils étaient restés sans parler un peu plus longtemps que les fois précédentes. Sans doute ne s'agissait-il que de quelques dizaines de secondes; mais c'étaient précisément les quelques secondes de trop après lesquelles il devient impossible de reprendre la parole, sans risquer de déranger le compagnon à l'instant même où il allait s'assoupir. Renaud, qui ne dort pas, sait combien après une grande fatigue (et quel que soit l'inconfort du bivouac) on peut tomber brusquement dans le sommeil, quitte à se réveiller aussi soudainement une heure ou même un quart d'heure plus tard. Il sait aussi combien, le plus souvent, il est difficile de se rendormir.

Plus qu'à l'immobilité de Vincent, qui alors même qu'il parlait encore ne faisait pas le moindre mouvement, c'est à sa respiration que Renaud tente de déceler si oui ou non il dort. Elle est régulière, mais il l'entend à peine et ne peut en tirer aucune conclusion. Il n'est pas sans ironie de penser que peut-être, en éveil de son côté, Vincent se pose les mêmes questions au sujet de son ami. Quoi qu'il en soit, les voici seuls de nouveau, embarqués séparément dans la grande traversée nocturne. Ils se retrouveront à l'aube, pour reprendre le combat.

Il n'est pas tout à fait onze heures.

*

Renaud ne parvient pas à s'endormir. La dureté du roc, une légère sensation de froid, la meurtrissure diffuse de son bras, peut-être aussi un résidu de cette surexcitation qui accompagne les grandes courses, tout cela se conjugue pour l'empêcher de glisser dans le sommeil. Simplement, il est peu à peu saisi d'une sorte d'engourdissement très lent, très léger, qui lui semble l'éloigner de son corps comme de toute réalité. Au-dessus de celle-ci, cependant, son esprit veille, il reste libre et lucide. Il plane à travers toutes les dimensions du vide, l'univers lui appartient et son imagination s'évade dans des espaces vagues.

*

Renaud pensait à Claire. Où était-elle, en ce même instant? Que faisait-elle? Il lui revint à l'esprit une soirée et une nuit qu'ils avaient passées, deux ans plus tôt, dans une auberge provençale, en pleine forêt. Leur fenêtre était grande ouverte sur cette nuit pleine de parfums, tiède, entièrement douce. Un peu avant minuit, un grand vent se leva. Il soufflait par longues pulsations irrégulières sur les vastes frondaisons de chênes-lièges et les faisait bruisser, puissant et caressant comme une vague. C'était à la fois un souffle et une présence. Claire et Renaud sortirent sur leur balcon et restèrent longtemps là, captivés par ce chant et cette haleine de l'été. Ils ne pouvaient s'en arracher. Renaud avait passé son bras sur les épaules de Claire. Ils avaient les yeux grands ouverts sur la nuit; ils l'écoutaient, la humaient, la respiraient; s'en comblaient, inondés de bonheur. A un moment donné, Claire soupira et dit : « C'est le soir où nous aurons été heureux. » Un peu plus tard – il faut bien que tout finisse –, ils s'arrachèrent à leur balcon en forêt et rentrèrent dans la chambre, où la nuit redevint ordinaire. Et Renaud comprit que Claire aurait dû dire non pas : « C'est le soir », mais : « C'est *l'instant* où nous aurons été heureux. » Le bonheur en vérité ne dure jamais davantage. La nuit qui suivit leur fut bonne; et bon, le lendemain; et bien d'autres jours encore. Mais Claire avait eu raison : jamais ils n'avaient retrouvé cela.

Et c'est à cet instant que Renaud pense, ici, dans l'Eigerwand! Et il se demande : qu'est-ce donc, que le bonheur?

Claire... L'Eigerwand... « Pourquoi suis-je ici? » Claire admettait, à la rigueur, que Renaud la quittât souvent pour la montagne. On ne pouvait lui demander d'aller jusqu'à le comprendre. Mais quelle femme comprendra jamais que, si la femme est faite (parfois) pour l'homme, l'homme lui n'est pas fait pour la femme – pas *seulement* pour elle –, mais pour quelque chose d'autre, qui souvent le dépasse; quelque chose qu'il lui arrive de ne pas même savoir nommer; et que, même si ce quelque chose est l'amour, dans l'amour il lui faut aller au-delà de la femme, pour atteindre à l'essentiel?

Ce qui avait attiré Renaud sur cette effrayante montagne, était-ce l'amour? Était-ce *un* amour? Qui le dirait jamais? Et combien de temps faudrait-il pour transformer, peut-être, le souvenir de cette si dure épreuve (s'il la surmonte) en un souvenir heureux?

*

Où est Claire? Comme d'un autre monde, tendre mais détaché, Renaud l'imagine très loin, à l'autre bout de la nuit, endormie dans sa maison des Landes. Elle ne sait rien de lui. De lui, qui est dans l'Eigerwand...

Les lèvres de Renaud forment sans bruit dans l'ombre les trois syllabes de ce nom dur. Il se les répète tout bas : Eigerwand... Les Français prononcent quelque chose comme « Egervande » ou, dans le meilleur cas, « Eguervande ». Cela ne veut rien dire, et c'est affreux. Renaud, qui est germanisant, le parle, l'entend en allemand et le comprend. C'est pour lui un beau nom barbare, qui sculpte des traits à sa semblance. Et il se sent soudain, en face de lui, comme Œdipe en face du Sphinx : même péril voulu et assumé, même mystère redoutable. N'a-t-il donc vécu trente ans que pour mériter cet affrontement? Même en haute montagne, il n'a rien connu encore qui lui soit comparable en acharnement. Sans doute sa vie reprendra-t-elle ensuite son cours régulier. L'Eiger lui-même, ce monstre froid, ne l'aura pas modifiée (en apparence, du moins). Mais il aura été dans cette vie une extraordinaire parenthèse, où Renaud se sent présentement enfermé. C'est un sentiment nouveau pour lui, et très étrange.

*

Que sera-t-il après l'Eiger, après la « parenthèse »? Même si les autres ne s'en aperçoivent pas, et si lui-même ne s'en aperçoit pas, il est sûr que quelque chose en lui sera imperceptiblement transformé.

Il a pour règle, dans l'action, de ne jamais s'interroger. Car l'action se suffit à elle-même. Elle est son propre aliment et se consume en s'accomplissant. Mais que reste-t-il d'elle, *après*, quand on pourrait croire qu'il ne reste plus rien? Voilà ce qu'il faut se demander, et découvrir. Voilà ce qui est intéressant. Renaud n'en est pas là; mais le répit de la nuit lui offre le loisir d'une réflexion.

Je m'engloutis tout entier, pense-t-il, dans cette action presque désespérée que j'ai voulue, provoquée. Elle exige que j'aille à l'extrême limite de moi-même. Mais que vaut, en soi, cette action? J'accepte d'en être, s'il le faut, victime. Je n'accepterais pas d'en être dupe.

Si je m'analyse, je me reconnais pur en face d'elle : je ne l'ai entreprise ni par goût d'une gloire absurde et toujours vaine, incertaine au demeurant; ni par passion de la difficulté à vaincre, moins encore du danger — sentiment suspect. L'amour de la montagne y est-il aussi présent que dans mes autres ascensions? Sincèrement, je ne le crois pas : il est par trop malaisé d'aimer cette montagne entièrement sombre et dure, elle ne laisse même pas le loisir d'y penser. Au total, il m'apparaît que je ne suis sans doute venu ici que pour aller, une fois au moins, au bout de ce que je sais; de ce que je peux; de ce que je veux; de ce que je suis... Une vérité doit en jaillir, tôt ou tard. Au-delà des difficultés, des pièges, des souffrances, des risques assumés, c'est elle et elle seule que je suis venu chercher ici, et que j'appelle.

Voilà ce que pense Renaud au fort de sa veille. Mais de cette vérité et de l'avenir, si proche soit-il, qui la lui apportera — peut-être —, il est séparé par l'Eiger lui-même; par toute la masse monstrueuse de l'Eiger.

*

Son esprit, lassé et hanté de vide plus encore que ne l'est son corps, l'entraîne sur d'autres chemins. Il cherche à vivre, pour son repos, une tout autre ascension : très facile, celle-là; paisible. Légère. Une pente de neige très égale qui monte indéfiniment vers la cime. Vers la clarté...

*

Son corps est entièrement engourdi, et il doit faire un énorme effort pour regarder sa montre, dont les aiguilles confondues luisent faiblement dans l'ombre. Minuit... Ainsi, la longue journée est achevée. Voici le deuxième jour, celui dont Renaud croit (ou plutôt, *veut* croire, fermement) qu'il sera celui de la victoire. Et vaincre, à l'Eiger, signifie d'abord et surtout vivre; échapper au piège mortel où l'on s'est enfermé, de son propre mouvement. Tel est le jeu. Naturellement, Renaud sait très bien que le sort de Vincent et le sien dépendent de cent, de mille impondérables; que même s'ils ont des raisons valables d'espérer terminer l'ascension dans la journée du lendemain, ils peuvent tout aussi bien passer dans la face un troisième, un quatrième, voire un cinquième jour. Ils peuvent aussi, comme tant d'autres, n'en sortir jamais. C'est une chose à considérer avant de « s'embarquer », comme dit Pascal; et ils n'y ont pas manqué. Une ascension se déroule comme le mouvement d'une machinerie complexe et délicate. Qu'un seul rouage se grippe, et rien ne va plus. Mais Renaud est au repos et il ne veut pas envisager la reprise de la lutte. Le passage d'un jour à l'autre ne peut se marquer au simple mouvement conventionnel de deux aiguilles sur un cadran. Le bivouac fait pour lui partie du jour qui l'a précédé, il en est la conclusion heureuse. Le lendemain ne commencera véritablement qu'au réveil des hommes et de la montagne, et à la continuation de l'aventure.

*

Il a dû y avoir un passage de nuages, qui a occulté les étoiles. Elles se remettent maintenant à luire çà et là, telles des flaques de lumière au fond d'un puits. La tête renversée, Renaud les regarde jusqu'à s'en étourdir. Et le moment vient où la voûte du ciel lui semble osciller, d'un mouvement très lent. Il se vide de toute pensée dans cette contemplation intense, et finit par fermer les yeux.

Lorsqu'il les rouvre, c'est pour reprendre l'interminable ascension de sa pente neigeuse. Rien n'est si égal, si doux ni si reposant. C'est à peine s'il sent encore son corps, à demi détaché de lui. Les liens de chair sont tranchés. Son esprit le porte. Plus qu'une marche, cette ascension est un vol léger, toujours plus haut, vers quelque chose d'inconnu qu'on ne voit pas. Ce pourrait être la cime, mais la pente se poursuit indéfiniment et on en vient à se dire que peut-être il n'y a pas de cime, que cette montagne étrange et sans mesure se poursuit ainsi dans les espaces vides du ciel et finit par se confondre avec eux. Renaud se sent de plus en plus léger, il baigne dans le bonheur et dans la plénitude. Il voudrait que cette ascension heureuse n'ait jamais de fin. Mais voici qu'il a fait un mouvement, et tout s'en trouve brisé. Il se retrouve couché sur la roche, enchaîné à son corps. Il comprend qu'il s'est assoupi, qu'il a rêvé; et un regret immense l'envahit, de cette montée idéale qui n'était rien d'autre que la libération de son esprit et de son âme. Pendant un instant, il se prend à détester ce corps pesant et malhabile, qui le sert mais surtout le trahit et l'entrave. Il pense que le rêve est la forme de pensée libérée du corps – libérée de tout ce qui, dans la réalité, l'emprisonne, la contraint. Et il a l'intuition que le rêve est à la pensée ce que l'envol est au corps infirme de l'homme. C'est pourquoi son rêve était un envol hors de cette paroi inhumaine, comme tout rêve est un envol hors de l'humaine condition. Ah, que ne peut-on vivre en rêve! Il soupire, remue et, si peu que ce soit, a le sentiment de retrouver une agitation dont le songe l'avait délivré.

Renaud sait qu'il le regrettera longtemps, ce songe brisé;

et que celui-ci le poursuivra. Il sait aussi qu'il lui faudra sans doute beaucoup de temps pour retrouver le si précieux sommeil. Et c'est une contrariété supplémentaire.

Vincent, à côté de lui, est parfaitement silencieux, parfaitement immobile.

Une heure moins le quart.

*

Dans la vallée, autre planète, presque toutes les lumières se sont éteintes. Seuls restent visibles les fanaux bleutés qui marquent les rues des villages et, ici ou là, l'axe des routes. Alternativement, Renaud baisse le regard vers ce monde englouti dans l'ombre et le lève vers les étoiles impassibles. Il se demande où est la vie. De quel côté? Les feux humains sont étroitement liés à ses pulsations, mais ils sont éphémères. Des étoiles au contraire tombe le message d'une durée prodigieuse, l'image même de l'éternité, mais entièrement minérale et glacée. « Le silence éternel de ces espaces infinis m'effraie... » Encore Pascal! Il vient à l'esprit de Renaud que certaines de ces étoiles sont à des millions, voire des centaines de millions d'années-lumière; qu'il les voit par conséquent telles qu'elles étaient à cette époque fabuleusement reculée où l'homme, où la Terre même qui le porte n'existaient pas encore; que depuis, peut-être, ces mêmes étoiles s'étaient éteintes et, mortes, continuaient de graviter, telles de fabuleuses condensations de ténèbres lancées dans la nuit des temps; et qu'à l'heure, enfin, où lui parvient la frêle palpitation de leur message immémorial, elles ne sont plus que poussière, cendre, néant. Et cette mort de l'inanimé touche et émeut son âme de vivant, en lui rappelant de façon tangible que l'homme, ce passant, traverse un univers aussi périssable que lui. L'un comme l'autre sont condamnés à disparaître sans laisser de traces; ces symboles de la durée que représentent les pierres, les cimes ou les astres sont autant d'illusions. Tout n'est qu'illusion – que serait une éternité vide, inhabitée? – et la fragilité de l'instant submerge Renaud, avec le sentiment de sa propre inanité. Cependant, il se reprend : il n'y a peut-être rien au-delà de l'instant. Mais l'instant existe. Et Renaud existe avec lui, il existe dans cet instant dont il prend conscience. « Lorsque je pense, j'existe; lorsque j'agis, j'existe. Et voilà ce qui compte – seulement cela! L'instant est ma parcelle d'éternité, qu'il faut saisir. »

Une autre idée lui vient aussitôt : « Pourquoi séparer la pensée de l'action? N'est-ce pas, au fond, la même chose? La pensée est l'action de l'esprit; et l'action elle-même est pensée. » Sur quoi, il remarque qu'il se met à philosopher, dans l'Eigerwand, sur sa corniche dominant mille mètres d'à-pic! Semblable occupation est, ici, pour le moins inattendue. Cette constatation l'égaie, et en même temps l'agace quelque peu. Car il voudrait bien dormir, et elle signifie que le sommeil s'éloigne.

*

Renaud est reparti dans ses souvenirs et il se trouve que ceux-ci remontent le temps, à mesure que la nuit s'avance. Il a passé l'époque des grandes aventures en montagne, puis celle des premières ascensions; le voici maintenant qui s'enfonce dans son enfance, prairie douce à traverser, main dans la main avec des ombres chères depuis longtemps disparues. L'une d'elles s'attarde; et Renaud revoit son père, tel qu'il était non pas alors, mais beaucoup plus tard : vieil homme triste que la mort d'un autre enfant, sans doute préféré, a retranché des siens. C'est lui qui accompagne Renaud dans la nuit du souvenir. Il était doux, mais souvent distrait et comme absent. « A quoi penses-tu? » lui demandait son fils. Et il souriait sans répondre, déjà lointain. Renaud ne voyait alors d'autres liens entre eux que ceux de l'habitude. Et il commence à peine à comprendre (mais il est trop tard, il est toujours trop tard) à quel point il ressemble, et ressemblera de plus en plus à ce père qu'il a plus de vingt ans côtoyé sans le connaître. Mais qui connaît-on jamais vraiment? Il y faut beaucoup d'attention, beaucoup d'application; beaucoup d'amour.

Le père de Renaud n'avait jamais approché la montagne. C'était l'homme d'un autre pays, d'autres espaces, et de longues randonnées solitaires dans la forêt qui avoisinait sa demeure. Taciturne, il ne parlait guère à son fils qui de son côté ne lui confiait rien, le croyant indifférent. Son affection se marquait seulement à certaines prévenances timides, presque pudiques et souvent maladroites.

Dans les dernières années, Renaud qui s'était établi dans une autre ville ne le voyait plus guère et, bien que le sachant seul, restait parfois des mois sans lui écrire – moins par indifférence, il est vrai, que par excessive réserve. Et il se le reprochait, sans aller pourtant jusqu'à changer de manière.

Un été, au début des vacances universitaires, il décida, sans raison particulière, d'aller passer quelques jours avec lui. Son père l'accueillit avec plaisir; mais comme toujours ils ne trouvaient rien à se dire, et Renaud écourta son séjour. Il se préparait à passer un mois dans les montagnes d'Oisans. Au moment de son départ, son père l'accompagna jusqu'à la voiture et tint à porter une partie de ses bagages. Au moment de se quitter : « Écris-moi quand même, dit-il.

– Oui », répondit distraitement Renaud en démarrant. Il ne se retourna pas une seule fois vers le vieil homme qui lui adressait un long geste d'adieu. Ses pensées étaient déjà toutes ailleurs. Et il n'écrivit pas. Dix jours plus tard, descendant de l'Olan, il trouva au village un télégramme qui lui annonçait la mort de son père, foudroyé sur un quai de gare par une crise cardiaque – à l'heure même où Renaud atteignait son sommet.

*

Renaud avait d'abord pensé à ce qu'une telle mort – succomber ainsi au milieu de la foule anonyme, indifférente, dans le fracas et la fumée des trains – avait d'injuste pour l'homme qui par-dessus tout avait aimé et recherché l'ombre tendre des bois, leur haleine pure et fraîche, leur silence agité de murmures, leur solitude peuplée du pas furtif des bêtes sauvages. Il aurait cent fois préféré qu'on l'eût retrouvé au fond de quelque hallier : cette mort en liberté eût été un destin plus digne de lui. Mais il faut toujours compter avec l'absurdité de l'existence. Renaud regrettait plus encore la dernière rencontre écourtée et vaine, ultime occasion perdue. Plus d'une fois, il avait pensé que son père et lui finiraient par se comprendre et se rejoindre. Plus tard, se disait-il toujours. Il croyait avoir tout le temps : sa vie à lui. Stupide illusion! Et maintenant, il était trop tard.

Quelque temps après, en dépouillant et triant les papiers de son père, il eut la surprise d'y découvrir les témoignages d'une vie secrète qu'il n'aurait pas même imaginée, et qui le rapprochait de lui : une réflexion profonde sur le monde; des passions qui, pour n'être pas celles de Renaud, leur ressemblaient singulièrement; des élans, des naïvetés même qui sont ceux de la jeunesse; et aussi, certaines preuves de l'affection réelle qu'il portait à ce fils gauchement aimé. C'est ainsi que Renaud découvrit, mort, ce père qu'il n'avait pas su deviner de son vivant; et que son visage se transforma – ou, plus exactement, que de nouveaux traits vinrent se plaquer sur ceux qu'il avait connus, sans pourtant les recouvrir toujours exactement. Ainsi se forma pour lui, du disparu, une image double et mouvante qui laissait beaucoup de place au doute, au rêve, à l'interprétation. Vivant, il avait été une apparence immobile, figée. Mort, il devenait une réalité vivante – mais inaccessible. Il était à la fois l'aîné et l'égal, le semblable par les liens de la chair et de l'esprit, l'ami en même temps gagné et perdu, le compagnon à jamais absent. De petits faits très anciens, jugés insignifiants, oubliés depuis longtemps, resurgis du néant où ils étaient tombés se chargeaient enfin de sens. Il y avait le jour où son père, en l'emmenant à travers la forêt, lui avait appris à reconnaître les traces des renards, des chevreuils et des sangliers; la nuit où, près d'un étang en plein bois, ils avaient entendu ensemble le brame profond du cerf et les cris aigus des oiseaux du marais; le matin surtout où, du haut d'un modeste sommet des Vosges, ils avaient vu se lever le soleil sur une plaine infinie. « Regarde, petit. » Ce que le père de Renaud, incapable de l'exprimer, cherchait à faire entendre à l'enfant, ce n'était rien moins que le chant du monde, dont il aurait voulu lui faire offrande. Mais il avait fallu des années pour que le chant parvînt à l'adolescent devenu homme, pour que l'offrande fût reçue. Et le donateur, entre-temps, s'était effacé de ce monde.

Il y avait eu aussi les récits faits par le père, de sa propre enfance; et Renaud les entendait mal, puisqu'il ne les avait pas vécus et qu'ils restaient pour lui lettre morte. Venu trop tôt, sans doute, et de qui n'est jamais écouté, cet humble enseignement ne préparait-il pas cependant celui de René? De René, plus heureux, qui parlait si bien, en peu de mots; et qui trouverait le jeune homme prêt désormais à recevoir les leçons de la vie, par la montagne, et attentif à tous ses propos, lui qui l'avait été si peu aux efforts de son père vers lui. C'était là encore une injustice; mais l'injustice est si constamment mêlée à la vie qu'on peut la considérer comme une de ses lois suprêmes. Il n'est triste pour l'homme que d'en être souvent l'instrument ou l'acteur. Et il restait à Renaud ce regret d'avoir moins aimé son père qu'il n'en avait été aimé, et l'amertume de ne pouvoir réparer ce qu'il considérait enfin comme une faute. Amertume et regret qu'il portait en lui comme une blessure secrète qui, nourrie du temps, ne cesserait plus de grandir.

*

Renaud n'avait pas recherché, cette nuit, sur sa vire étroite et déversée, le thème sombre de la mort du père. Venu de très loin – de l'autre rive des ténèbres – et porté sur le silence de l'air immobile, il est venu à lui tout naturellement, il s'est imposé et a pris possession de son esprit. Renaud voudrait se garder de le ressasser. Il n'aime pas les grands retours sur soi qui, dans les veillées d'armes, prennent des allures de testament spirituel; et il leur préfère alors des pensées sans importance ni conséquence. Mais l'esprit n'est pas toujours maître de lui-même et souffle où il ne veut pas. Et, dans la torpeur où il flotte, Renaud a cessé de choisir et guider ses phantasmes, pour les suivre. Ils l'entraînent, toujours plus loin, sur une mer brumeuse et grise; jusqu'au moment où le submerge enfin, sans qu'il l'ait sentie venir, la vague immense du sommeil.

II

Renaud ne saurait dire exactement quand il a entrouvert les yeux. Il a un bref mouvement d'incertitude, presque de désarroi : cette pierre, cette étroite plate-forme, qu'il sent plus qu'il ne la voit, ce site anonyme plongé dans l'ombre... Puis, en guise de réponse, cette seule pensée fulgurante : l'Eigerwand! Le retour au réel se fait ici très vite, brutalement. C'est une sorte de rétablissement à effectuer, au niveau mental. Ce réveil est sans joie.

Les étoiles ont pâli à un tel point que Renaud se demande s'il les voit vraiment ou bien est le jouet d'une illusion. La nuit est encore assez épaisse pour envelopper toute la masse de la montagne, dont les lignes ne se détachent pas. Vincent remue un peu, il soupire et Renaud sent qu'il est éveillé. Aussi n'hésite-t-il pas à parler :

« Vincent? »

La réponse est longue à venir.

« Oui... »

Suit un nouveau et long silence, qui paraît à Renaud anormal. Puisque Vincent s'est réveillé avant lui, puisqu'il sait maintenant Renaud lui aussi réveillé, ce serait à lui de parler. Pourquoi ne le fait-il pas? Pourquoi continue-t-il à s'agiter, à soupirer? Cela n'est pas dans ses habitudes. Renaud n'en est pas encore à s'inquiéter, mais il est vaguement surpris. Cependant, il hésite à questionner. Le silence se prolongeant, il faudra s'y résoudre :

« Il y a longtemps que tu es réveillé?

– Une heure et demie.

– Tu ne t'es pas rendormi?

– Non.

– Quelque chose ne va pas?

– Ce n'est rien. »

Il y a dans la voix de Vincent comme une réticence. Et si tout allait bien, il n'aurait justement pas répondu : « Ce n'est rien. » Cette phrase est fausse; ce n'est pas une réponse, c'est une échappatoire qui transforme la surprise de Renaud en un début d'anxiété réelle. Il faut donc pousser au-delà de cette formule creuse, avoir le cœur net.

« Vincent, qu'est-ce qu'il y a? »

Encore un court silence, dans lequel Renaud sent l'hésitation qui transforme son doute en certitude. La réponse vient enfin, d'une voix étrangement fêlée :

« Je ne sais pas. »

Vincent parle lentement. Il poursuit :

« La tête me tourne. C'est comme... un étourdissement. »

L'inquiétude de Renaud se fait angoisse.

« Ce n'est pas une pierre, hier? Tu n'as pas été blessé? La tête?...

– Non. Rien qui compte. Juste un ou deux petits éclats. Mais j'avais le casque. Je n'ai rien senti. Tout allait bien.

– Qu'est-ce que tu peux avoir?

– Si je le savais...

– Hier, tu te sentais bien.

– La grande forme!

– Alors? Tu as déjà ressenti cela?

– Je ne sais pas. Oui, peut-être. Il y a des années. Sept ou huit. Oh, rien de grave; et cela ne durait pas. Je croyais que c'était fini, que cela ne reviendrait plus.

– Tu crois que tu pourras continuer? demande Renaud, d'une voix dont il ne peut dissimuler entièrement l'anxiété.

– Je crois. Il le faut bien. »

Il le faut, en effet : ils sont dans la partie de la paroi où l'on ne peut espérer aucun secours extérieur – trop haut pour que l'aide parte de la base, trop bas pour qu'elle vienne du sommet. Vincent est à la merci d'un infime et mystérieux dérèglement survenu dans quelques-unes des cellules de son corps. Et Renaud lui-même est à la merci de Vincent. L'ombre, de laquelle la masse plus sombre de la montagne ne tardera pas à se détacher, se charge instantanément de lourde menace.

« Je prendrai la tête, dit Renaud.

– Oui.

– Et, tu verras : tout ira bien.

– Oui. »

Dans ces deux « oui », Renaud sent passer le soulagement de son compagnon, qui s'en remet à lui de leur sort commun. Et pour un peu, il l'envierait, tant les responsabilités qu'il va être désormais seul à porter lui semblent écrasantes : conduire la cordée sans interruption, dans le rocher comme dans la glace, avec un second handicapé qui non seulement ne pourra plus l'aider, mais risque si son état s'aggrave de ne plus pouvoir suivre – et que feraient-ils, alors, que deviendraient-ils? Incertitude plus pénible à soutenir que tout le reste. Renaud avait tout prévu, tout imaginé, sauf cela. Telle était donc la ruse secrète de l'Eiger, non content de ses formidables défenses, que d'utiliser contre les deux alpinistes la défaillance même de l'un d'entre eux! Ah, puisse l'impérieuse nécessité venir en aide à Renaud, avec la conscience de ses devoirs de chef de cordée!

Il lui faut d'abord se fortifier; garder la tête ferme et froide.

« Quand voudras-tu que nous repartions?

– C'est à toi de décider. Il ne faut rien changer.

– Tu crois vraiment que tu pourras?

– Oui. »

Renaud est content de la détermination qu'il sent dans le ton de Vincent. Elle lui rend confiance. Il en avait besoin : il sait très bien qu'il ne pourra pas tirer de lui-même toutes les forces qui lui seront nécessaires pour venir à bout de sa tâche. Jusque dans sa faiblesse présente, Vincent peut l'aider, s'il ne se *rend* pas. C'est un homme courageux.

« Ton sac? Tu pourras le porter?

– Ne t'inquiète pas. Ça ira.

– Il faudrait manger. Boire. Cela te fera du bien.

– J'essaierai. »

Renaud passe à son ami quelques aliments : fruits séchés, biscuits, morceaux de sucre, que Vincent grignote avec application; et il commence à préparer le thé. Il attend beaucoup de ce breuvage brûlant et tonifiant qui à la fois rend à l'organisme profondément déshydraté par la sécheresse de l'atmosphère en haute montagne et par l'effort le liquide qui lui est indispensable, réchauffe le corps et le revigore. Il ne croit pas que, pour l'heure, rien puisse faire à son compagnon davantage de bien.

A l'époque de ses premières courses, Renaud s'est un jour trouvé avec un camarade atteint d'une défaillance semblable à celle de Vincent. Mais elle s'était déclarée au refuge, et les alpinistes en avaient été quittes pour renoncer à l'ascension projetée. L'incident était décevant, il n'était pas grave. Aujourd'hui au contraire, il se produit alors que Renaud et Vincent sont profondément engagés dans la pire paroi des Alpes, qu'il transforme pour eux en un piège. Renaud s'avise qu'il n'a pas pensé un seul instant à la retraite. Comme si la question ne se posait même pas. Il l'envisage cependant, pour la forme. Ils ont monté plus de mille mètres. Il en reste au-dessus d'eux six à sept cents. Ils sont donc (en altitude, mais non pas en temps) à près des deux tiers de la face. Naturellement, dans d'autres parois, il pourrait être beaucoup plus facile et plus rapide de redescendre, en faisant le maximum de rappels. Mais à l'Eiger, ceux-ci sont souvent difficiles à établir et à utiliser. Et surtout, une grande partie de l'ascension s'effectue en traversées, particulièrement délicates à la descente. Non, décidément, Renaud ne voit aucun avantage à cette solution de la retraite, qui lui paraît encore plus hasardeuse que la poursuite de la montée – si aventureuse que soit devenue celle-ci, dans de telles conditions. Il croit néanmoins devoir consulter Vincent, qui hoche la tête :

« Non, dit-il : il faut sortir par le haut. Par le sommet. »

Et Renaud comprend bien que, dans l'esprit de son ami, il ne s'agit même plus du succès de leur entreprise. Ce point de vue est désormais dépassé. Ils en sont arrivés au point où seule compte désormais la sécurité. Il ne s'agit plus que de sortir vivant de la nasse géante. A l'Eigerwand d'ailleurs, tôt ou tard, on en vient toujours là. La réponse de Vincent signifie par conséquent que, compte tenu de son état présent et de ses forces, il s'estime plus apte à tenter la montée que la descente, et qu'il s'en croit capable. Renaud en éprouve du soulagement : leur plus sûre chance est là.

Le thé, qui maintenant est prêt, lui en paraît meilleur. Vincent, qui a bien mangé, le boit volontiers. Renaud s'efforce de dissimuler qu'il l'observe avec une sollicitude anxieuse, en partie égoïste.

C'est à présent le petit jour. Les étoiles ont disparu, les quelques lumières éparses dans la vallée se sont éteintes. L'ombre s'allège, le ciel pâlit dans sa profondeur. L'Eiger se rétablit peu à peu, sous la forme d'une énorme épaule sombre déversée, écrasante. Bientôt dans cette masse encore confuse, les traits apparaîtront. Une première clarté blême se glisse dans le vide. L'aurore grelottante...

Mais Renaud remarque qu'il ne gèle pas.

*

Quatre heures vingt. Il y a près d'une heure qu'il s'est réveillé et que l'annonce par Vincent de son malaise a transformé brutalement la couleur de leur aventure. Ils ont fait posément leurs préparatifs. Le jour est tout à fait levé, la roche entièrement noire et grise, la neige livide, le ciel encore décoloré. Renaud n'a jamais rien vu en haute montagne de si désolé, ni de si hostile. Cette vue le glace bien plus que le froid de l'aube; et un regret aigu le traverse, de tout ce qu'il a, de propos délibéré, follement abandonné pour venir à grand-peine découvrir ici le royaume de la mort. Il se hâte de chasser cette tentation de la faiblesse. Le moment n'est guère à l'abandon!

Ils sont prêts à repartir. Il suffit d'en décider. Il semble qu'ils répugnent plus ou moins obscurément, avant l'épreuve redoutable qui les attend, à abandonner ce replat si exigu, si dérisoire, où ils ont malgré tout goûté quelques heures de repos et de sécurité. Renaud pense que ce choix revient à Vincent, et évite même de le solliciter. Il attend, il se tait.

« On y va? » dit enfin Vincent, avec une fausse indifférence.

Pour toute réponse, Renaud se contente d'incliner la tête et saisit la roche, au point précis qu'il avait depuis longtemps repéré.

*

Il escalade quelques mètres, dont la rudesse est imputable, pense-t-il, plus à la maladresse de son corps encore noué et engourdi qu'à leur difficulté réelle. Et il débouche soudain, sans transition, sur le Troisième Névé. Il le savait proche, mais n'allait pas jusqu'à soupçonner qu'ils avaient bivouaqué juste à son pied.

Plus encore que les deux premiers, le névé est profondément encastré dans la paroi. Sous les abrupts qui de toute part plongent vers lui, il semble moins être suspendu dans la muraille que figurer le fond d'un trou. Ses dimensions sont réduites; en revanche, sa pente extrêmement raide surprend Renaud, qui l'évalue à près de soixante degrés. Il est de glace comme les précédents; seules des traces de neige y subsistent, par endroits, en bandes étroites ou en stries suivant la ligne de plus grande pente. Le mur en surplomb de la Gelbe Wand le domine et l'enveloppe – sauf vers la gauche où se dessine une crête qui le limite. C'est le seul passage possible; la Rampe doit se trouver là. Il faut la gagner en droite ligne et, pour cela, traverser le névé à peu près de niveau. Renaud pressent que cette manœuvre sera particulièrement désagréable et malaisée pour Vincent en proie à des troubles de l'équilibre; mais il est impossible de l'éluder. Et ce ne sera pas la dernière de ce genre! L'Eigerwand est une course de traversées.

Tout d'abord, Renaud fait venir son compagnon jusqu'à lui. Il l'observe. Vincent grimpe précautionneusement, avec une grande lenteur. Sa sûreté semble moins atteinte que sa rapidité. Ce serait le moindre mal.

Vincent a rejoint Renaud.

« Ça va?

– Ça va. »

Renaud devra résister à l'envie de lui poser trop souvent cette question qui, répétée, deviendrait irritante. Il va en revanche le surveiller de très près, planter le maximum de pitons d'assurance, raccourcir les longueurs de corde. Tout cela se traduira en temps perdu, mais la sécurité immédiate doit primer.

Vincent considère et évalue la traversée à effectuer, puis se tourne vers Renaud. Il n'a pas bronché.

« Je peux tailler, propose son ami.

– Inutile : ce serait trop long. Et trop fatigant. Une marche seulement, si tu veux, de loin en loin. »

Ils chaussent les crampons. Plus pour Vincent que pour lui, Renaud plante un premier piton. Et il s'engage. La pente est vraiment d'une terrible raideur. Cent fois mieux vaudrait la gravir que d'avoir à la traverser. Elle n'est heureusement pas très large, mais Renaud redoute beaucoup ce passage pour son compagnon. Lui-même, pour le franchir, n'a pas trop de toutes ses facultés intactes. Le dévers est tel que son corps touche la glace; et qu'il est obligé de tailler des encoches pour ménager ses chevilles. Par bonheur, la glace n'est pas trop dure, deux ou trois coups de piolet suffisent. Tous les cinq ou six pas, il s'octroie une véritable marche, bien plane, qui lui permet de se reposer. Tous les dix à quinze mètres, un piton, une de ces marches particulièrement spacieuses que les alpinistes, toujours excessifs, nomment volontiers « baignoires ». Et il fait venir Vincent. Non sans appréhension : il le suit des yeux avec une attention extrême, surveille chacun de ses mouvements, chacun de ses arrêts; l'accompagne, au centimètre près, de la corde constamment tendue. Habitué à marcher en montagne avec lui, familier de ses réactions, il décèle sans peine, partage, ressent la moindre de ses hésitations; il peine et souffre avec lui. Il est manifeste que Vincent affronte là une épreuve redoutable, hasardeuse. Par moments, il baisse la tête et se voûte, arc-bouté contre un adversaire invisible. Ses gestes sont d'une incroyable lenteur, et parfois tâtonnants. On croirait voir un film qui se déroule au ralenti. Dans l'immobilité figée de la montagne, le temps se dilate extraordinairement. Vincent viendra-t-il jamais à bout de ces quelques mètres?

Lorsque enfin il rejoint Renaud, celui-ci remarque bien qu'il est livide et que des gouttes de sueur perlent sur son visage. Cependant, il a réussi à passer. Et ce qu'il a fait une fois, il pourra donc le recommencer. Renaud, un peu rassuré, repart. Vincent s'assied dans la « baignoire » que son camarade vient de quitter. Il a besoin de récupérer.

La même manœuvre se renouvelle. Une fois. Deux. Trois. Puis, Renaud cesse de les compter. Il sait cette traversée très courte, mais dans ces conditions elle lui paraît interminable. Si bien qu'il est presque surpris d'atteindre le bord opposé du névé, qui s'incline rapidement vers la gauche – vers l'est. C'est une petite crête neigeuse, qui un peu plus bas s'élargit jusqu'à former une sorte d'étroite vire, très déversée. A l'aplomb de Renaud, et au-dessus de lui, la muraille jaune surplombe, inaccessible. Le point d'attaque de la Rampe se trouve plus bas. Il faut suivre la vire, reperdre de cette altitude si difficilement gagnée.

Vincent entame le dernier passage en traversée horizontale, pour rejoindre Renaud sur le bord du névé. Est-ce le soulagement d'y parvenir enfin? Ses mouvements paraissent moins lents, plus assurés.

Voici maintenant les deux hommes côte à côte.

« Ça ira », affirme Vincent, d'une voix affermie.

Ils prennent un peu de repos; cherchent des yeux, vers le bas, le départ de la Rampe. Mais il reste invisible, caché par de gros bombements rocheux.

Renaud, qui n'osait même pas regarder sa montre, la

consulte enfin. Il n'est pas tout à fait six heures, ils sont partis depuis une heure et demie. C'est un très mauvais horaire; mais étant donné les circonstances, Renaud s'attendait à pis encore. Il ne souhaite qu'une chose, de toutes ses forces : pouvoir atteindre le sommet, le jour même. Mais qu'il est loin encore! Que d'obstacles redoutables les en séparent!

Venue du ciel à présent éclatant, la couleur s'est emparée de la montagne. L'ombre où ils se trouvent s'est elle-même chargée de nuances bleutées. Des vapeurs blanches, des volutes montent de la vallée.

Il faut repartir.

*

Puisqu'il est maintenant nécessaire de redescendre, Renaud s'est demandé s'il laisserait Vincent prendre la tête : ce qui lui permettrait de mieux l'assurer, mais en revanche obligerait Vincent à aménager lui-même le passage (ce dont il a plus que son ami besoin, en raison même de sa défaillance) en taillant et pitonnant. Renaud lui a encore une fois laissé le choix; et Vincent a préféré continuer de le suivre.

Ce passage – traversée descendante, toujours en fort dévers – est encore assez désagréable. La neige est dure : presque de la glace; ce qui contraint à une taille d'ailleurs facile. En contrepartie, elle porte bien. Renaud progresse plus rapidement qu'il ne l'aurait cru et, Vincent descendant derrière lui, multiplie les haltes qui lui permettent de le rejoindre. Ils ne sont ainsi jamais séparés de plus de quelques mètres. Et les risques sont réduits au minimum.

Ces courtes étapes se succèdent. Ils approchent de la base de la Rampe. Renaud s'est arrêté, une fois de plus. Il fait venir son camarade. Celui-ci n'est plus qu'à cinq ou six mètres de lui et avance en assurant bien ses pas. Il n'y a aucune difficulté particulière.

*

Non, il n'y a aucune difficulté particulière; et Renaud ne comprendra jamais ce qui s'est passé : soudain, sans que rien ait pu le mettre en garde, il voit Vincent perdre pied et glisser dans la pente. Et il n'a qu'une pensée : le piton tiendra-t-il?

Le piton tient. La corde est tendue, et Renaud la tire de toutes ses forces. Sans heurt, Vincent décrit sur la pente un mouvement pendulaire très vite amorti; s'immobilise; remonte aussitôt, tout droit vers son compagnon.

« Je suis désolé », dit-il sottement – preuve de son désarroi. Pour toute réponse, Renaud hausse les épaules. Ce qui signifie que cet incident est à ses yeux sans importance, puisqu'il fut sans conséquence; et qu'il sait faire la part des circonstances. Dans l'attitude de Vincent, il voit seulement la blessure d'une injuste humiliation – injuste, puisque sa glissade n'est imputable qu'à une défaillance physique passagère. Renaud le sait bien, qui jamais n'a vu son ami manquer d'adresse ni de sûreté; et il ne saurait lui en tenir rigueur. Cet accident évité et toutes les conséquences possibles de l'état futur de Vincent sont de l'ordre du seul destin et de la conjecture; des événements, et non pas des fautes.

« Tu n'es pas blessé, au moins?

– Non. Tout va bien. »

Renaud ne peut s'empêcher de penser à ce que ce « tout va bien » a d'ironique, dans leur situation. Mais il est certain que les choses auraient pu – et peuvent encore – tourner plus mal.

Il se rend compte qu'il n'a pas eu peur : comme toujours en pareil cas, le temps lui en a manqué. Et cependant, la chute lui avait paru interminable...

Vincent, après avoir repris pied à côté de lui, a eu quelques courts frissons. Mais c'était une réaction purement physique, presque réflexe, consécutive à la tension nerveuse extrême et à la fatigue musculaire. Il paraît calme et Renaud, qui l'observe à la dérobée, croit pouvoir affirmer qu'il est maintenant moins pâle qu'après le départ du bivouac. Puisse-t-il se rétablir, et se rétablir vite, et complètement, pour affronter les formidables obstacles qui jalonnent leur chemin! Mais, même s'il n'en était pas ainsi... Ce compagnon qui lui est si peu une compagnie, au sens habituel du terme, puisque presque toujours ils sont séparés par la longueur de la corde, chacun muré dans sa propre aventure, et qu'ils n'échangent pas cent mots dans la journée, ce compagnon qui a cessé d'être pour lui une aide et peut à tout moment devenir une gêne, voire un danger (la chute enrayée n'était-elle pas un avertissement?), et sans lequel en ce moment même il s'élèverait deux fois plus vite vers la cime, ah, combien, malgré tout il tient à lui, à sa présence! Que ferait-il, que deviendrait-il, s'il en était soudain privé? Il n'imagine pas sans en être intérieurement glacé cette solitude écrasante, qui le laisserait entièrement démuni, désarmé, peut-être paralysé par l'angoisse, par l'épouvante. Le jour viendrait certainement où un homme seul triompherait de l'Eigerwand [1]. Pour rien au monde Renaud ne voudrait être cet homme-là. Et encore, une chose est-elle de partir solitaire et une autre, combien plus redoutable, de se retrouver soudain seul en plein combat!

Jamais Renaud n'avait aussi bien compris, ressenti, mesuré à quel point il tient à Vincent. Et non pas seulement,

1. Cf. note 2 de la page 88.

certes, pour ces raisons égoïstes. Leur amitié n'est liée qu'à la montagne – le trait d'union – et tout le reste lui est étranger; elle s'ordonne autour de cette montagne, qui leur est essentielle, et l'englobe tout entière. Ils ont passé ensemble des centaines d'heures difficiles pendant lesquelles, à chaque instant, la vie de l'un dépendait de l'autre. Il n'est pas de lien plus étroit et c'est pourquoi, entre eux, rien ne peut être vain ou futile. Renaud, pensant à tout cela, ne peut s'empêcher de jeter à Vincent un regard empreint d'une chaleur profonde qui pèse sur son ami et le surprend. Celui-ci le regarde à son tour; et ils échangent un sourire si clair – presque un sourire d'enfant – qu'il efface pour un instant tout ce qui les entoure : vide, fatigue, menace obscure; et qu'il leur rend un courage immense.

Il faut repartir : l'Eiger n'attend pas.

*

Encore quelques mètres en descente. La vue se dégage rapidement sur le départ de la Rampe, dont l'aspect est effrayant. Entre deux murailles hérissées de surplombs, c'est une sorte de chéneau qui s'insinue, terriblement déversé vers le vide. Sa base est constituée par une cheminée verticale, coupant une paroi entièrement lisse. Il semble que par là, on ne puisse pas monter. C'est cependant la voie – il n'y en a pas d'autre! Mais son aspect a de quoi rebuter le grimpeur le plus téméraire.

Renaud va donc devoir passer par là. Et Vincent... Vincent, qui normalement aurait dû prendre la tête, puisqu'ils vont retrouver le rocher. Mais Renaud repousse avec décision ce genre de considération, trop prompte à engendrer le regret et de toute façon hors de propos. Il se trouve placé dans une certaine situation, avec obligation impérieuse d'y faire face, et voilà tout. Sa pensée doit être entièrement tournée vers l'action.

Il attaque la courte remontée et, la neige butant presque aussitôt sur le rocher, fait venir Vincent. Puis il prend d'assaut la cheminée, sans atermoyer, sans réfléchir, dans une sorte d'élan aveugle. La roche est presque partout recouverte de glace et de verglas. Il peine sur quelques mètres – beaucoup moins toutefois qu'il ne le redoutait – et débouche soudain à la base du chéneau qui, vu d'en bas, avait si formidable allure et qui maintenant se révèle large et commode. La surprise de Renaud est totale; et c'est une bonne surprise, la première que lui réserve l'Eiger!

« Viens! crie-t-il joyeusement à Vincent. C'est *tout bon.* »

Vincent le rejoint, assez vite, lui semble-t-il, et sans se faire tirer le moins du monde. Le simple fait de retrouver le rocher a dû lui rendre confiance. Et Renaud, qui croit au pouvoir sur l'organisme des facteurs psychologiques, espère que cette confiance elle-même aura sur l'état physique de son ami des effets bénéfiques.

Vincent à son tour est agréablement surpris de la physionomie avenante du chéneau, qui monte en s'incurvant légèrement vers la droite. Toutes choses, certes, sont relatives; mais après ce qu'ils ont déjà vu et franchi dans la face, c'est comme une route engageante qui se présente à eux, inespérément. Depuis l'escalade aisée du socle, ils n'avaient rien rencontré de semblable. Les quelques dizaines de mètres faciles qui les attendent là marqueront dans l'ascension une sorte d'entracte et de détente, sans doute la seule. Ils ne parviennent même pas à comprendre la totale métamorphose de ce passage qui, vu d'en bas, paraissait tellement infranchissable. Il y a là quelque chose de mystérieux, et comme une grâce de la montagne...

Avec aisance, presque avec allégresse, Renaud attaque le

chéneau. Celui-ci se présente sous la forme d'une large cheminée, presque un couloir, qui prend par endroits les allures d'une énorme vire déversée vers le vide, et traverse en s'élevant obliquement une zone de surplombs. Renaud s'y trouve bien engagé – comme encastré dans la montagne – et ressent une impression de sécurité. Il voit luire faiblement sous lui les trois plans successifs des névés, semblables à de grands toits blancs. Et puis, sans transition, à une profondeur presque incroyable, c'est la vallée baignant dans ses brumes : un autre monde, si lointain, si inaccessible, que Renaud a peine à croire qu'il vient de là, qu'il va y retourner (si tout va bien) et y sera peut-être de nouveau le lendemain.

Mais ce chéneau est décidément bien trompeur. Au bout de quelques mètres, les prises se font plus rares, une roche lisse et glissante aux strates inversées rend sa partie extérieure inutilisable pour le grimpeur. Renaud se voit rejeté vers le fond du couloir et retrouve l'inconfort de l'escalade. Le répit aura été de courte durée.

*

Tout se rétrécit, le couloir se redresse. Le verglas réapparaît. Renaud sait qu'il va bientôt avoir à affronter le plus redoutable obstacle de toute la face : la cheminée de la Cascade glacée. La difficulté qui, revenue, s'accroît graduellement, continûment, l'avertit et le prépare. Deux problèmes se posent à lui en même temps : pourra-t-il la franchir en tête de cordée? Et il le croit, puisque cela dépend de lui. Vincent pourra-t-il le suivre? Et il l'ignore.

L'attente du passage clé se saisit de lui si fortement qu'elle le distrait de l'escalade présente. Tandis que son corps accoutumé exécute de façon presque machinale et, pourrait-on dire, pour son propre compte les gestes nécessaires, l'esprit de Renaud le devance, déjà tendu vers ce futur proche qu'il essaie d'imaginer. Le grimpeur cherche à voir la montagne au-dessus de lui, mais le mouvement tournant de la Rampe limite étroitement le champ de vision. Et il se résigne à ne découvrir, sans doute, l'obstacle qu'au moment de l'affronter.

Vincent l'a plusieurs fois rejoint, et il monte bien. Il faut être, comme Renaud, très accoutumé à grimper avec lui pour remarquer qu'il n'est pas aussi souple, aussi rapide que d'habitude. Mais de toute façon, ce qu'il parvient à faire est inespéré.

Renaud, tout en surveillant la montée de son ami, essaie de « se mettre à sa place » – expression d'ailleurs irréaliste, dont il n'est pas dupe. Que peut ressentir Vincent? Il n'a pas dit grand-chose. Il a parlé de troubles de l'équilibre, d'étourdissements, peut-être de vertige. Ses forces elles-mêmes ne semblent pas atteintes; mais comment les contrôle-t-il? Et dans cette paroi monstrueuse où l'homme n'a pas trop de toutes ses facultés intactes et doit, pour se révéler égal à la difficulté, s'employer constamment à son extrême limite, par quel miracle Vincent ainsi diminué peut-il continuer à lutter? Renaud le plaint d'avoir à affronter ce sort contraire et injuste, et l'admire de le soutenir avec tant de courage. Mais aussi, il se demande jusqu'où se poursuivra le miracle...

*

Le couloir redevient cheminée et se redresse à la verticale. A quelques mètres au-dessus de Renaud, la paroi bourgeonne de surplombs. Dans la cheminée elle-même se love un serpent de glace tout luisant et suintant. Nous y voici! pense Renaud. Il se prépare à une lutte qu'il sait devoir être acharnée, et tout ce qui la suivra nécessairement s'efface de son esprit : comme si la partie devait se jouer, se gagner ou se perdre entièrement dans ces quelques mètres extrêmement difficiles. Cette illusion, ou plutôt ce refus plus ou moins conscient d'envisager tout avenir plus lointain, sont en eux-mêmes stimulants.

Brève diversion : au moment même où il va quitter le poste d'assurance où Vincent vient de le rejoindre, une véritable canonnade éclate sur leur droite, dans la Gelbe Wand. Et bientôt, une grêle serrée de blocs et de cailloutis dévale en bondissant le Troisième Névé, là même où les alpinistes se trouvaient moins d'une heure plus tôt. Puis, cent mètres au-dessous d'eux, les pierres s'engloutissent dans le vide, sans même toucher le rocher. Le sentiment d'un aussi grand danger, évité par le seul jeu du hasard, pourrait atteindre Renaud dans sa confiance; et voici qu'au contraire il l'encourage et l'exalte, tout comme si le fait d'avoir été ainsi épargné représentait, sinon une grâce ou une faiblesse de la montagne, du moins un présage favorable; et comme si les mêmes périls – et bien d'autres – ne devaient pas continuer de peser en permanence sur la cordée, jusqu'au sommet de la face. La vérité, c'est qu'il est à l'heure où la conscience aiguë d'avoir à donner le meilleur de lui-même lui fait obligation de se fortifier de tout ce qui se présente, de le tourner à son avantage et de s'en faire une arme de plus. Faute de quoi, cette arme-là serait utilisée contre lui, par la montagne. C'est un combat total, dans lequel l'alpiniste garde sa chance d'être le plus fort, aussi longtemps qu'il croit l'être et se l'affirme; mais la perd irrémédiablement, s'il se laisse aller à douter. C'est la *question de confiance,* que la montagne ne cesse de poser. Tout le problème revient à dominer constamment la situation. Enfant, Renaud était un jour monté jusqu'à la cime d'un arbre très élevé. Il se sentait sûr de lui, tout allait bien. Et puis, sans raison apparente, l'idée néfaste s'était glissée dans son esprit, qu'il pouvait ne pas être capable de redescendre; qu'il pouvait même tomber. Et il s'était trouvé instantanément paralysé, grelottant de peur. Il avait fallu le chercher! Eh bien, toutes proportions gardées, sa situation est comparable, ici, à l'Eiger. Où on ne viendra pas le chercher... La maîtrise de l'alpiniste consiste à savoir mesurer et garder en face des obstacles auxquels il s'attaque une certaine marge de supériorité, qui constitue précisément sa marge de sécurité. A l'Eigerwand, où la difficulté déjà très grande se trouve multipliée par la longueur de la course, par le jeu aveugle des dangers objectifs et les incertitudes du temps, tout concourt à amenuiser cette marge, jusqu'au point où le moindre impondérable suffit à faire basculer le rapport de forces – et, du même coup, le destin – du mauvais côté. C'est pourquoi on ne peut *rien* négliger.

Au moment d'attaquer la cheminée, Renaud en un éclair a la conscience très claire d'engager dans cette aventure sa vie entière : passée, présente et future. C'est dire que tout ce qui dans sa vie a compté s'y trouve engagé avec lui, et l'accompagne.

*

Lorsque Renaud essaiera de se remémorer le passage de la cheminée de la Cascade glacée, il s'apercevra qu'il en garde le souvenir d'une lutte confuse, acharnée, où vient se fondre celui de ses détails innombrables. Il en va du reste toujours ainsi des passages d'extrême difficulté. L'esprit tout entier tendu n'a ni le temps ni la liberté d'enregistrer ce qu'il perçoit ou commande. Tout au plus lui appartient-il parfois de le réinventer, à partir de quelques éléments qui lui servent de repères.

Renaud est parvenu sous le surplomb de glace. C'est un véritable renflement qui remplit le fond de la cheminée et en déborde en se gonflant comme quelque monstrueuse excroissance. Une masse triste, grise, sans clarté ni reflets, qui rampe et se ramasse. L'eau en suinte, forme des filets, tout un ruissellement qui éclabousse la roche alentour. Il est inconcevable de passer par là. Mais l'admirable, en haute montagne, est que l'impossible – constamment présent – se tourne : il y a toujours un cheminement. En revanche, il n'y en a qu'un, le plus souvent (comme si la venue de l'homme était prévue et préparée); et il s'agit de ne pas se tromper. L'échec ne fait pas la preuve de l'impossibilité, mais celle de l'erreur.

Droit au-dessus d'eux, donc, on ne passe pas. Par la gauche non plus : la paroi est totalement lisse et surplombante. Vers la droite au contraire, il semble qu'on puisse s'échapper. Renaud entame la traversée, qui est courte mais délicate, sous des surplombs; et il se retrouve au fond d'une sorte de petite grotte, sous d'autres surplombs pourris et croulants. A partir de là, tout devient insensé. A la limite de ses forces, défiant les lois de l'équilibre, Renaud se débat dans une sorte de songe cruel, de délire vécu. Toutes les catégories du réel sont désormais dépassées et paraissent étrangères à l'univers où il se meut. Aussi Renaud ne parvient-il pas à croire pleinement à la réalité de ce qu'il voit, de ce qu'il fait. Rien de cela n'est plus plausible. Il est en marge du monde.

Renaud sait qu'il faut se méfier de la paroi de droite – celle qui précisément paraît le moins inaccessible. Le piège est là. Hermann Buhl en 1952 y a bataillé deux heures pour gagner trente mètres, puis il a dû redescendre! Renaud repart donc droit au-dessus de lui dans le surplomb pourri (moins délité d'ailleurs qu'il ne semblait, vu d'en bas) et oblique même légèrement vers la gauche. Il s'agite beaucoup, et il y a de quoi! Il s'empoigne avec ce rocher de l'Eiger, adversaire au corps lisse, sans franchise. Il passe et atteint une autre petite grotte. Vincent l'y rejoint. Manœuvres de corde. Sans même oser parler, Renaud du regard interroge son ami.

« Ça va mieux, dit Vincent. Beaucoup mieux. » Il semble très sincère, convaincu. C'est vrai qu'il a bien grimpé. Renaud le retrouve, semblable à lui-même; et il repart soulagé.

Il se voit fatalement ramené vers la cheminée surplombante. Nouvelle traversée, difficile, en sens inverse de la première. Et Renaud se heurte au serpent de glace, plus lisse et hostile que jamais. Il sait maintenant qu'il lui faudra se battre avec lui, le saisir à bras-le-corps.

Le point faible du monstre semble être au contact du rocher. Renaud s'introduit donc, il s'insère dans l'étroite gouttière insinuée entre roche et glace. La masse froide et renflée de celle-ci comprime la partie gauche de son corps et le rejette vers la paroi de droite, aux strates inversées comme les ardoises d'un toit. Renaud se coince, se hale, il s'époumone; mais progresse et, centimètre par centimètre, finit par gagner des mètres. Constamment rejeté en arrière – il n'est rien, ici, qui ne surplombe. Le serpent qui se love à sa gauche, glissant dans la profondeur, dégouline sur toute sa hauteur et entretient dans la rigole un ruissellement qui inonde l'alpiniste. L'eau glacée s'insinue, elle coule sur ses vêtements, dans ses vêtements, à même la peau. Il est transpercé et n'en a cure. C'est à peine s'il le sent, dans sa fièvre. Il se débat, se plaque, s'arc-boute. Pour un peu, il mordrait la roche afin de mieux l'agripper. Comme l'eau ruisselant dans le vide, le temps coule, coule au néant, c'est une éternité immobile.

Renaud se redresse sur une mince terrasse, légèrement creusée en forme de cuvette, et fait venir Vincent. La suite de l'itinéraire présente un aspect si décourageant qu'il ne veut même pas y penser. A la cheminée succède un mur surplombant – un véritable toit –; au serpent, un énorme bombement glaciaire qui recouvre en saillant toute la surface centrale du mur, telle une carapace : c'est par là qu'il faut passer!

Renaud, qui vient de faire déjà l'expérience de l'impossible, s'engage sans hésiter dans le surplomb de glace. Un piton. Un autre. Renaud, entièrement rejeté en arrière, se hisse; et progresse, sans même savoir comment.

Il passe. Il ne se rappelle pas avoir, de sa vie, gravi quoi que ce soit d'aussi difficile que ces dix mètres, ni d'aussi risqué.

Tout n'est pas dit : la cheminée, au-dessus de lui, se redresse sur sept à huit mètres – les derniers, enfin! La glace, en son fond, ne luit plus que par plaques irrégulières, par écailles. En revanche, la cheminée forme le lit d'un petit torrent venu du névé qui la domine. Voici bien, pour le coup, la cascade glacée. Stoïque, Renaud s'y plonge.

Lutte étrange, à la fois contre le rocher gluant qui le repousse et l'eau tourbillonnante qui le suffoque et cherche à l'entraîner. Toutefois, ce morceau paraît à Renaud moins dur que le bombement glaciaire. Et puis, n'est-il pas le dernier du très long passage?

Renaud monte, il monte, il va atteindre le sommet de la cheminée-cascade. Il plante un ultime piton, se rétablit. Un peu plus haut, la cheminée se transforme en couloir de neige. Sur de minuscules encoches, Renaud fait une traversée délicate jusqu'à l'arête qui forme la rive droite du couloir. Plus haut, quelques rochers faciles permettent de gagner le fond de celui-ci. Renaud soupire de soulagement et regarde sa montre : il a mis deux heures pour franchir les quarante à cinquante mètres de la cheminée. A ce moment-là seulement, il se rend compte que la douleur de son bras s'est réveillée. Depuis longtemps...

*

Vincent l'a rejoint et semble décidément beaucoup mieux. Renaud est très content de soi : jamais il ne se serait cru capable de monter ainsi en tête un tel passage, qui normalement incombait à son ami. Vincent le sait et tient honnêtement à le souligner, avec une pointe de regret qui confine au remords :

« C'était à moi de passer là le premier...

– Quelle importance?

– Tu t'en es bien tiré. »

Il n'en dira pas plus, et Renaud ne répondra pas. Vincent a mis beaucoup de choses dans cette simple petite phrase, et il n'y a pas lieu d'épiloguer. Mais elle ajoute à la satisfaction de Renaud. Oui, il est bien content. La cheminée est la clé de la partie supérieure de l'Eigerwand, qu'ils ont désormais atteinte, ce deuxième jour, un peu avant neuf heures. Tout devrait donc être pour le mieux.

Tout serait pour le mieux, sans cette moiteur insolite de l'air, sans ce bouillonnement de nuages noirs qui monte de la vallée de Lauterbrunnen, en tournant autour de la montagne et en léchant ses flancs; et sans cette légère taie blanchâtre tendue sur le ciel. Les sens et l'esprit de Renaud avaient bien enregistré tous ces signes, tandis qu'il gravissait la cheminée. Mais il faut sérier les problèmes : dans les difficultés extrêmes où il se trouvait engagé, il ne pouvait se permettre de se laisser distraire par quoi que ce fût. Maintenant libéré de celles-ci, il aurait aimé pouvoir se détendre, abandonner pour un instant tout souci. Mais c'était compter sans l'Eiger, qui jamais décidément ne laisse le moindre répit. Et à peine Renaud est-il dégagé d'une angoisse qu'une autre vient aussitôt la relayer.

Il sait fort bien qu'un beau temps continu de plusieurs jours est exceptionnel sur cette montagne, placée en proue des Alpes, dans leur région la plus exposée aux intempéries. Rares sont les cordées qui ont pu effectuer l'interminable ascension sans rencontrer l'orage ou la tempête, et plus d'une leur doit d'y avoir laissé la vie. Circonstance aggravante, l'orientation de l'Eigerwand ne permet aucune vue vers l'ouest, d'où vient le mauvais temps. Aussi les alpinistes sont-ils presque toujours surpris par celui-ci. Renaud et Vincent n'auront pas échappé à cette règle. A l'heure même où l'état de Vincent se rétablit de façon presque inespérée, et où ils ont triomphé de l'obstacle le plus redoutable, voici qu'ils doivent se préparer à affronter un nouvel adversaire implacable. Car le temps change, impossible d'en douter, de minute en minute sous leurs yeux attentifs. Il s'agit seulement de savoir quel délai, quel répit leur est laissé; et d'en tirer tout le profit possible.

Ils repartent.

*

Un couloir de neige très dure, presque de la glace, de pente égale et raide – cinquante-cinq degrés; mais après les surplombs de la Cheminée, est-ce que cela compte encore?... Ayant retrouvé son élément familier, Renaud monte avec rapidité et sûreté, suivant la ligne de plus grande pente. Il va jusqu'à bout de corde, plante un piton; et Vincent le rejoint, sans peine apparente. Renaud reprend alors aussitôt la montée. Tout cela se déroule avec une régularité parfaite. Renaud remarque qu'une ascension se compose par grands pans successifs et dissemblables. Les uns sont ordonnés, harmonieux, d'autres sauvages et heurtés, voire baroques. Le passage de la Cheminée appartenait à la seconde manière, la remontée du couloir ressortit à la première et Renaud a décidé d'en attendre le terme pour s'interroger de nouveau sur les menaces du temps. Il s'efforce pour l'heure de mener une trace entièrement rectiligne et y prend un plaisir d'esthète assez inattendu. Il lui vient à l'esprit que Platon a dit : « Toujours nous suivrons la voie qui monte. » Ce qui l'amène à imaginer brièvement Platon dans l'Eigerwand, pensée combien incongrue qui le fait sourire en son for intérieur et qu'il se hâte de chasser. C'est l'instant d'une très brève détente, venue malgré tout avant les autres épreuves pressenties et redoutées. Renaud n'autorise qu'un seul souci à subsister en lui : celui de la voie, qui lui incombe. Le nouveau problème proposé par la paroi consiste à gagner, de niveau, la base du glacier suspendu de l'Araignée, situé beaucoup plus à droite. La traversée qui y mène est, paraît-il, belle et exaltante; à tel point qu'on l'a baptisée Traversée des dieux. Mais comme à l'Eigerwand rien n'est jamais sans mélange, elle débute par une Vire pourrie au nom suffisamment explicite. Cette vire, qui est la première échappée possible vers la droite, il s'agit de ne pas la manquer : c'est la seule qui donne accès à la Traversée. Si on la dépasse, si on continue à s'élever directement, on ne trouvera plus que des passages sans issue. Aussi Renaud observe-t-il ce qui l'entoure avec une attention extrême. L'aspect inaccessible de telle ou telle courtine, de telle ou telle amorce de vire ne prouve malheureusement pas, ici, qu'elles ne sont pas le chemin. Et comme la réciproque est vraie, le doute est permis à plus d'une reprise. Une fois de plus, Renaud admire la divination dont (en plus de toutes leurs autres qualités) les premiers ascensionnistes ont dû faire preuve pour découvrir à coup sûr, dans ce labyrinthe sans fil d'Ariane, la seule voie possible.

Les longueurs de corde se succèdent, et il craint de plus en plus d'avoir manqué le passage. Le couloir, que sa pente raide fait apparaître dans un raccourci trompeur, est beaucoup plus développé qu'il ne semblait. A chaque mètre gravi, il s'allonge d'autant. Jusqu'où montera-t-il?

Cependant, voici qu'il s'élargit, jusqu'à former une sorte de petit glacier suspendu, au centre d'un amphithéâtre. Assez étrangement, ce site cloisonné de trois côtés plaît à Renaud, qui aimerait s'y arrêter. Ainsi retranché, dans cet environnement dantesque il respire une certaine paix et presque de la quiétude. Mais il n'est guère question de faire halte. A droite, un cheminement incertain, constamment interrompu, semé de plaques de schiste empilées, s'insinue à travers la partie supérieure de la Gelbe Wand, dont la masse fauve se perd dans la profondeur léchée de lourds bouillonnements de nuées ascendantes noires et grises. Ce ne peut être que la Vire pourrie. Renaud fait monter Vincent, avant de s'y engager.

La moiteur de l'atmosphère s'accentue et il transpire dans ses vêtements transpercés et ruisselants! Des chutes de pierres commencent à se faire entendre, très bas, dans la Rampe ou la Gelbe Wand. Cerné d'un halo, un pâle soleil transparaît à peine à travers un rideau uniforme de nuées. Renaud sait maintenant avec certitude qu'ils vont essuyer un orage qui dégradera les conditions de la montagne, rendra leur orientation plus difficile encore et se changera peut-être en un mauvais temps durable. Mais il ne veut pas considérer cela. Son seul problème est de poursuivre, au plus vite, et de sortir avec Vincent de la paroi, malgré l'aggravation fatale des difficultés et des dangers. Ce qui est étonnant et admirable en l'homme, c'est qu'il se trouve toujours des ressources, au-delà de ses propres limites.

Renaud plante un piton dans la glace et s'engage sur la vire déversée vers le vide, aussi branlante qu'un pont de lianes. Encore les lianes sont-elles fixées au rivage... Ici, des amoncellements de schistes bringuebalent sur un sol de débris et de sables aussi instable qu'eux. Ce n'est pas Renaud qui à chaque pas risque de tomber, c'est la montagne! Sans doute fait-il confiance au piton planté dans la glace; mais si le sol se dérobe sous lui, il décrira un mouvement pendulaire d'autant plus long, et plus haut, qu'il avance dans cette maudite traversée. Quant à planter dans le rocher d'autres pitons intermédiaires... Autant chercher à enfoncer un clou dans le sable! La Vire pourrie mérite bien son nom. Le passage s'allongeant, Renaud qui est déjà à dix ou douze mètres de Vincent prend néanmoins un des pitons qui pendent à sa ceinture. Il faut toujours essayer... Le marteau sonne affreusement faux; et le résultat est que le rocher est bel et bien partagé en deux, dans le sens de l'épaisseur, par le piton que Renaud, qui se méfiait, rattrape de justesse. Le bloc s'écroule dans l'à-pic, en détachant à son tour des quintaux de roches instables qui dévalent à grand fracas la Gelbe Wand, puis rebondissent sourdement sur les névés successifs. Pourvu qu'il n'y ait pas d'autres alpinistes dans la paroi! Cette pensée traverse très brièvement l'esprit de Renaud. Une telle coïncidence est par bonheur fort improbable et il ne s'y attarde pas. Il a déjà entrepris de planter un autre piton qui, lui, tient tant bien que mal. Renaud souhaite n'avoir pas à en faire l'épreuve. Il est surtout inquiet pour la traversée de Vincent, dans un terrain aussi délicat, s'il n'a pas recouvré tous ses moyens. Comme, là où il se trouve, il n'a pas la possibilité de l'assurer convenablement, il décide de poursuivre. Il parcourt encore une bonne dizaine de mètres, passe une petite plate-forme, une coulée de glace et se trouve arrêté : la vire s'interrompt, elle vient buter sur de grands abrupts de roche ruiniforme. Au-dessus de Renaud s'ouvre une cheminée délitée, le seul chemin possible. Il a pris pied sur un étroit emplacement de repos – dix centimètres sur vingt – et plante un piton qui lui paraît plus sûr que le précédent. Vincent est à plus de vingt mètres. Il lui crie de venir. Vincent récupère le piton à glace et entame la traversée rocheuse. Renaud le suit du regard avec une attention anxieuse. Il redoute surtout la partie moyenne du passage, et le piton intermédiaire ne lui inspire nulle confiance. Si Vincent glisse et l'arrache, il fera une chute de dix mètres; en admettant que le dernier piton tienne. Sinon...

Heureusement, tout se passe bien. Vincent récupère le deuxième piton – qui lui reste dans la main! Et il rejoint Renaud. Son visage s'est éclairé : « Ça va », dit-il. Puis : « Je me demande ce que j'ai bien pu avoir ce matin. » Question à laquelle Renaud ne cherchera pas la réponse, du moment que de ce côté-là tout va mieux. Il se borne à remarquer, en son for intérieur, qu'une ascension de l'Eigerwand sans quelque complication doit décidément être impossible et qu'il faut en prendre son parti; qu'ajoutée au malaise de Vincent, la venue du mauvais temps aurait certainement constitué un handicap trop lourd pour être surmonté; mais que le premier s'estompe précisément au moment où la seconde se précise; et qu'ainsi, tout est bien – aussi bien que faire se peut, du moins, dans ce pire des mondes possibles que représente l'Eiger.

« Bientôt, ajoute Vincent, je crois que je pourrai reprendre la tête.

– On verra. »

Renaud ne le souhaite même plus. Tout ce qu'il a passé ce matin (et surtout la terrible cheminée de la Cascade glacée) lui a donné confiance. Il se sent maintenant plein de cette confiance, gonflé d'énergie, entièrement sûr de lui. Il sait que rien ne pourra plus l'arrêter et croit par conséquent que, pour le bien de la cordée, il doit continuer de la mener.

Il examine de près le passage suivant. Plus que d'une cheminée, à vrai dire, il s'agit d'une fissure, très redressée; assez large toutefois pour que la technique d'escalade par coincement propre aux fissures n'y soit pas praticable. Elle se perd plus haut dans un escarpement où saillent des surplombs. Des plaques de verglas luisent çà et là sourdement. La Traversée des dieux doit prendre origine dans cette muraille.

« Veux-tu te reposer? demande Renaud à Vincent, par acquit de conscience.

– Non. Ne perdons pas de temps. »

Cette réponse soulage Renaud, qui n'aurait naturellement pu refuser une halte à son camarade, mais brûle de repartir, tant la moindre minute lui paraît précieuse (et de plus en plus, sous la menace de l'orage). Au moment même où il va attaquer la fissure la pensée le traverse, de leur bivouac. Ils y étaient encore six heures plus tôt, et il lui semble que des jours l'en séparent : un éloignement vertigineux. La journée précédente appartient à un autre temps, à un autre siècle. De ce qui l'a précédée, de ce qui – peut-être – suivra celle-ci, il n'est pas même question : c'est une autre vie, abandonnée et entièrement remise en jeu. Renaud se représente alors clairement que les quelques dizaines d'heures qu'il aura passées dans l'Eigerwand représentent à elles seules toute une vie, fascinante, ardente et souffrante, sans commune mesure avec quoi que ce soit d'autre au monde. Tout ce qu'il a vécu, appris, senti auparavant n'est qu'un aliment pour ce feu.

*

Comme il le prévoyait, le fond de la fissure-cheminée se révèle inutilisable. Il faut emprunter son rebord délité, semé de plaques de verglas. En escaladant les dalles de schiste inversées et glissantes, Renaud à mainte reprise a l'impression de ramper sur une vitre. Mais il croit – donc, il sait – qu'il ne tombera pas. Plus pour Vincent que pour lui-même, il plante lorsqu'il le peut des pitons auxquels il ne fait guère crédit.

Le passage est long, sans emplacement de repos qui vaille. Le temps, de nouveau, s'étire. La fissure conflue et se dilue dans une muraille vague, bosselée, hostile, sans cesse plus redressée. Renaud grimpe maintenant dans un espace rocheux abstrait, seulement limité par le ciel, que le toit d'un surplomb vient progressivement obscurcir. Ce surplomb terriblement débordant qui semble boucher la voie (et même, tout problématique avenir), Renaud commence à se demander comment il pourra bien en venir à bout. Mais voici qu'au moment même de l'atteindre, il découvre le moyen de lui échapper, en quelques mètres, vers la droite. Et qu'importe, si cette courte traversée est elle-même surplombante! Tout à la satisfaction d'avoir pu éviter le redoutable toit, Renaud plante un piton, puis un autre, qui tous deux paraissent plus sûrs que les précédents; et il atteint une plate-forme si vaste, si plane, si belle qu'il a d'abord quelque peine à croire à sa réalité. Mais l'Eiger ne laisse guère de place au rêve... D'une voix joyeuse, Renaud communique la bonne nouvelle à Vincent, qui est plus loin que jamais, à bout de corde.

*

La montée de son ami, que Renaud ne voit pas mais suit très attentivement à la tension de la corde, est lente; ce qui l'incline naturellement à la supposer pénible, et plus que par la sienne elle-même, il apprécie et mesure ainsi la difficulté du passage. Se pourrait-il qu'elle fût comparable à celle de la Cascade glacée? Renaud ne le croit pas, mais pense que peut-être Vincent en jugera autrement; et que, décidément, aucun critère objectif n'a de sens en montagne, où tout dépend par trop des conditions de l'itinéraire, de celles de l'alpiniste; et aussi, de sa place dans la cordée.

Cependant, tout se passe bien : Vincent finit par rejoindre Renaud, sans incident.

« Ce n'était pas commode », constate-t-il simplement.

Il est un peu pâle, il paraît fatigué par le passage et découvre la plate-forme avec un plaisir évident. La halte s'impose, la question n'est même pas débattue. Ah, pouvoir laisser tomber enfin les sacs pesants; s'allonger à son aise sans avoir à mesurer ses mouvements et à prendre garde à l'abîme menaçant et proche!

Il est près de midi.

*

Ils mangent, ils boivent. Leur détente devrait être totale. Cependant, un drame à la fois proche et lointain se joue dans les profondeurs de l'éther. Aussi longtemps qu'il était engagé dans la difficile escalade, Renaud ne pouvait, ni ne voulait d'ailleurs, lui accorder toute son attention. Sans doute n'allait-il pas jusqu'à ignorer la menace, dans sa sensible et d'abord lente progression. Mais elle ne l'atteignait, en quelque sorte, qu'en arrière-plan mental. C'était un coloris plus sombre imposé comme fond au tableau de son action violente et mêlé intimement à sa trame. Dans le même temps, Renaud ne pouvait se dispenser d'en tenir compte, pour la poursuite de cette action. Mais de toute manière, cela ne changeait rien dans l'immédiat. La façon de conduire l'ascension restait la même, l'accent était seulement mis sur l'importance de la célérité.

A présent que les alpinistes sont au repos, l'évolution du temps — qui s'est précipitée — reprend toute son importance.

Renaud a le corps et l'esprit libres pour l'observer, et en juger. Il a même le loisir de revivre dans sa proche mémoire les apprêts de l'orage, avec plus de précision que ne lui en avait donnée dans l'instant une vision distraite. Il se rappelle ces brumes du matin, dans le fond de la vallée, qui, peu à peu transformées en nuages, se sont patiemment hissées le long de la paroi; ces voiles grises que le vent d'ouest projetait contre l'arête occidentale et qui ensuite, happées, drossées par les courants, escaladaient vertigineusement l'immense face nord en s'accrochant et se déchirant à toutes ses courtines; ce ciel, enfin, tout entier envahi d'une taie lourde et sans cesse épaissie.

Le moment est maintenant venu, où la course contre l'orage a perdu tout son sens. Elle ne pouvait avoir d'autre but que d'atteindre avant l'inévitable déclenchement de celui-ci un emplacement de repos convenable. Or, Renaud et Vincent sont sur la meilleure plate-forme qu'ils aient rencontrée depuis le départ. Elle s'étend sur quelques mètres autour d'eux, vaste et rassurante : un balcon posé dans l'Eigerwand. Au-dessus d'elle, sur ses côtés, ce ne sont qu'escarpements insondables, perdus dans des nuées sombres. Au-delà de son rebord, la paroi plonge dans les précipices monstrueux de la Gelbe Wand, battue d'un ressac aux flots d'encre. Renaud évoque l'océan et, intérieurement, se morigène : « Suis-je venu ici pour penser à la mer?... » Il y a, cependant, dans ces nuages un mouvement de houle profonde.

A partir de la terrasse, vers l'ouest, un cheminement se dessine, de vires irrégulières, larges ou étroites, plates ou déversées, qui filent en traversant et coupant la partie supérieure de la Paroi jaune. Au-delà, apparaît dans de brèves échappées de brumes la surface blanchâtre de l'Araignée.

« La Traversée des dieux », dit Renaud en montrant le

chemin suspendu sur treize cents mètres d'à-pic. Vincent acquiesce.

Ils doivent être à trois mille cinq, peut-être un peu plus. Quelque quatre cents mètres les séparent de l'arête sommitale. Mais combien de temps? Car c'est lui surtout qui compte, en définitive. Cinq heures? Six heures? Si tout va bien. Mais c'est que désormais, justement, rien ne peut plus « aller bien ». Le mauvais temps, dont le déchaînement est de toute évidence imminent, va multiplier les difficultés, et la durée nécessaire pour les surmonter. Il n'est pas absurde de penser que, de son fait, ces cinq ou six heures se transformeront peut-être en un, voire deux jours entiers d'efforts surhumains. A l'Eiger, tout est toujours possible. Le pire, de préférence! En tout cas, l'éventualité d'un second bivouac n'est plus à écarter et se fait même probable. Renaud commence à comprendre comment sur cette montagne terrible les jours de lutte peuvent se succéder, s'engendrer les uns les autres, dans l'espoir et le désespoir alternés. Il n'y a pas que les abîmes de l'espace : Renaud voit s'ouvrir devant lui les abîmes du temps; et l'Eigerwand en est une porte.

*

La sombre marée vient lécher, toujours plus haut, les immenses falaises de l'Eiger; les horizons cotonneux se rétrécissent. Des pans de muraille surgis du néant, des fragments d'arêtes hérissés, des pinacles suspendus dans le vide apparaissent, tels des écueils, voguent sur cet horizon mouvant, s'effacent. Chaque minute apporte sa surprise, sa découverte qui est aussi une métamorphose; et tout cela est terrifiant parfois, fascinant toujours. Bien assis, à plat, le corps d'équerre, adossé à la montagne, Renaud observe ce grand théâtre naturel avec une passion qui doit être quelque chose de plus que la simple attention. Il lui vient à l'esprit que son ami et lui sont installés là – prodigieuse avant-scène – comme les spectateurs uniques d'un spectacle unique. Privilège chèrement payé : car ici, les spectateurs sont aussi les acteurs; et la pièce qui se joue engage réellement leur destin.

Plus qu'à une pièce d'ailleurs, Renaud irrésistiblement pense à un opéra : opéra d'images violentes, en attendant que l'orage y ajoute ses grandes orgues. Les rideaux de nuées disposés sur plusieurs plans se déplacent incessamment les uns par rapport aux autres, faisant surgir en profondeur des jeux sombres de couleurs et de lumière. Des gris les plus pâles aux plus foncés, aux bleus et aux noirs d'encre, les bouillons de nuages dans cette cuve où ils fermentent se font et se défont comme une pâte. Du vaste espace qui était autrefois le ciel filtre une demi-clarté de cave, dans laquelle les contre-jour prennent des teintes nocturnes. De plus en plus les nuages, au-dessous de Renaud, sont une masse de formes puissantes mais tourmentées, musculeuses mais fluides : délirant écheveau, perpétuellement noué et dénoué. Non sans surprise, Renaud remarque alors combien le vent qui brasse furieusement ces fumées du vide épargne la face. Depuis le départ, à vrai dire, ils n'en ont guère senti le souffle. Peut-être auraient-ils dû s'en alarmer : la bise venue du nord est en effet le signe le plus sûr du beau temps; et, même si sa froide morsure n'est guère agréable, l'alpiniste se réjouit de la subir. L'absence de vent sur la paroi signifiait simplement qu'il soufflait de l'ouest ou du sud, précurseur et puis porteur d'intempérie.

Au large de la sombre falaise, un calme étrange cependant se crée dans l'espace; la houle s'apaise, les tourbillons se ralentissent, tandis qu'au contraire une haleine rude et brève comme celle d'un mufle de bête vient battre le récif où Vincent et Renaud se trouvent réfugiés. C'est un rythme saccadé de ressac, presque une palpitation de l'air. Mais cela même se calme peu à peu, et vient un instant d'immobilité parfaite qui pourrait rassurer et paradoxalement se trouve ressenti par l'homme averti comme une sourde menace. C'est à peine s'il passe dans la masse provisoirement figée un court frémissement; un insensible soupir; quelque chose, enfin, qui ressemble à un frisson. On reste alors suspendu, sachant bien que cette attente, toute de tensions latentes mais extrêmes, ne peut durer; que le dénouement n'est qu'une question de secondes. Jusqu'au moment où brusquement, en effet, tout se déchire. Renaud et Vincent tressaillent, du même mouvement : face à eux, jaillie du nord profond, une fulguration blême parcourt instantanément la surface nuageuse, telle une onde de choc, et vient frapper de plein fouet la montagne. Puis, dans un grand froissement, le silence lui aussi se déchire et un interminable grondement, très sourd, se répercute. Voici l'orage.

*

On ne saurait dire qu'il est sur l'Eiger. Plus précisément, il est né dans l'immense vide circonscrit par la conque géante de la paroi, et au centre même de ce vide. Pour un peu, on dirait qu'il s'est formé de lui. Mais la montagne l'attire comme l'aimant attire le fer et l'orage, à peine déchaîné, se rue sur elle avec une aveugle violence. Aux pointes hérissées des arêtes, aux lances de roc fichées dans la paroi pétillent des feux Saint-Elme. La nue s'allume de pulsations bleues et brèves, de zébrures mauves. Elle s'anime d'éclatements secs et, en arrière-plan, d'un roulement sourd quasiment ininterrompu. Renaud fasciné pense qu'il faudrait pouvoir être seulement spectateur; qu'il faudrait être *détaché;* tandis qu'au contraire, ils sont *attachés* à la montagne. Il est vrai, pense-t-il aussi, que cette montagne est maintenant attaquée comme eux et avec eux; et qu'en cet instant, elle et eux se trouvent du même côté; du même parti. Même si, naturellement, l'enjeu de cette agression n'est en rien comparable : car la montagne ne risque d'y perdre que quelques tonnes de roche désagrégée, précipitée au vide; et les alpinistes, eux, peuvent y laisser leur vie.

Éclatements et lueurs se multiplient, sans pourtant qu'il soit aisé de localiser les points de chute. L'orage semble tourner dans la conque, prisonnier de la paroi. On pourrait dire qu'il n'a pas de centre; ou, tout aussi bien, que son centre est partout, se déplaçant incessamment. Renaud ressent avec intensité la proximité de la foudre et son imminence. Vincent et lui ont repoussé tout leur matériel métallique vers l'extrémité de la plate-forme et se sont allongés, plaqués contre la muraille. Heureusement pour eux, ils ne sont proches d'aucune importante saillie rocheuse, susceptible d'attirer la foudre. Et Renaud redoute l'orage beaucoup moins que ses suites.

La foudre se plante à gauche, puis à droite, à quelques dizaines de mètres – pour autant qu'il soit possible d'apprécier les distances. L'abîme se peuple, une fois de plus, de grondements de canonnade; l'air s'emplit d'une sèche senteur de poudre. L'orage se déploie ainsi une dizaine de minutes avec une violence inouïe, à raison d'un éclair par seconde. Puis s'établit vers l'ouest un rideau épais de nuit qui n'est autre que la pluie en marche, précédée d'une énorme odeur d'eau; cependant que vers l'est, la nuée se fait sulfureuse et louche. Déjà de premières gouttes rondes et lourdes éclatent sur le roc. Et quelques secondes plus tard, le bloc de pluie vient heurter de front la montagne. Renaud soupire et fait le dos rond. Presque instantanément, la paroi se transforme en un immense château d'eau, grondant de cascades et de trombes. La pluie est si épaisse qu'elle arrête la vue comme un brouillard. Rien ne lui résiste et les vêtements des alpinistes qui, trempés le matin au passage de la Cascade glacée, commençaient à peine à sécher sont de nouveau transpercés, en l'espace de quelques secondes. La température a brutalement chuté, et Renaud sent courir sur sa peau un ruissellement glacé ininterrompu. Il frissonne. Il est résigné. Les souffrances, les incommodités de toute sorte font naturellement partie du jeu alpin et ne doivent être prises en considération qu'à partir du moment où elles deviennent graves, en elles-mêmes ou par leurs conséquences possibles, et compromettent l'issue de la partie. Ce n'est, heureusement, pas encore le cas. Il suffit d'être vigilant.

Renaud a quelque chose à dire, qui lui paraît soudain d'une extrême importance :

« J'ai connu un alpiniste, et non des moindres, qui affirmait qu'il n'y a *jamais* d'orage le matin en haute montagne! »

Il y a dans le ton de cette déclaration une âpreté, et presque une rancœur, qui surprennent Vincent.

« Mais, objecte-t-il, il est midi passé.

– A peine! Et j'ai failli un jour être foudroyé, à huit heures, au Grand Dru... »

Il a déjà, du reste, raconté cette vieille histoire à Vincent, qui ne pose pas de question. Il se la remémore : une ascension rapide, agréable, sans incident; au sommet, une halte paisible; et puis, ce seul petit nuage blanc qui naviguait à sa hauteur dans le ciel tranquille; qui se rapprochait lentement, jusqu'à venir s'immobiliser sur la cime; ce calme insolite, peu à peu peuplé de présences mystérieuses, furtives; cette inquiétude sourde, d'abord nourrie de riens : d'immobilité, de silence; et puis, les premiers signes : une tension étrange, en soi et hors de soi; une sorte de vibration douce et profonde de l'atmosphère; un bruissement très léger, presque un bourdonnement, venu de loin. Les alpinistes s'étaient alors jetés dans la descente. Moins d'une minute plus tard, un claquement très sec les avait avertis que la foudre venait de frapper le sommet. Le nuage, comme par enchantement, se dissolvait dans le ciel bleu. Le reste de la journée avait été magnifique...

L'orage de l'Eiger n'a rien de commun, certes, avec ce phénomène insolite. Il est fait pour durer, il s'installe sur la montagne et corrompt progressivement le temps. Si la pluie a atténué sa violence, elle semble en revanche l'avoir prolongé : son intensité s'est muée en durée; de grondement en grondement, il traîne et n'en finit pas de mourir. Il s'éloigne pour finir, vers l'est, au bout d'une bonne demi-heure. La pluie, elle, ne cesse de tomber. Tout au plus s'est-elle faite plus fine. Les nuages s'amassent, se collent contre la paroi en une brume dense. La température baisse encore et en l'espace de dix minutes, insensiblement, la pluie se change en neige.

*

Nous aussi! pense Renaud dans une sorte de rage impuissante. Nous aussi, nous avons été pris au piège du mauvais temps dans l'Eigerwand. Comme les autres. Comme *tous* les autres... Montagne maudite!

Mais que cette montagne soit ou non « maudite » (vue d'ailleurs bien littéraire et suspecte) ne change rien à la réalité du problème redoutable posé par la dégradation des conditions de la voie. Au surplus, si les alpinistes sont ici, c'est qu'ils l'ont voulu. Ils n'ont donc à s'en prendre qu'à eux-mêmes. Surtout pas à l'Eiger, bloc énigmatique, sphinx implacable mais sans visage et sans réponse. Renaud, qui le sait bien, ne se plaint pas. Il se borne à penser que cette montagne est, décidément, trop dure.

Regrette-t-il d'être ici? Le reconnaître reviendrait pour lui à se déjuger et aurait pour conséquence de l'affaiblir, si peu que ce fût, au pire moment. Renaud s'y refuse et décide que tout doit être bien, en tout état de cause. Cette question réglée avec lui-même, il reste à débattre avec Vincent de la conduite à suivre. C'est encore affaire de tactique. Repartir dans l'état actuel des choses n'a certes rien d'engageant. Mais attendre ici la fin de la chute de neige serait sans doute un calcul plus mauvais encore. Car, plus que jamais, le temps qui s'écoule est l'ennemi suprême. Et, de deux choses l'une : ou bien la neige cessera sous peu de tomber, et les alpinistes auront eu raison, en repartant, de prendre les devants; ou bien au contraire les conditions météorologiques et par conséquent celles de la montagne ne cesseront d'empirer, et toute heure perdue ne fera que diminuer les chances des deux hommes. Les données du problème ont quelque chose de tellement irréfutable, de tellement impérieux que les différences d'appréciation ne sont guère possibles et que toute liberté de choix s'abolit. Ce qui, du même coup, supprime le doute mais est en soi déplorable. Renaud sait que Vincent sera de son avis, pour la seule raison qu'il ne peut y en avoir d'autre! Ils vont donc repartir, parce qu'ils y sont condamnés – certitude déplaisante.

*

Départ sans joie... Ils se relèvent, ils se secouent : dégoulinant d'eau, de neige fondue. Ils sont maussades et gourds. Où est la gloire des premières heures de l'attaque – heures de volonté, de grande assurance et même d'exaltation? C'est qu'alors ils choisissaient. Mais l'engrenage où ils se sont librement engagés s'est désormais saisi d'eux et les entraîne. Ils sont maintenant *déterminés,* contraints de faire immédiatement face à toutes les situations que la montagne leur impose.

L'aspect de la face est effroyable. Il y a suffi ces quelques dizaines de minutes d'intempérie; ces quelques centimètres de neige faussement innocente qui recouvre tout, métamorphosant l'abîme sombre en un gouffre pâle, translucide, où tombent les flocons. La Traversée des dieux, que Renaud avait tout à l'heure bien repérée en atteignant la plate-forme, s'est transformée du tout au tout. Il serait même plus juste de dire qu'elle s'est effacée. La distinguerait-il encore, s'il n'avait gardé de sa situation et de sa physionomie antérieure le souvenir le plus précis – une véritable image mentale? La succession de vires coupées menant à l'Araignée a disparu, on n'en discerne plus que de vagues festons neigeux courant capricieusement sur l'à-pic. Chemin d'insensés! Cependant, c'est bien par là qu'il faut passer; et Renaud est soulagé de le savoir, car sinon il ne le croirait pas...

Des surplombs qui le dominent, la neige accumulée tombe périodiquement, par paquets légers qui s'éparpillent en l'air, avant de s'évanouir dans la brume. C'est l'image d'un enfer blanc et glacé, extrêmement beau sans nul doute, mais épouvantable à qui s'y trouve plongé. Encore une fois, Renaud a un bref mouvement de révolte. Pourquoi? pense-t-il. Nous avons lutté, nous avons été capables de surmonter les difficultés normales, déjà si grandes, de cette face. Ne suffisaient-elles donc pas? Pourquoi ce raffinement?

Il a comme la veille le sentiment, bref et absurde, d'une sorte de tricherie de la montagne. Il s'empresse de le chasser : il sait très bien que dans ce jeu, tous les coups sont permis et qu'il ne peut y avoir, par conséquent, de tricherie. Il sait aussi qu'on ne peut parler de conditions normales à l'Eigerwand, qui est par définition une muraille étrangère à toutes les normes de la montagne (et n'est-ce pas précisément pour cette raison que lui, Renaud, s'y trouve présentement?).

Vincent, au même instant, constate qu'ils ont eu beaucoup de chance de se trouver sur une si bonne et belle plateforme à l'heure précise de l'orage. Où la chance ne va-t-elle pas se nicher? La naïveté de cette remarque détend quelque peu Renaud qui demande à son compagnon comment il se sent.

« Bien », répond Vincent. Il semble convaincu. Renaud respire. Il avait besoin de cette confirmation : la dernière partie de l'ascension, dans la paroi enneigée, n'eût certainement pas été possible avec un second handicapé; et la Traversée l'inquiétait particulièrement.

« Très bien », répète Vincent, d'un air presque étonné : les fatigues, les épreuves physiques et morales subies depuis ce matin ne justifient guère en effet la remarquable amélioration de son état. Peu importe, d'ailleurs; l'heure n'est pas aux explications, seuls comptent les faits. Et Renaud voit là un exemple encore de ce jeu mystérieux de compensation qui presque toujours en haute montagne élimine ou atténue un facteur défavorable, lorsqu'un autre survenant rendrait, s'il s'ajoutait au premier, toute lutte impossible. Il faut que celle-ci reste ouverte, il faut dans les pires circonstances que l'homme conserve une chance, voire un simple motif d'espoir. Il semble souvent à Renaud qu'une puissance supérieure s'y emploie lucidement, de façon très manifeste. Aux alpinistes de faire, de leur côté, tout ce qu'ils doivent.

« Allons-y », dit Renaud.

*

Un pas, un seul; et de la spacieuse terrasse on repasse à tous les hasards et à tous les pièges de la face nord. Quelques aspérités vagues, quelques minces replats figurent seuls le chemin incertain lancé sur le vide. Et qu'on ne voie de ce dernier qu'une cinquantaine de mètres à la verticale ne le rend pas moins redoutable : ce qu'on imagine dépasse toujours ce que l'on voit. A l'autre extrémité de la Traversée, le névé de l'Araignée s'est retranché derrière le rideau de brume.

Renaud prend pied sur un premier et méchant morceau de vire, déversé et encombré de blocs instables. Sol sans franchise, lui-même dissimulé par une mince couche de neige glissante à travers laquelle il faut soigneusement le tâter, l'éprouver. On ne peut rien concevoir de plus traître, ni de plus dangereux. Toutefois, Renaud sait que la Traversée est relativement facile – ou plutôt, l'eût été, sans la neige. Les avis d'ailleurs, à son sujet, diffèrent étrangement. Les uns (et parmi eux, ceux qui l'ont baptisée de ce beau nom de Traversée des dieux) l'ont aimée précisément pour cette facilité, moment de détente heureuse entre les rudes obstacles de la Rampe et ceux de l'Araignée; et aussi, pour la splendeur de cette corniche lancée sur douze cents mètres d'à-pic. D'autres au contraire ont détesté la mauvaise qualité de son rocher, les « piles d'assiettes » entassées sur la vire. Les conditions de la montagne doivent être pour beaucoup dans ces contradictions. En ce qui concerne Vincent et Renaud, dont les vêtements détrempés et déjà glacés collent à la peau, la Traversée des dieux ne leur sera aujourd'hui ni aisée ni agréable.

Autant pour son ami que pour lui, Renaud plante de nombreux pitons. Son regard le devance et cherche continuellement le chemin. A deux ou trois pas de lui, celui-ci déjà devient incertain. Tout au plus en peut-on pressentir la ligne générale, hésitante et brisée. On ne saurait le déceler à coup sûr, encore moins le croire praticable. Renaud sait seulement qu'il *doit* être là; et qu'on peut le suivre, puisque d'autres sont passés. Du reste, comme tout au long de l'Eigerwand, quelques vieux pitons jalonnent la voie. Ils sont pour la plupart rouillés, peu sûrs, et Renaud évite généralement de les utiliser. Toutefois, ils représentent le témoignage d'un passage humain qui le rassure. Plus bas, et en particulier dans la cheminée de la Cascade glacée, il lui est arrivé d'en voir en dehors de l'itinéraire, qui auraient pu le fourvoyer. Mais ici, aucun ne s'écarte de la ligne, irrégulière mais sensiblement horizontale, de la Traversée.

A chaque pas, Renaud le voit naître, le fait naître, ce chemin, dans la fantasmagorie blanche et verticale. Et il reste marqué derrière l'alpiniste, d'une mince trace que les flocons dansant dans l'air auront tôt fait d'effacer. Ainsi demeure-t-il quasiment immatériel, en peu d'instants créé puis aboli. Et pour Renaud n'existe jamais vraiment que le point précis, précaire où il a posé le pied. Il est le présent, seul réel. Tout ce qui se trouve derrière lui – le passé – a déjà cessé d'être et d'importer. Ce qui est devant figure un avenir encore aléatoire. L'espace et le temps se confondent.

*

Vincent a rejoint Renaud au bout de la première longueur de corde. Ils sont réunis sur un fragment de dalle à peu près plane, où ils trouvent tout juste la place de leurs pieds. La traversée de Vincent s'est bien déroulée, sans le moindre incident : il a manifestement recouvré toute sa sûreté. Renaud récapitule rapidement en esprit ce qu'ils ont accompli, de l'interminable ascension. Déjà celle-ci, pour lui, se découpe en quatre parties bien tranchées, en fonction de l'élément qui a dominé et caractérisé chacune d'entre elles en lui conférant un certain ton, un certain éclairage mental. Cet élément manque d'ailleurs à la première, qui se distingue des autres précisément à ce qu'elle fut sans histoire. Ensuite vient la période des chutes de pierres. Puis, celle du malaise de Vincent. On en est maintenant à celle du mauvais temps (qui ne sera peut-être pas la dernière). Le bivouac est fiché au milieu de tout cela, comme un temps mort.

Renaud repart; et même si chaque passage, chaque fragment de passage diffère de ceux qui l'ont précédé, il lui semble, dans cette montagne ensevelie sous l'espèce uniforme de la neige, répéter indéfiniment les mêmes mouvements, immobile dans le même lieu immobile, mort et vide. Et il naît de cette traversée un sentiment de monotonie étouffante et à la longue presque insoutenable, mais aussi d'angoisse vague : celle d'une ascension sans début ni fin – image vécue de l'éternel. Seule, la présence de Vincent, à l'autre extrémité de la corde, retient Renaud au monde réel. Elle en est la mesure et le témoin.

Une deuxième longueur a succédé à la première et Renaud sait qu'il doit être maintenant tout près de la vire où, deux ans plus tôt, un homme, un blessé a des jours et des nuits durant attendu, espéré les secours. Mais jusqu'où va l'espoir, aussi long que la vie et qui jamais n'accepte de céder? N'est-ce pas jusqu'au point où, souvent, il n'est plus que sa propre illusion?

Et Renaud ne peut s'empêcher de penser à Longhi.

*

Vingt-trois mois auparavant, deux Italiens de Lecco : Claudio Corti et Stefano Longhi, étaient partis pour l'Eiger. C'étaient d'assez bons alpinistes, mais est-ce suffisant pour s'attaquer à l'Eigerwand? Et Longhi avait déjà quarante-quatre ans.

Les Italiens n'avaient apparemment aucune connaissance théorique de la paroi, aucune notion de son itinéraire et commencèrent par perdre deux jours en erreurs et en tâtonnements, avant même d'atteindre la Traversée Hinterstoisser. Sous celle-ci, ils furent rejoints par une cordée allemande : celle de Günther Nothdurft et Franz Mayer.

Mayer était, lui, un très bon alpiniste et Nothdurft, malgré son jeune âge – vingt-deux ans – beaucoup plus encore. Qu'on en juge : les premiers vainqueurs de la face nord-est du redoutable Piz Badile, parmi lesquels le grand Riccardo Cassin, avaient dû y bivouaquer deux fois; les meilleurs à leur suite – un Rébuffat, un Terray – n'avaient pu eux non plus éviter le bivouac. Hermann Buhl fut le premier à la gravir seul, en quatre heures et demie, exploit stupéfiant. Seul aussi, Nothdurft, lui, ne mit que trois heures et demie, ce qui est presque inimaginable!

Nothdurft fut le premier homme à oser s'attaquer seul à l'Eigerwand. Il avait très vite atteint, puis dépassé le Deuxième Névé, lorsqu'il fut arrêté par le mauvais temps. Il parvint à redescendre, en partie de nuit, en pleine tempête. Quelques semaines plus tard, il revenait à l'Eiger, en compagnie de Mayer [1]. C'étaient donc deux cordées de valeur bien inégale qui se trouvaient ensemble sur la montagne.

Les Allemands dépassèrent les Italiens pour franchir devant eux la Traversée Hinterstoisser. Cependant, Corti et Longhi suivaient bien et les quatre alpinistes bivouaquèrent sous le Deuxième Névé. C'était le premier bivouac des Allemands, mais déjà le troisième des Italiens, qui avaient attaqué le samedi 3 août.

Le mardi 6, d'après le récit de Corti, seule source d'information, Nothdurft était malade et les Italiens passèrent en tête. La progression devenait très lente. Le soir toutefois, les alpinistes bivouaquèrent au sommet de la Rampe. Ils

1. Cf. note 2 de la page 88.

avaient même dépassé de deux bonnes longueurs de corde le point d'où il convient de s'en échapper, par la Vire pourrie. Du fait de cette erreur, ils passèrent toute la journée du mercredi à essayer de gagner l'Araignée en traversée, au-dessus du passage normal. Au début de l'après-midi, le mauvais temps survint, les contraignant à s'arrêter. Il neigeait abondamment, Nothdurft était toujours malade et Longhi commençait à souffrir de gelures, en particulier aux mains. La nuit fut très froide. Les Allemands avaient perdu la veille leur sac de vivres et les Italiens les ravitaillaient.

Le jeudi matin, ils repartirent – les Allemands les premiers. Bientôt, Longhi faisait une chute que Corti parvint à enrayer. Mais Longhi blessé ne pouvait remonter jusqu'à lui, et il était hors de question de le hisser. Corti le laissa donc descendre de dix mètres, jusqu'à une vire suffisante pour qu'il pût s'y allonger; et il l'y assura à l'aide de deux pitons, auxquels fut fermement amarrée la corde. Il lui fit parvenir un sac contenant son sac de couchage, des vivres et des médicaments. Puis Corti, qui ne pouvait rien faire de plus pour son compagnon, poursuivit avec les deux Allemands. Ils espéraient atteindre assez vite désormais le sommet et, de là, redescendre rapidement donner l'alerte. Il était à peu près dix heures du matin. L'attente de Longhi, réduit à l'impuissance et les mains gelées, commençait.

Plus tard, alors que les Allemands gravissaient l'Araignée en compagnie de Corti, celui-ci, atteint à la tête par une pierre, fit à son tour une chute. Blessé lui aussi, il n'était plus en état de continuer l'ascension. Les Allemands l'installèrent tant bien que mal sur la pente glacée et lui laissèrent leur tente de bivouac – geste magnifique de générosité, qui marquait également leur confiance : ils comptaient fermement sortir de la face avant la fin du jour. A ce moment-là, pourtant, il était déjà trois heures de l'après-midi, et le mauvais temps ne cédait pas. Laissant Corti, les deux hommes repartirent en direction du sommet.

Nul ne devait revoir vivants Nothdurft et Mayer [1].

*

Cependant, le monde alpin était au courant de la tragédie qui se jouait une fois de plus sur l'Eiger. Des centaines de curieux, pour la plupart indifférents ou inconscients, avaient pu au télescope, de la Petite Scheidegg, en observer les apprêts. La grande presse était aux aguets d'un si friand morceau. Quand il devint évident que les alpinistes engagés dans la face nord en pleine tourmente ne pourraient s'en tirer par leurs propres moyens, les secours commencèrent à s'organiser; trop lentement, mais ils vinrent de partout, et avec les meilleurs des meilleurs : de Suisse, avec Robert Seiler; de France, avec Lionel Terray; d'Italie, avec Riccardo Cassin; et surtout, d'Allemagne, avec le plus grand spécialiste du sauvetage en montagne, Ludwig Gramminger. Le samedi, les sauveteurs étaient à pied d'œuvre sur l'arête sommitale et ancraient un treuil. La tente rouge de Corti était seule repérée. Le dimanche matin, le Munichois Alfred Hellepart se faisait descendre sur plus de trois cents mètres, au bout d'un câble. Cet homme courageux devait avouer par la suite qu'il n'avait pu réprimer un sursaut de panique indicible, lorsque après la descente de la pente de glace som-

1. Et l'on crut longtemps qu'ils étaient tombés dans la partie terminale de l'Eigerwand; jusqu'au jour où, cinquante mois plus tard (en septembre 1961), on retrouva par hasard leurs corps dans le versant ouest de la montagne. On comprit alors qu'ils avaient pu achever l'ascension et que, par un cruel raffinement du sort, ils avaient trouvé la mort en redescendant, dans la nuit ou la tempête. Mais cela, Renaud lors de son ascension ne pouvait le savoir.

mitale, il se vit brutalement plongé dans l'effroyable gouffre sombre de la face nord. Ainsi suspendu dans le vide à l'extrémité d'un filin très mince et presque invisible, il resta des heures en proie au sentiment d'une intolérable solitude, encore aggravée par la brume qui acheva bientôt de le couper du reste du monde, auquel il ne restait relié que par radio.

Il parvint enfin auprès de Corti, si épuisé qu'il dut le charger sur son dos. Et il donna le signal de la remontée, qui sous ce poids écrasant lui fut interminable. Le câble en frottant la pente sur cette grande longueur en détachait des pierres par centaines. Le vent furieux le faisait vibrer comme la corde d'une harpe géante : chant lugubre et désolé, à la semblance et à l'échelle de la montagne... Plusieurs fois aussi, le câble se coinça, se tendit à se rompre; et ce furent alors des minutes d'angoisse. Malgré tout, Hellepart épuisé réussit à regagner sain et sauf le sommet, porteur de son précieux fardeau. Corti était sauvé. De la cordée allemande, on n'avait retrouvé nulle trace. Quant au malheureux Longhi, immobilisé depuis trois jours dans la face, encore beaucoup plus bas que Corti, il fallut renoncer à tenter de l'atteindre ce jour-là, alors que la tempête redoublait.

*

De l'inévitable avant-scène de la Scheidegg, où moyennant quelques piécettes les badauds pouvaient au télescope assister par bribes à cette tragédie et se donner le lointain spectacle d'une agonie, on avait vu, le dimanche encore, Longhi remuer. Et, de l'arête de l'Eiger, certains des sauveteurs avaient entendu ses appels désespérés : *« Fame!... Freddo!... »* Faim... Froid... Ils espéraient pouvoir le chercher à son tour le lendemain. Mais toute la nuit, la tempête fit rage. Et le matin venu, Longhi était mort (on est tenté de dire : enfin!), après dix jours et neuf nuits passés dans la face. La violence du vent l'avait arraché de sa vire et son corps tournoyait sinistrement dans le vide au bout de sa corde. Il se balança ainsi près de deux ans. C'était une très bonne corde...

*

Le drame de Longhi est, avec celui de Toni Kurz, le pire de tous ceux de l'Eiger. Et ce n'est pas peu dire! Renaud, certes, ne souhaite nullement y penser. Mais comment s'en empêcher, au moment où il passe à quelques mètres peut-être de l'étroit rebord rocheux où Stefano Longhi a subi son interminable agonie, espéré la délivrance alors qu'il n'avait plus à espérer que la mort? Avant son départ pour l'Eiger, Renaud a même craint de devoir côtoyer son corps desséché, de le voir osciller au bout de sa corde. Mais, quelques jours plus tôt, une vingtaine de guides de la région étaient enfin venus le chercher. Comme pour Claudio Corti, ils avaient employé la méthode du treuillage, seule praticable. La descente de quatre cents mètres à bout de câble et la remontée avaient duré sept heures!

Renaud est satisfait que le corps de Longhi ait été enfin arraché à sa prison de glace. Cependant, le souvenir terrible de sa passion continue de hanter cette zone de la paroi, que toute la blancheur de la neige ne suffit pas à dépouiller de son caractère violemment dramatique et sombre. Il faudrait l'exorciser...

Si Renaud s'est laissé aller quelque peu à ces divagations, c'est qu'il était arrêté, au bout de la deuxième longueur de corde de la traversée, seulement occupé à surveiller et assurer la progression de Vincent, qui pour l'instant ne pose pas de problème particulier. Or, si courtes soient-elles, ces pauses de l'action sont en haute montagne presque toujours mauvaises. L'attention, qui occupait entièrement l'esprit comme le corps, se relâche; un vide se crée, par où se glissent les tentations de la distraction, du doute, et les phantasmes de l'imagination.

Vincent a rejoint Renaud, qui à présent s'engage dans la troisième longueur de corde, dont il espère bien qu'elle sera la dernière de la Traversée des dieux. Son regard fouille la brume; et il croit y discerner vaguement une grande tache pâle, presque une lueur. Serait-ce l'Araignée? Il écarquille les yeux pour s'en assurer; mais la lumière intense l'éblouit, l'aveugle et trouble sa vision. Plus il s'évertue, s'épuise à regarder, moins il est sûr de ce qu'il voit. La tache danse devant lui dans les flocons, tantôt elle s'accentue, tantôt elle pâlit et s'efface. Parfois aussi, elle semble se rapprocher ou s'éloigner soudain, de la façon la plus mystérieuse. Et Renaud ne saurait dire si elle est réelle ou imaginaire. L'image se déformant incessamment, son opinion sur elle varie elle-même d'un instant à l'autre. Aussitôt après avoir cru à sa réalité, il est persuadé d'être le jouet d'une illusion. Il advient même que sa sensation soit plus subtile encore : il devine, il voit que le glacier suspendu est bel et bien là, devant lui; mais son aspect est fantasmagorique à un tel point que, plutôt qu'une présence véritable, celui-ci figure pour lui l'illusion d'une illusion... Qu'importe, d'ailleurs! Il n'est que d'avancer vers elle : au terme de l'apparence, vraie ou fausse, se trouve cette réalité qui est le but. Mais voici qu'une difficulté plus grande vient détourner Renaud de sa contemplation. Il cesse de rechercher ce vers quoi il marche. Et il ne pense plus à Longhi. L'action s'est entièrement ressaisie de lui. Il en est plein, il n'y a plus place en lui pour rien d'autre que cette nécessité de calculs et de gestes extrêmement graves et précis.

Tout, ici, est très malaisé, très risqué. Il n'y a pas de sécurité, donc pas de détente possible. Cela dit, Renaud a depuis longtemps surmonté l'effroi que lui avait causé, vu de la terrasse trop accueillante, l'aspect terrifiant de la face enneigée. Cet effroi naissait du sentiment d'une distance, d'une différence : sur sa plate-forme, Renaud avait l'impression d'être, si peu que ce fût, *en dehors* de la paroi. Une fois accompli le dur effort de s'y replonger, il se trouvait brutalement rétabli, de plain-pied, dans le monde de son aventure : celui du vide absolu, du danger absolu. Il fallait de nouveau s'accorder à lui. C'est une sorte d'équilibre mental à trouver et maintenir, qui n'est pas moins important que celui du corps.

Prise après prise, pas après pas... La corde se déroule. Encore une longueur. A quelques mètres, la lueur du glacier s'est faite aveuglante et bouche le proche horizon de brume.

Il ne neige presque plus.

*

Vincent s'est arrêté à côté de Renaud.

« L'Araignée! » dit-il. Son compagnon incline la tête. Tous deux immobiles, fascinés, contemplent l'énorme tache blanche. Elle représente l'avant-dernier obstacle. Ce seront ensuite les Fissures terminales, auxquelles fait suite la pente sommitale, raide, mais facile au regard de tout ce qui l'a précédée.

« Nous approchons », dit encore Vincent. Renaud hoche la tête : sans être à proprement parler superstitieux, il n'aime pas les phrases qui ressemblent par trop à des défis au destin. Les trois à quatre cents mètres qui les séparent de la cime peuvent receler bien des pièges encore; et exiger bien des heures. Même dans un combat qui dure des jours, chaque seconde de lutte, jusqu'à la dernière, englobe le combat tout entier et engage son issue. Renaud se garde de l'oublier.

Au terme de la Traversée des dieux, il regrette de ne l'avoir pas connue sous son jour glorieux : celui d'un chemin incertain mais magnifique lancé au travers d'un gouffre insondable, entièrement offert au regard. Lui n'en aura connu que le visage anonyme et proche, uniforme, de la roche poudrée de neige et déguisée par celle-ci. Et l'à-pic se sera limité à quelques dizaines de mètres de falaise baignée par l'océan de brumes. Là où Renaud attendait la plus vaste étendue, il aura trouvé l'horizon le plus restreint, le plus bouché. L'immensité de la paroi échappe dès lors aux sens, pour devenir une vue de l'esprit. Ce n'est plus un espace infini, mais la juxtaposition infinie de très petites surfaces de roche verticale et de vide isolées les unes des autres, refermées sur elles-mêmes.

Quelques mètres encore séparent les alpinistes du névé suspendu. Si proches qu'ils en soient, le brouillard rend incertaine toute appréciation de la distance. Celle-ci pourrait être de quinze à vingt mètres, aussi bien que de dix. Marge d'incertitude qui s'amenuise rapidement, à mesure qu'ils avancent. Mais un obstacle imprévu surgit : la vire s'arrête, coupée net sur un mur vertical qui plonge vers l'Araignée. Au-dessus de la vire, cependant, s'ouvre un court couloir de glace extrêmement raide qui rejoint, lui aussi, le névé. C'est par là qu'il faut passer. Ce qui n'a rien pour inquiéter Renaud, bien au contraire. Il pitonne et taille alternativement. Sa montée est régulière et sûre. Étant donné sa difficulté, elle ne saurait naturellement être rapide. Mais Renaud n'en ressent pas la lenteur et ne prend conscience du temps qui s'écoule qu'à travers la fatigue de son corps, la raideur de ses chevilles soumises à un effort constant et épuisant.

Le vent se lève.

*

Renaud est parvenu au sommet du mur de glace. Il jette un coup d'œil au-dessous de lui, et si abrupte est la pente qu'il ne distingue que comme une série d'encoches la succession de marches qu'il a creusées. La tempête qui se lève le plaque contre la paroi. Elle souffle par rafales glacées, par tourbillons, et colle sur lui ses vêtements humides, à demi gelés. Elle fait voler la neige qui couvre le glacier, et celle-ci fouette Renaud, le gifle. Il serre les dents, il cligne des yeux, il s'arc-boute. Encore un pas, un seul, et il sera sur le névé; déjà il peut le toucher. Mais la tourmente redouble. Ainsi, sur cette montagne, chaque victoire débouche-t-elle sur un nouveau combat à livrer qui la remet en cause. Il n'y a jamais de trêve et jamais rien n'est acquis.

Renaud prend pied sur l'Araignée et taille une large marche.

*

Des canonnades sourdes retentissent dans l'abîme invisible. Le vent qui souffle par pulsations irrégulières déchire en partie le rideau de brume, vers le haut du névé. Des lambeaux de nuées échevelées s'envolent en tournoyant vers les crêtes cachées. Réunis sur la marche, Renaud et Vincent considèrent le lieu où ils sont parvenus. Sous leurs pieds, la pente fuit et se perd, très vite, dans la houle grise et bleue du brouillard. Au-dessus d'eux, au contraire, ils ont des échappées sur la partie supérieure du névé qui çà et là pousse des tentacules, des sortes de bras aux formes torturées et incertaines, insinués pour bientôt s'y perdre entre des pans de falaises rocheuses. Et Renaud, devant ces pattes monstrueuses et difformes, comprend mieux pourquoi ce dernier névé a été baptisé par les Allemands « die weisse Spinne » : l'Araignée blanche.

On devine plus haut – très haut – la partie terminale, massive, de la paroi. Sous la couche mince et instable de neige fraîche, la surface du névé est de glace grenue. Sa pente est raide, mais non pas excessive; Renaud l'estime inférieure de quatre ou cinq bons degrés à celle du Troisième Névé. L'Araignée est légèrement renflée, un peu comme une cuirasse ou un bouclier; sa zone médiane est parcourue de bas en haut sur toute sa longueur par une sorte de bombement glaciaire rectiligne, presque une côte, qui doit offrir la meilleure voie d'ascension. Renaud s'élève obliquement vers elle, la rejoint puis la suit. Volontiers il se serait dispensé de tailler, mais la présence de la neige fraîche sur la glace impose certaines précautions. A chaque pas il disperse donc la première, avant de tailler dans la couche dure soit une encoche suffisante pour les pointes antérieures des crampons, soit, de loin en loin, une marche véritable qui tient lieu de relais et sur laquelle il lui est permis de se détendre quelque peu. A chaque longueur de corde la marche, très large et profonde, peut accueillir les deux alpinistes à la fois. Des pitons plantés tous les quinze à vingt mètres assurent la cordée. Renaud, d'autre part, rencontre d'assez nombreux rochers affleurant la glace et prend pied sur eux, toutes les fois que cela se révèle possible.

Cependant le temps change, une fois de plus; et c'est pour s'aggraver. Renaud avait un moment espéré voir la brume se déchirer entièrement, et voici qu'au contraire elle se reforme. Le vent la charrie en nappes épaisses, qui viennent se plaquer contre la montagne. Des grondements d'orage, assez lointains d'ailleurs, se font entendre sourdement vers l'est. Une sorte de pénombre grise et blanche se glisse dans la masse dense du brouillard. Et la neige se remet à tomber, mêlée d'abord de grésil, puis seule et très drue. Si drue que la trame serrée des flocons réduit la visibilité à quelques mètres; et que si la bise déchaînée fait tourbillonner follement la neige, celle-ci par son épaisseur même et sa densité parvient à amortir quelque peu la violence de la tempête. Renaud serre les dents une fois de plus et fait le dos rond sous cette attaque venue de toutes parts. Il est bousculé de gifles froides, aveuglé de poudre folle. Tête baissée, n'ayant plus le moindre point de repère, il continue de monter, tout droit, au plus raide. Ici, au moins, la question du chemin ne se pose pas; et c'est déjà beaucoup. Il en ira tout autrement dans les Fissures terminales. Mais elles sont encore loin.

Obstinément, Renaud poursuit son chemin contre la tempête.

*

Il entame la troisième longueur de corde sur l'Araignée, dont la remontée doit, il le sait, en comporter cinq ou six pour une dénivellation de cent trente à cent cinquante mètres. Ils sont donc au tiers du névé, dont ils ne voient plus rien – pas même les rives proches. Et tandis que le corps de Renaud s'applique à la difficile progression glaciaire, son esprit s'enfonce dans une sorte de concentration profonde : à mesure en effet que la distance qui sépare les alpinistes du sommet s'amenuise, les conditions de la montagne s'aggravent de telle manière que tout le progrès représenté par le gain en altitude paraît incessamment annulé par la difficulté croissante. Même s'ils sont parvenus aux quatre cinquièmes, sinon aux cinq sixièmes de la face, Renaud ne saurait donc s'en réjouir sans réserve. L'appréciation en distance (c'est-à-dire, ici, en altitude) pèse peu auprès de l'appréciation en temps, seule variable à tout instant et seule déterminante. Quand bien même la neige cesserait de tomber, quand bien même les nuées se dissiperaient et le soleil paraîtrait dans tout son éclat, les Fissures terminales sont maintenant, pour un jour ou deux sinon davantage, dans des conditions effroyables. Le *pire* est devant Renaud et Vincent et les sépare de la cime. La victoire est au-delà de lui, la vie est au-delà. Il faut le passer, en triompher. Il n'y a pas de solution de rechange.

Toutefois, Renaud est sûr de lui. Chacun de ses pas, depuis la base de la paroi, construit le succès. Et il a gravi en tête les passages rocheux les plus difficiles – ceux qui revenaient à Vincent. Qu'est-ce donc qui désormais pourrait bien l'arrêter?

*

Qu'est-ce qui pourrait l'arrêter? Il s'élève régulièrement, tout va pour le mieux. Il est dans la troisième longueur de corde, à sept ou huit mètres au-dessus de Vincent. Un bloc rocheux fait saillie dans la pente glaciaire. Renaud va prendre pied sur lui.

Le destin ne prévient pas toujours. Il n'a pas averti Renaud, qui se rétablit sur le bloc, de confiance, sans l'éprouver. Et qui instantanément – mais trop tard! – comprend son erreur : car le bloc a cédé au moment même où, soulevant son pied gauche de la pente, Renaud par le pied droit a pesé sur lui de tout son poids. Il a senti le très bref craquement de la pierre décollée de la glace où il la croyait fermement scellée. Tout, ensuite, se déroule terriblement vite.

Renaud en même temps vit l'événement et y assiste avec un sang-froid total qui ressemble au détachement mais n'est peut-être au fond que l'expression de l'incrédulité, et dans une surprenante lucidité.

Il est encore debout sur la pierre, qui à la fois commence à glisser sur la pente et bascule en arrière. Renaud tente un saut léger qui l'en dégagerait et, avec beaucoup de chance, lui permettrait de retomber en équilibre sur ses pointes de crampons. Mais déjà, lui aussi bascule. Il se voit littéralement, projeté en l'air faire un saut périlleux arrière. L'ensemble de la montagne tournoie avec lui, de façon tellement irréelle que cet aspect totalement insolite n'a rien d'effrayant. Dans un mouvement de rotation, de torsion extrêmement rapide, fulgurant, Renaud voit se déformer les plans et les lignes; il voit le bas de la pente et Vincent immobile monter vers lui, vertigineusement vite. Il lui vient tout à la fois ces deux pensées contradictoires : c'est donc ainsi qu'on se tue en montagne? Et : pourvu que le piton tienne! Mais il est sans angoisse véritable. La seule pensée insoutenable serait : et si, blessé, j'étais incapable de poursuivre; immobilisé, paralysé – condamné – comme Longhi?... Or, cette pensée-là lui est épargnée, faute de temps, dans le tourbillon qui l'entraîne. L'imagination est dépassée.

Un choc violent sur l'épaule et le côté gauche; une douleur qui, elle au contraire, n'est pas violente mais sourde... Et la chute reprend. Renaud se sent rebondir. Cependant, il retombe presque aussitôt sur la pente et se met à glisser sur le dos, la tête en bas. Il ne peut absolument rien faire. Son seul souci est alors de ne pas perdre son piolet, qu'il tient serré contre lui, de ses mains crispées. Il mourrait sans le lâcher.

Il n'aura pas à mourir. Pas tout de suite, du moins. Une secousse brutale l'immobilise. Elle signifie que le piton a tenu; que la corde a résisté; que Vincent était ferme à son poste et qu'il a eu la présence d'esprit, et le temps matériel, de faire tout ce que commandait la circonstance. Renaud saisit tout cela en une fraction de seconde. Et voici qu'il lui advient une chose extrêmement étrange : une sorte d'interruption de la conscience, de rupture mentale dont il ne saurait dire ensuite si elle a duré quelques secondes ou de longues minutes. A-t-il vraiment perdu, puis repris connaissance? Seul Vincent pourrait répondre à cette question – qui ne sera pas posée, car de plus urgentes s'imposent. Tout étourdi, Renaud se retrouve couché sur le dos, presque en travers de la pente. Par une singulière présence d'esprit, il pense immédiatement que seule l'assurance à l'allemande, la corde nouée sous les aisselles, a pu lui épargner de se retrouver la tête en bas. La tension de la corde l'a au contraire presque complètement redressé.

Il voit Vincent immobile, arc-bouté sur son piolet, à quelques mètres seulement au-dessus de lui; ce qui prouve que celui-ci a pu, au cours même de la brève chute, récupérer une partie de la dizaine de mètres de corde qui le séparait de son compagnon. Tendue à l'extrême, cette dernière empêche Renaud de faire le moindre geste. Vincent le remarque et laisse filer doucement quinze à vingt centimètres. Renaud glisse encore un peu sur la pente, mais ce faisant parvient à se dégager. Il se retourne; se redresse; reprend pied, d'une pointe de crampon d'abord, et d'un genou appuyé contre la pente. Premiers gestes gauches; mais la corde l'aide maintenant, et le maintient. Et il constate, avec un soulagement indicible, qu'il a pu faire sans gêne particulière tous les mouvements nécessaires à ce difficile rétablissement. Ainsi, il n'a rien de cassé. Jusque dans l'accident, la chance est restée de son côté. Il lève la tête et remarque l'expression anxieuse de Vincent.

« Je n'ai rien », lui dit-il. Rien qu'une profonde et sourde meurtrissure qui raidit son dos et irradie dans tout son corps.

Cela ne doit pas être grave. Le sac aura amorti le choc. On fera s'il le faut le bilan, une fois de retour dans la vallée. Quelque chose de tiède et de frais à la fois coule sur le visage de Renaud. Il y porte sa main, qui est gantée : un peu de sang. Cela non plus ne doit pas être de conséquence : une simple petite écorchure, ou une estafilade. Il en est plus surpris qu'ému ou contrarié, car il ne se rappelle pas que sa figure ait porté sur la pente durant la chute. Comment donc a-t-il pu se blesser au visage? C'est un petit mystère, sans aucune importance. Mais, une fois de plus, il se félicite d'avoir pris un casque d'escalade, qui aurait pu le protéger efficacement s'il était tombé sur la tête. Il a eu de la chance aussi de ne heurter aucun des pointements rocheux qui parsèment la pente.

Sa chute lui a paru à la fois follement rapide et interminable. Cependant, elle n'a pas excédé une quinzaine de mètres, alors qu'il l'aurait facilement évaluée à cinquante!

Il essaie maintenant de se rétablir, fermement, sur ses deux pieds. Mais au moment où il s'apprête à détendre sa jambe gauche qui prenait appui, du genou, sur la glace, voici qu'elle se met à trembler, d'un tremblement violent, incontrôlé, irrépressible, qui n'a rien à voir avec la peur mais n'en paralyse pas moins Renaud. Il ne comprend pas ce qui lui arrive; il est plein à la fois de stupeur, de détresse; de révolte aussi. Est-ce donc là, contre lui, la ruse dernière de la montagne, son arme secrète : épargner apparemment – extérieurement – son corps, pour l'atteindre en profondeur de façon mystérieuse, et par là imparable?

La jambe de Renaud continue de trembler, de façon convulsive, odieuse. Il se sent envahi d'une rage impuissante. Et en même temps, il *voit* où il se trouve. Jusqu'à présent, il se contentait de le savoir. Sa volonté, sa maîtrise le maintenaient au-dessus – ou en dehors – de cette vision claire, implacable, de sa situation dans ce qu'elle a de proprement insensé. Mais à présent désarmé, corps et âme, il voit cette paroi effrayante, ce gouffre vertical bombé, lisse et luisant dans la tempête. Il se voit lui-même, infime et infirme au milieu de tout cela; incapable de monter encore, menacé de tomber de nouveau, à tout instant. Et il se dit en effet qu'une telle aventure est démente. Il se dit : je suis perdu. Il se demande, une fois de plus, mais dans la révolte et le désespoir : enfin, que suis-je venu faire ici? C'est l'instant où il déteste cette montagne, de tout son être (et peut-être même toutes les montagnes). Mais quelque chose en lui d'invincible commande de continuer la lutte.

« Aide-moi! » crie-t-il à Vincent, qui commence à tendre et à tirer régulièrement la corde. Tête baissée, Renaud suit son mouvement en se hissant comme il peut, précipitamment, de façon désordonnée. Il ne voit qu'un fragment de pente, à trente centimètres de ses yeux; et dans cette pente, soudain surgis, les brodequins de Vincent qu'il a rejoint avant même de le savoir. Il relève alors seulement la tête et se hisse auprès de son compagnon, dont la proximité le rassure. Ils n'échangent guère de mots. C'est qu'il n'y a pas grand-chose à dire. Renaud ne remercie même pas Vincent d'avoir arrêté sa chute. Il n'ose pas : ce serait à la limite du ridicule. Ce que son ami a fait est naturel. Naturel, mais difficile; et Renaud pourrait à la rigueur l'en féliciter... Il ne saurait en tout cas aller au-delà, et ne le fait même pas : tous les mots sont vains, dépassés.

« J'ai eu peur », constate simplement Vincent, du ton le plus quotidien, le plus banal. C'est presque une réaction d'enfant. Renaud a un geste vague : à quoi bon essayer d'expliquer qu'il n'a pas eu peur, lui – oh, seulement par manque de temps. Cela risquerait de paraître prétentieux, là où le courage physique n'a justement nulle part; et Dieu sait que Renaud n'éprouve pas la moindre envie de se vanter! Mais il ne voudrait pas davantage avouer à Vincent que cette peur a fait irruption et s'est installée en lui à retardement, une fois la chute conjurée, et avec elle le péril extrême. Car c'est bien de peur qu'il s'agit, impossible d'en douter. Et non contente d'être rétrospective, elle s'attache au présent et obscurcit le proche avenir. Fugitive, la pensée traverse Renaud, de la réaction de Vincent quelques heures auparavant, après sa glissade sur le Troisième Névé. Il la compare à la sienne et admire son ami. Cependant, il se sait victime d'une simple défaillance nerveuse, échappant au contrôle de la volonté. Ainsi n'est-il et ne doit-il se sentir coupable en rien. Ainsi devrait-il pouvoir rejeter le sentiment de honte et d'infériorité qui malgré tout s'insinue en lui. Mais en vérité, cela importe peu. Ce qui compte, c'est qu'il s'est produit ce qu'il redoutait par-dessus tout, comme le risque majeur : la montagne maintenant le domine, elle est la plus forte. Car l'adversaire n'est plus seulement en face de lui et hors de lui; il s'en révèle un autre en lui, et c'est sa propre faiblesse. Cela ne met pas fin au combat, mais va en rendre la poursuite terriblement difficile et pénible.

Le tremblement de sa jambe n'a pas cessé. Il est seulement devenu intermittent. Renaud ne peut ni le contrôler ni le cacher à Vincent, dont il surprend le regard.

« C'est plus fort que moi », confesse-t-il avec une humiliation profonde; et dans la rage de sentir une part de son propre corps révoltée contre lui, suprême trahison.

Vincent hoche simplement la tête :

« C'est la réaction, c'est normal. »

Il n'a rien trouvé de mieux à dire que cette pauvreté. Son ton cherche à être rassurant, mais il ne convainc guère. Cependant, il ajoute :

« Je vais reprendre la tête. »

Renaud n'ose pas protester. Est-ce de crainte d'être pris au mot? Il sait trop bien qu'il est actuellement incapable de conduire la cordée, même en l'absence de difficultés extrêmes. Et sera-t-il capable de se borner à suivre Vincent?

« Tu pourras? demande-t-il seulement à celui-ci.

– Oui. Pour moi, maintenant, tout va bien. »

Et c'est heureux! Qu'auraient pu faire les deux alpinistes, s'il n'en avait pas été ainsi? Que seraient-ils devenus? Tout n'aurait-il pas été en place pour un nouveau drame de l'Eiger? Renaud n'évoque pas sans une secrète épouvante la situation sans espoir qui aurait pu, qui a failli être la leur. Puis il repense à la pierre descellée, cause de sa chute :

« C'est ma faute. Ce bloc... J'aurais dû me méfier.

– Qui n'a jamais commis d'erreur? »

C'est vrai. Mais en montagne, justement, on n'en a pas le droit. Car l'erreur bien souvent ne pardonne pas. Ici surtout. L'Eiger fait payer comptant, et très cher.

Vincent agrandit pour Renaud la marche sur laquelle il était arrêté, et reprend la montée.

*

Renaud durant ces quelques minutes (car quelques minutes seulement ont passé depuis sa chute) avait presque oublié la tempête de neige. Arrêté et attendant de rejoindre Vincent, il remarque qu'elle n'a rien perdu de sa violence. A cinq mètres de lui, la silhouette de son ami s'estompe au milieu des flocons; à dix mètres, elle s'effacera. Mais le mauvais temps distrait quelque peu Renaud de l'appréhension que, depuis son accident, lui inspire le vide ouvert sous lui. C'est une thérapeutique comme une autre, et il applique au premier son attention, pour mieux cultiver son oubli du second. Un peu plus tard, il se préoccupe aussi du temps écoulé. Il y a très longtemps qu'il n'a pensé à vérifier l'heure. Par beau temps, les ombres en tournant donnent continûment des indications. Mais aujourd'hui, il y a longtemps qu'elles ne tournent plus sur l'Eiger. Il faut que Renaud regarde sa montre. N'aura-t-elle pas été brisée dans sa chute? Il la dégage du poignet de l'anorak, la consulte : non, elle ne s'est pas brisée, ni même arrêtée sous l'effet du choc. Elle marque trois heures moins dix.

Trois heures moins dix! Comment les alpinistes pourraient-ils échapper à un second bivouac? De toutes ses forces, Renaud essaie de chasser la pensée de ce bivouac à passer dans de telles conditions – même s'il est presque certainement inévitable.

Cependant, il surveille les mouvements de son ami, qui lui paraissent précis et sûrs. Il les compare, plus ou moins consciemment, à ce que seraient les siens – ou plutôt, à ce qu'ils auraient été, sans l'accident. En un certain sens, même, il les ressent pour siens; et, dès lors qu'il peut y adhérer, les juge corrects. Vincent mène bien son parcours. Mais qu'adviendrait-il, si son malaise le reprenait? Encore une pensée à écarter!

Renaud prend de la neige et en essuie, d'un geste machinal, le sang qui a coulé sur son visage. Puis il la laisse retomber, et cette neige fait à ses pieds une minuscule tache rose qui attire et retient son regard.

Vincent a rejoint, puis dépassé le point extrême atteint par Renaud dans la pente de l'Araignée. Il s'enfonce dans le brouillard, qui l'absorbe lentement. La corde tremble et frissonne à petits coups sous les flocons serrés. Renaud se sent très seul et s'aperçoit qu'il a froid; que ses vêtements sont trempés et raidis. Voici l'heure venue, de la misère physique; et d'une certaine détresse qu'elle nourrit puissamment. Renaud voit ces quelques mètres de pente excessive, qui au-dessus de lui se perd dans Dieu sait quel inconnu, et au-dessous de lui dans un à-pic qu'il connaît pour insondable.

Cadre effrayant, totalement inhumain, qui suscite en lui

une sorte de révolte non seulement contre la montagne, mais encore et surtout contre lui-même qui a recherché, provoqué ce destin.

Si je sors vivant de l'Eigerwand, jamais plus je n'irai en montagne, se promet-il. Il se dit cela avec énergie, presque avec rage. Et même, en cet instant, il le croit. Peut-être n'est-ce pas la première fois qu'il prend cette décision qu'inspirent, en haute montagne, les situations désespérées. Mais c'est la première fois qu'il y met autant de conviction.

Cependant, le danger vient le distraire de l'angoisse : un froissement de soie se fait entendre soudain. Il lève les yeux : toute une masse de neige est en train de couler dans la pente; c'est un torrent silencieux, incroyablement rapide, qui le frôle, ruisselle quelques secondes et s'engloutit dans l'à-pic. Une foudre blanche! Renaud en reste interdit. Mais presque aussitôt, une autre coulée se produit, du côté opposé du névé : moins proche, mais plus importante. Renaud la discerne à peine dans la brume, mais il en sent passer le souffle. Et il comprend que l'Araignée, par mauvais temps, devient un piège mortel : le collecteur où confluent toutes les avalanches venues de la partie supérieure de la muraille, ou de chacun des couloirs adjacents qui constituent les « pattes » de l'Araignée géante. Le léger renflement médian du névé forme bien une sorte d'éperon qui peut diviser ou canaliser les flots neigeux venus des rives, sans en être lui-même recouvert. Mais si l'avalanche tombait des couloirs supérieurs ou de la paroi qui le dominent directement? Renaud pense aux masses monstrueuses de neige qui en ce même instant s'accumulent, prêtes à basculer et toujours plus proches du point de rupture de leur équilibre précaire. Il se rappelle la tempête qui dans cette même Araignée avait assailli déjà les premiers ascensionnistes; et les avalanches qui avaient failli emporter Fritz Kasparek. Une semblable épreuve les attend certainement. Non, décidément, l'Eiger n'a pas de pitié!

Peut-être, là où il se trouve, Vincent n'a-t-il pas pu voir les coulées, qui provenaient de couloirs débouchant plus bas que lui dans la pente. Renaud veut l'avertir :

« Vincent! crie-t-il. Attention aux coulées! »

Étouffé par la neige, un cri indistinct lui parvient en retour. Il semble venir de très loin. Renaud a cru entendre : « oui ». Mais était-ce bien cela? Et Vincent lui-même a-t-il compris sa phrase? Comment le savoir? Aussi longtemps qu'ils ne se seront pas rejoints, chacun d'eux restera muré dans une totale solitude.

Renaud ressent comme une menace chacun des flocons qui s'abattent par myriades; et il attend la prochaine offensive de la montagne.

*

Rien ne s'est produit. La jambe de Renaud tremble encore, par moments, mais de façon plus brève et à intervalles de plus en plus espacés. Bientôt sans doute, il n'y pensera même plus. La panique reflue, qui avait noué son corps. Cependant, la crainte continue d'habiter son cœur.

Le temps lui semble long. Il regarde encore sa montre : trois heures dix... Seulement! C'est à cet instant précis que la corde est tirée d'en haut, de façon rapide et régulière. Jusqu'à ce qu'étant à bout, elle se tende doucement. C'est comme un signal : à Renaud de repartir. Il devrait être content, soulagé d'abandonner enfin ce poste glacial, de rompre la longue immobilité forcée. Mais quelque chose s'est brisé et, dans cette ascension trop dure, il n'y a plus pour lui de joie possible. Tout se fait peine, obligation amère. Du mouvement qui l'arrache à cette immobilité de glace et d'angoisse – qui est tout le contraire du repos –, il voit d'abord l'effort, la difficulté, le risque. Il fait le premier pas, qui n'est pas forcément le plus dur. Il lui semble s'enfoncer, se perdre à son tour dans cette brume qui fuira cependant toujours devant lui, inaccessible. La pente de neige uniforme est presque aussi fantomatique que le brouillard, elle n'a de réalité que son contact, les traces légères des crampons et parfois quelque marche. Dans cet univers cotonneux, évanescent, Renaud ne trouve d'autre repère et d'autre mesure que son propre corps. Jusqu'au moment où, du brouillard justement, la silhouette de Vincent émerge et se recompose lentement. Événement prévisible, nécessaire même, mais que Renaud accueille avec autant de soulagement que s'il eût risqué de ne pas se produire.

Le fait d'être le second allège pourtant de beaucoup sa tâche et ses soucis. Il ne se sent plus responsable que de lui-même. Encore Vincent, en frayant la voie, le prend-il en quelque sorte en charge. Situation que Renaud, dans son état actuel, accepte avec un mélange de scrupule et d'une satisfaction où il serait tenté de voir de la lâcheté. Toutefois il considère qu'il a longtemps tenu le rôle du leader; qu'il est bon et qu'il doit être juste que Vincent, remis de sa défaillance physique, l'aide à son tour à surmonter sa défaillance morale; et que cela, au surplus, est indispensable, car Renaud est pour l'heure hors d'état de mener la cordée ou de se conduire lui-même. De quelque façon que tournent les choses, il sait qu'il traverse non seulement la période la plus dure, pour lui, de l'ascension, mais l'expérience la plus pénible de toute sa vie d'alpiniste; et qu'il en gardera la trace indélébile. Mais il n'en est pas à songer à l'avenir, cet avenir dont le séparent la masse monstrueuse de l'Eiger, l'incertitude de sa lutte contre l'Eiger... Le seul futur qu'il envisage est immédiat : c'est le prochain pas à faire, en quoi se résume la poursuite de cette lutte insensée. Insensée, oui, car même si elle ne l'était pas au début, elle l'est devenue peu à peu et apparaît maintenant à Renaud comme telle, alors que depuis longtemps il est impossible de l'abandonner. L'alpiniste s'est engagé sciemment dans ce piège, se croyant capable de le déjouer; et le piège s'est refermé. Un sort contraire a voulu qu'il se retrouvât affaibli, au moment même où la montagne devenant plus redoutable, il aurait eu besoin contre elle de toutes ses ressources. Malgré tout cependant, et plus que jamais, il doit gagner afin de vivre. C'est l'heure de vérité.

*

La récupération d'un piton lui a donné du mal. Mais à présent, il monte plus rapidement qu'il n'aurait osé l'espérer. Ses jambes à demi paralysées par le froid et davantage encore par le choc et l'effroi de sa chute se délient progressivement. De plus, Vincent maintient la corde si fortement tendue qu'il en est à la fois encouragé et rassuré : il a l'impression trompeuse qu'il pourrait s'y hisser en cas de nécessité. En même temps toutefois, comme toute médaille a son revers, cette tension extrême de la corde entrave quelque peu ses mouvements, sans aller jusqu'à le gêner vraiment. Il est clair que Vincent (chacun son tour) cherche à l'aider au maximum. En toute autre circonstance, Renaud en serait mortifié, voire vaguement irrité. En cet instant, au contraire, il est reconnaissant à son ami d'un tel effort, dont il ne sent que trop bien l'utilité. Il lui passe même par l'esprit que Vincent le tient en quelque sorte en laisse! Le comique et l'incongruité de cette analogie dans une situation comme la leur le feraient volontiers sourire, si précisément la gravité de leur position ne l'en empêchait.

Plus que quelques mètres. Il distingue de nouveau le visage vigilant de Vincent, posé sur lui. Et c'est à lui qu'il sourit, pour le rassurer. Les derniers pas sont rapides. Les deux hommes se sont rejoints. La marche creusée par Vincent est large, confortable. Renaud pourra s'y reposer à son aise, mais c'est surtout la proximité de son ami qui le réconforte.

« Ça va, dit-il, ça va. » Mais s'agit-il de l'en convaincre, ou de s'en convaincre? Il prévoit quelques heures – beaucoup d'heures même, peut-être – très difficiles, très pénibles. Mais la vie brille au-delà; et de toute son ardeur, de toute sa jeunesse, il veut vivre, s'évader de l'énorme conque vide et sinistre qui étouffe les cris comme elle garde les corps. Et il pense à cet « au-delà » vague de l'Eigerwand, comme à une délivrance. Il ira jusqu'au bout de ses forces et de sa volonté, pour livrer et emporter cette ultime bataille. Mais l'étrange est qu'il n'envisage absolument pas cette vie ultérieure qui, pour l'heure, seule pourtant lui importe. Il n'a de pensée que pour ce combat immédiat qu'il a d'abord choisi, mais qui lui est désormais imposé et qu'il en est venu à détester. Son aventure l'a dépassé, et comme un cheval fou elle l'entraîne. Cependant, il doit en rester maître.

« Nous sommes bien à mi-hauteur de l'Araignée, suppute Vincent.

– Oui. »

Il semble à Renaud que la neige tombe moins dru, que la visibilité s'améliore. Il aperçoit vaguement, au-dessus de lui, des masses rocheuses fondues par la tourmente en un pastel gris pâle. Il redoute cette muraille sommitale, dont il n'ignore ni les difficultés ni l'extrême complexité. Mais il sait aussi que c'est le dernier obstacle; et il voudrait déjà y être, afin d'en avoir fini plus tôt, de cette paroi infernale. La nécessité seule le commande, il a cessé d'entendre toute autre voix.

Il ne lui reste, de sa chute, qu'un endolorissement diffus superposé aux sensations pénibles de froid et d'humidité. Mais ce genre d'incommodité accompagne si couramment, si normalement l'alpiniste qu'il n'y prête guère d'attention et n'en subit que gêne légère. Là n'est donc pas pour Renaud le handicap principal : ses moyens physiques ne sont réellement diminués que dans la mesure où sa confiance est atteinte. Mais comment regagner celle-ci, à l'heure où par exception elle lui échappe? Sa volonté n'y suffirait pas. Sans doute y faudra-t-il du temps, et les éléments favorables susceptibles de justifier une progressive reconquête. Cependant, encore une fois, l'Eiger n'attend pas! Le combat ne connaît pas de trêve. Il faut le soutenir en toutes conditions; et recouvrer sa force, au besoin, pendant l'épuisante lutte elle-même. Tel est précisément le problème qui se pose à Renaud, et dont il est lui-même l'enjeu.

*

Immobile, à côté de Vincent immobile, sur ce qui lui paraît une grande marche et n'est en vérité qu'une encoche dérisoire dans l'immense espace vertical où ils se meuvent, Renaud n'aura pas eu tout à fait deux minutes pour détendre son corps et reposer son esprit des nécessités immédiates de l'action. Il est averti – par quel sens mystérieux? – une fraction de seconde avant l'événement. Il tressaille. Son regard se porte vers le haut.

C'est comme un rideau qui se déchire, dans le même terrible froissement de soie qu'il a entendu par deux fois, une demi-heure plus tôt. Il sait très bien ce que cela signifie. Et déjà un voile blanc mouvant se lève sur leur tête, s'élargit, occulte les masses rocheuses suspendues de part et d'autre de l'Araignée, fond sur eux. L'avalanche! pense Renaud. Il n'a même pas le temps de le crier. Il s'arc-boute sur son piolet planté, sur la corde tendue et sent (plutôt qu'il ne le voit) que Vincent en fait autant, de son côté. Au même instant, le flot blanc qui déferle les atteint, les submerge. En un éclair, Renaud voit en lui sa mort et se dit qu'elle sera douce. Mais non : c'est comme une énorme main glacée qui le malaxe puissamment, puis le soulève au moment où il l'ensevelissait, déjà, jusqu'à la ceinture. Renaud, qui se croyait prêt à l'abandon, résiste de toutes ses forces; mais il perd pied et se sent arraché par une puissance irrésistible. Il n'a plus alors de pensée que pour le piton profondément planté par Vincent dans la pente. Leurs deux vies y sont entièrement suspendues. Tiendra-t-il?

Déséquilibré, Renaud bascule en arrière, les mains toujours nouées sur la corde. Et dans son regard rempli de vide, la montagne elle aussi bascule. Le gouffre ouvert y a pris la place du ciel. L'immense vague en cet instant le recouvre. D'un coup de reins, il se dégage et refait surface. Il est maintenant en travers de la pente et se débat. C'est une sorte de nage folle, désordonnée, désespérée contre le flot furieux.

Qui soudain se meurt, aussi vite qu'il avait frappé. Et Renaud se retrouve pendu à sa corde sur la pente nue, tel un insecte au bout d'un fil. Le piton a tenu! pense-t-il. Son poing est refermé sur le piolet comme une mâchoire de fer et il lui semble que jamais il ne pourra le rouvrir. Pendu comme lui à son côté, Vincent s'agite pour regagner la marche, un mètre plus haut. Ils y parviennent en même temps. Ils n'ont pas envie de parler. Leurs visages sont tendus. Renaud suppute qu'il leur reste à gravir la moitié supérieure de l'Araignée, c'est-à-dire à passer encore des dizaines de minutes sur cette pente balayée par toutes les coulées venues d'en haut; et que même sortis du névé, ils ne seront pas plus en sécurité dans les couloirs qui le dominent : ce sont eux qui canalisent la neige et la déversent!

Vincent a dû avoir la même pensée : « Il y aura d'autres avalanches », constate-t-il avec fatalisme, sur le ton de l'évidence. Il n'en dit pas davantage et son compagnon juge inutile d'épiloguer. La résignation à l'inévitable se confond ici avec l'esprit de lutte : ils doivent en même temps s'attendre à recevoir le choc de nouvelles coulées et se préparer à y résister.

Un élément leur est favorable : il ne neige plus (pour l'instant, du moins). Ce qui, à tous égards, est très important pour la suite de l'ascension. Toutefois, les masses de neige accumulées d'ores et déjà sur les pentes qui les dominent et dans la paroi terminale restent menaçantes; et le risque d'avalanche peut subsister longtemps encore, même si la neige ne recommence pas de tomber. Les premières coulées montraient que le seuil critique avait été dépassé, et en annoncent d'autres. Celles-ci adopteront sans doute une certaine périodicité. Mais comment le prévoir? Cinq minutes? Dix? Une demi-heure? Cette incertitude impose aux alpinistes une assurance constante, à courte distance.

« Il va falloir beaucoup pitonner, dit Renaud.

– Que de temps perdu!

– Tant pis! L'assurance passe avant tout. Nous n'avons pas le choix.

– Non. Nous n'avons pas le choix. »

Court dialogue, dont toutes les répliques sont interchangeables, puisque chacun des deux amis déplore la perte de temps due au pitonnage mais, dans les circonstances présentes, n'en conclut pas moins à sa nécessité. Vincent repart. Il plante ses pitons tous les sept ou huit mètres et monte rapidement, avec régularité, décision, sûreté. Sa maîtrise s'est encore affirmée depuis la précédente longueur de corde. Renaud, qui l'observe attentivement, sent cela tout autant qu'il le voit. Sa confiance en Vincent s'en accroît, et par contrecoup ressuscite sa confiance en lui-même. A distance, l'élan qui porte les gestes de son camarade et qui pourrait se confondre avec une manière d'allégresse physique véritable, passe dans le corps de Renaud. C'est une transfusion.

Le danger est souvent un vin très fort. A mesure que

Renaud l'affronte d'un cœur raffermi, il en sent renaître sa vigueur, le monde autour de lui s'allège, la montagne se fait moins écrasante. La pente elle-même lui semble moins abrupte. Chaque pas de Vincent l'aide à se reconquérir. C'est une expérience étrange et, pour lui, sans précédent.

*

Un vrombissement : quelques cailloux volent en sifflant ou ronflant, selon leur taille. Renaud n'attendait rien d'autre qu'une nouvelle coulée de neige et il est surpris par eux. Formes vagues, surgies de la brume pour aussitôt s'y refondre, il ne les voit venir qu'au moment où ils frapperaient. Et même s'il sait qu'il ne lui serait pas possible de les éviter, trop bref est leur passage pour leur conférer cette réalité violente qui les lui rendrait redoutables. Le temps pour lui d'y croire, et dix, cinquante ou cent mètres plus bas déjà ils sont devenus inoffensifs. La première volée de pierres est suivie de deux autres. Renaud et Vincent se sont immobilisés : cuirassés d'indifférence volontaire, ils attendent la vie ou la mort. Ils ne peuvent rien faire d'autre; et n'ont, après le danger, que cette simple pensée : sauvés, cette fois encore!...

Le silence et l'immobilité minérale retombent sur la montagne. Nulle joie dans le cœur des alpinistes. Il faut poursuivre.

La quatrième longueur de corde se passe bien. Une coulée dévale encore, mais venue de l'extrême gauche de l'Araignée, à plusieurs dizaines de mètres des deux hommes. Renaud remarque que ce côté du névé est le plus fréquemment balayé d'avalanches. Leur voie d'ascension, par bonheur, se déroule dans la zone la moins menacée. Et Dieu sait si ce minimum de risques est déjà lourd à supporter!

Cinquième longueur... Vincent est à une vingtaine de mètres de Renaud. Vingt-cinq minutes se sont écoulées depuis la grosse avalanche. Le brouillard continue de s'alléger. Entièrement plâtrée, la muraille rocheuse supérieure semble toute proche.

Vingt-sept minutes. Le froissement... Renaud voit très distinctement la neige fuser d'un grand couloir situé droit au-dessus d'eux, dans l'axe médian du névé : cascade blanche qui s'abat sur la pente en un bouillonnement et s'étale en l'inondant de vagues épaisses. C'est un nouveau déferlement.

Faire front! Renaud tend la corde et s'ancre dans la pente. Vincent est à trois ou quatre mètres au-dessus du dernier piton qu'il a planté. Rien ne pourra donc l'empêcher d'être balayé, et entraîné sur une hauteur double, soit sept à huit mètres. La corde tiendra certainement. Mais le piton? Le problème est le même que lors de la première avalanche, mais la position des alpinistes beaucoup plus défavorable, leur assurance beaucoup plus précaire. Et en cas de chute, il faut considérer aussi le danger constitué par les pointements rocheux qui jalonnent le névé.

Déjà l'énorme masse arrive sur Vincent arc-bouté, qui la fend d'abord comme une étrave. Mais elle se referme derrière lui, se gonfle et monte autour de son corps, dont Renaud devine plus qu'il ne la discerne la résistance surhumaine. Puis celui-ci le voit céder, plier lentement avant d'être arraché d'un seul coup et emporté par le flot implacable. Renaud ressent presque aussitôt un choc – celui de la corde brutalement tendue par la chute de son compagnon. Mais il ne voit plus rien, car il est à son tour atteint par la coulée. Bousculé, étouffé par la puissante pression qui s'exerce sur lui, il se sent tiraillé entre deux forces contraires : celle qui l'entraîne dans l'à-pic, et la traction de la corde qui le maintient durement. Il résiste, et la pression glaciale s'accroît encore. Cependant, il sent que l'avalanche est moins importante que la précédente. Le moment vient vite où la poussée que subit Renaud s'affaiblit, où l'épaisseur de la vague diminue, comme si elle refluait, puis soudain s'amenuise et s'épuise : une source qui tarit. Le chuintement de l'avalanche s'engloutit rapidement dans l'abîme. Et Renaud se retrouve à la place exacte qu'il occupait : intact, inamovible...

Il a au cœur un étrange sentiment de solitude : comme si l'avalanche eût été un adversaire véritable, un être avec qui lutter corps à corps – c'est-à-dire une présence. Sans doute a-t-il gagné, contre elle. Mais cette victoire le laisse, sinon épuisé, du moins démuni. Il regarde ce qui l'entoure, de l'œil neuf de celui qui vient de vivre une exceptionnelle épreuve. Et parce qu'il ne se sent plus tout à fait le même, il voudrait que le monde lui aussi ait changé, de quelque manière. Cependant, il n'en est rien : ce dernier est immuable; et il faut reprendre les choses au point où elles en étaient. Voilà bien le plus difficile.

Ces réactions sont brèves, presque instantanées : le temps est un luxe. En moins de deux secondes, Renaud a pris acte de sa situation, et fait le tour de ses états d'âme. Puisque pour lui, en somme, tout va aussi bien que possible, c'est de Vincent et de Vincent seul qu'il s'agit.

Vincent, qui là-haut est couché sur la pente, à bout de corde. On ne saurait dire qu'il est exactement immobile, car il commence à bouger, d'un mouvement d'abord très lent (comme dans un film au ralenti), mais qui bientôt s'accélère. Il est allongé à plat ventre, à moins de deux mètres d'un rocher qui aurait pu lui être fatal. Il se redresse, non sans peine. Ses gestes semblent maladroits, raidis. Renaud les observe avec anxiété.

« Pas de mal? crie-t-il.

– Non. »

Renaud respire. Si Vincent avait été atteint, si peu que

ce fût, il aurait incombé à Renaud de reprendre la tête de la cordée, tout handicapé qu'il est encore par l'appréhension que lui a laissée sa chute. Même si depuis une heure son état s'est amélioré, il n'en est pas au point de pouvoir de nouveau assumer une telle responsabilité. Toutefois, si forte est la loi de la nécessité, et si grande la faculté d'adaptation instantanée de l'homme à toute situation extrême, que Renaud aurait entrepris de le faire et que sans doute même il y aurait réussi. Car lorsqu'il le faut, et aussi longtemps qu'il le faut, l'instinct de conservation sait refouler la peur et l'empêcher de nuire. Renaud, qui n'a ni le temps ni l'envie de penser à tout cela, le ressent plus ou moins obscurément. Il est soulagé de ne pas se trouver dans le cas de relayer Vincent. Aussi, tout en se réjouissant de savoir son ami indemne, se reproche-t-il vaguement de devoir trouver, sans doute, au fond de cette joie un peu d'égoïsme (et, à la limite, un peu de lâcheté). Mais la cordée ne lie-t-elle et ne confond-elle pas les destins et les vies de ceux qui la composent, de telle sorte que les mots mêmes d'altruisme et d'égoïsme y perdent jusqu'à leur sens? S'il tombe, je tombe, se dit souvent l'alpiniste en regardant son compagnon. Phrase qui a pour corollaire immédiat : si je tombe, il tombe. Et nul ne songerait à se révolter là contre. C'est une loi foncièrement égalitaire qui a été voulue, acceptée une fois pour toutes.

Vincent refait courageusement son chemin, pas après pas sur la trace effacée, et regagne avec méthode l'altitude perdue. Il est difficile en le voyant de ne pas penser à l'obstination de l'insecte qui inlassablement reprend le parcours dont il vient à être précipité ou détourné. Il y a de cela aussi dans la démarche de l'homme : cet entêtement physique qui habite le corps entier, autant et plus que l'esprit.

Il rejoint, puis dépasse le point extrême atteint avant l'avalanche. Droit au-dessus de lui, à quelques mètres, un éperon rocheux écorche la partie supérieure du névé. Il est clair que Vincent cherche à le gagner pour mieux assurer la montée de Renaud.

Il y prend pied. Son ami repart à son tour et le rejoint. Les voici réunis, presque confortablement, sur une arête à peu près plate. Cependant, la nature du rocher a changé. Renaud savait que des pointements granitiques apparaissent dans le haut de la vaste paroi calcaire. Ils y sont apparemment parvenus.

« Tu sais, dit Vincent comme s'il avait deviné sa pensée, nous devons être à près de trois mille sept. Il ne nous reste pas plus de deux cents mètres de face. »

Mais quels mètres! Leurs regards se tournent vers le mur terminal, contre lequel vient buter un peu plus haut la pente de l'Araignée. Elle s'y insinue même, par une série de couloirs follement raides, où glace et rochers alternent. La neige qui le recouvre en masque les saillies et rend moins lisible encore l'itinéraire complexe des Fissures terminales. La visibilité atteint maintenant cent cinquante à deux cents mètres; mais de toute façon la muraille elle-même, dans sa verticalité, masque la dernière pente de glace qui conduit à l'arête sommitale. Les alpinistes ne la verront qu'à l'instant de l'atteindre. Mais quand y parviendront-ils? Renaud, une fois de plus, regarde l'heure. C'est elle qui commande.

« Quatre heures vingt-cinq. »

Il a dit cela tout haut. Vincent et lui se regardent.

« Il faut continuer! dit Vincent, avec une sorte de passion.

– Oui. Il faut continuer. »

Le doute n'est pas permis; car, si (comme il est désormais raisonnable de le croire) l'amélioration du temps se poursuit, il y a encore cinq heures de jour, autorisant l'espoir pour les deux alpinistes de sortir de la face sans nouveau bivouac. Ce que, tout en le souhaitant par-dessus tout, ils auraient cru bien impossible quelques heures auparavant, pendant l'orage. La dernière bataille à livrer sera extrêmement âpre. Mais ce sera la dernière; ils ont donc hâte de l'engager.

Arrivés à l'éperon deux ou trois heures plus tard, ils auraient dû s'y installer pour y passer la nuit (tant la perspective d'un bivouac dans les Fissures est inconcevable). Au lieu de quoi, malgré une lourde fatigue qu'ils veulent oublier, et malgré les meurtrissures dues à leurs chutes, ils se contenteront ici d'une brève halte. Ils se sont bien arrimés, en prévision d'autres avalanches possibles. Il faut manger! Même s'ils n'en ont guère envie. Ils le savent et se forcent à avaler quelques menus aliments – toujours les fruits secs, les morceaux de sucre, qui ne demandent guère d'efforts de mastication. En revanche, ils ont soif. Rien ne leur ferait davantage de plaisir, et de bien, qu'une grande ration de thé brûlant. Mais celui-ci serait trop long, trop compliqué à préparer, alors que le temps presse! Ils se contenteront donc de l'eau de leur bidon, qui est glacée, qui a un goût désagréable de métal. Nous aurons du thé, pense Renaud, des litres de thé, *après*... Cet « après » élusif signifiant naturellement : « lorsque nous serons sortis de la face ». L'effrayante muraille qui leur reste à gravir est pour eux la porte de tout avenir. Elle s'interpose de façon absolue entre eux et la vie, qui est tout entière de l'autre côté. Il faut donc la forcer. Rien n'est si simple que cet impératif. Et rien, si l'on y réfléchit bien, n'est si simple que l'aventure de l'alpiniste qui, une fois déterminée et déclenchée par la passion ou l'idéal, se conforme dans son déroulement aux lois générales et aux nécessités de la vie. Si c'est par sa libre volonté que l'homme se met au pouvoir de la montagne, c'est celle-ci qui ensuite lui dicte sa conduite, jusqu'au bout. Il retrouvera sa liberté en quittant la montagne – et elle le ramènera, presque toujours, à la montagne...

Ils redoutaient, ils attendaient presque une nouvelle avalanche. Près de trois quarts d'heure se sont écoulés depuis la précédente, et rien ne s'est produit. Vincent se lève : il faut repartir.

*

Après l'éperon rocheux, la pente de glace s'adoucit sur une vingtaine de mètres, avant de se cabrer au contact de la muraille terminale et de se continuer par un large couloir vertical qui s'insinue et puis se perd peu à peu dans la partie gauche de la paroi, où saillent des surplombs. Vincent attaque avec décision. A la détente de ses muscles, à la fermeté de son attitude, Renaud sent sa volonté inébranlable; et aussi sa sûreté. Sa récente chute ne l'a, fort heureusement, pas marqué (il n'en est du reste pas responsable, puisqu'il n'est pas vraiment tombé, mais a été entraîné par la coulée de neige). Et il recouvre la plénitude de ses moyens au moment même où cela est le plus nécessaire. Dans ces conditions, Renaud est certain de pouvoir le suivre, quels que soient les risques ou les difficultés. Sa confiance en Vincent achève de lui rendre sa confiance en soi, ou peut-être même s'y substitue, mais de façon si subtile et si complète qu'il lui serait difficile de faire le départ entre elles. Au demeurant, le résultat est le même, et seul importe : par son ami, Renaud retrouve ses armes.

Vincent a vite parcouru la demi-longueur qui le séparait de la ligne de changement de pente et il fait venir Renaud. Le regard levé, ils cherchent ensuite à décrypter la suite de l'itinéraire. D'où ils sont, on ne peut voir grand-chose : une cinquantaine de mètres de couloir glaciaire, dominés vers la droite par une falaise de roche sombre.

« Il faudrait monter par là, dit Vincent en la montrant : nous serons mieux abrités. »

Renaud acquiesce. Tous deux pensent à l'avalanche qui à chaque seconde peut se déclencher et balayer l'axe du couloir. Mieux vaut donc se tenir sur sa rive. Vincent repart en obliquant et presque tout de suite se trouve aux prises avec un surplomb de glace qui normalement aurait dû échoir à Renaud. Mais le normal a-t-il jamais eu cours à l'Eiger? Depuis ce matin, le sort semble avoir disposé que toutes les intentions seraient déjouées et toutes les dispositions logiques systématiquement inversées.

Vincent pitonne et taille, rejeté en arrière. Le passage doit être très dur. Renaud entend son compagnon haleter. Il lui est extrêmement désagréable de rester ainsi inactif tandis que Vincent s'évertue, et d'attendre. Mais force lui est de reconnaître que c'est la seule solution raisonnable, et même la seule possible. On n'en est plus ni aux blessures d'amour-propre ni aux simples scrupules de conscience.

*

Vincent est à peu près à la moitié du surplomb, quand survient la troisème avalanche. Qui ne prévient pas (elle ne vient pas d'assez haut pour cela). Un simple chuintement bref, et Renaud la voit jaillir du sommet du couloir, gerbe blanche dans le ciel. Puis la cascade s'arrondit et fond sur lui. Contre elle, il sait que tout sera vain, et il n'a pas un mouvement. Pas une pensée non plus pour la vie, dont il est déjà comme séparé, pour la mort imminente. Il est immensément vide, vacant, ouvert au néant où il va s'engloutir, entièrement pénétré par son souffle. Or, si ce souffle l'enveloppe puissamment, l'avalanche l'effleure sans le toucher. Sa plus grande masse vole à deux ou trois mètres au-dessus de lui, vers la gauche, et s'abat sur la pente à mi-chemin de l'éperon qui l'ouvre d'abord comme une proue, mais qu'elle recouvre bientôt de vagues successives. Ils se trouvaient là moins d'une demi-heure plus tôt...

Douze à quinze mètres plus haut, Vincent observe : accroché à un piton, le haut du corps rejeté en arrière par le surplomb, immobilisé dans l'attitude même où l'a surpris l'avalanche. Il a dû passer par les mêmes sentiments que Renaud : attente de la catastrophe imminente, inévitable; puis, surprise heureuse et soulagement. C'est la raideur même de la pente qui les a protégés : à l'abri du toit qu'ils doivent surmonter, ils éprouvent que la difficulté de l'obstacle leur tient lieu de sauvegarde. Une fois de plus se vérifie pour eux la loi de compensation.

La coulée est violente et brève et tarit d'un seul coup, comme la précédente. Renaud respire largement, d'un soupir tout instinctif qui exprime le soulagement de son corps délivré de la masse proche et oppressante : réaction purement physique, puisque la raison de Renaud l'assurait qu'il était hors d'atteinte. Un regard vers le bas lui montre encore l'avalanche qui coule vertigineusement, avec des bouillonnements blancs, de grands frissons convulsifs et qui, parvenue en quelques secondes à la base de l'Araignée, s'engloutit brutalement dans l'à-pic. Maintenant, on ne voit et on n'entend plus rien. Renaud secoue de lui quelques éclaboussures de neige mouillée. L'intermède est achevé, les deux alpinistes sont rendus à eux-mêmes, au droit fil de leur aventure; et à l'implacable obligation de monter, de monter toujours, jusqu'au bout – jusqu'au sommet. Ce qui vient de se passer ne compte pas. Aucun des incidents qui émaillent le cours d'une ascension ne compte. Seul importe ce qui en marque le terme – arrivée à la cime ou accident. Le temps viendra bien, ensuite, de se souvenir et de faire le bilan. Dans cette perspective sans passé, ce que l'homme vient de vivre se trouve incessamment refoulé dans un lointain fabuleux. Ainsi, pour Renaud, de tous les événements de la veille et du matin même : l'immémorial, une préhistoire. Sa volonté le tend obstinément dans une seule direction, qui occulte le reste. L'avalanche, à peine disparue dans l'abîme, est du même coup abolie. Elle cesse d'être. A-t-elle jamais été? Seul existe ce qui sépare l'alpiniste du sommet : pour l'instant, le surplomb de glace, qui représente à la fois le présent et le proche avenir. Il n'y a plus rien en deçà, rien encore au-delà.

La montée de Vincent ne peut que se vivre – malaisément – et non pas se décrire. Il ruse inconsciemment avec les lois de l'équilibre et à l'extrême limite de celui-ci doit parfois, très brièvement, les enfreindre. Sa progression est plus que lente, elle s'exerce par poussées, tractions ou reptations infinitésimales. Renaud immobilisé est saisi par le froid. Il se rend compte que la température a dû baisser encore et que, dans l'ombre profonde où il baigne, le gel s'est emparé de la montagne et durcit l'air.

Il voit Vincent obliquer vers la gauche du surplomb, où nul cheminement ne se dessine. A droite pourtant, une mince fissure semble griffer la glace. Pourquoi ne l'a-t-il pas empruntée, ou du moins essayée? Renaud ne se pose pas la question avec trop d'insistance, supposant que son ami devait avoir de bonnes raisons. L'escalade est une réalité palpable, où ce que l'on touche compte plus que ce que l'on voit (ou croit voir). Elle ne se soumet pas aux idées préconçues.

Renaud pense que le passage où est engagé Vincent a l'air vraiment effroyable. Mais il sent le froid s'infuser en lui et l'engourdir; et il voudrait lui échapper par le mouvement; fût-ce, nécessairement, vers ce surplomb dont le seul aspect ferait reculer la plupart. En même temps il se dit que, plus il attendra, plus il sera raidi, maladroit pour affronter ces difficultés extrêmes. Enfin, il ne peut s'empêcher de songer au temps précieux qui se consume. Il n'ose même pas consulter sa montre, qui lui fait peur! *Fugit irreparabile tempus,* murmure-t-il. Et il répète : *irreparabile tempus.* Où en effet le temps est-il plus irréparable, plus irremplaçable qu'ici, où sa fuite ne se borne pas à éveiller des sentiments nostalgiques et vagues, du domaine de la spéculation, mais représente en elle-même une menace très réelle, très précise?

Beaucoup de temps, justement, a dû s'écouler. Vincent disparaît lentement derrière le bombement du surplomb. Un peu plus tard, la corde se tend et Renaud entend une voix lointaine, curieusement étouffée et déformée par la configuration des lieux : « Viens! » Oui, c'est vraiment une voix étrangère. Et il n'en faut pas davantage pour lui inspirer le sentiment bizarre, absurde, que ce n'est pas son ami qui l'attend là-haut, mais un mystérieux inconnu.

Il repart.

*

Le passage est encore de ceux qui ne peuvent laisser d'autre souvenir que celui de la difficulté poussée à ses limites extrêmes, et de la complexité d'un combat qui ignore et doit dépasser toutes les règles apprises, parce que ces dernières ne sont plus de mise. A la ligne nette de certaines escalades dont le caractère classique impose l'idée et la pratique même du *style,* celle-ci oppose la complexité d'un fouillis baroque. La surprise, l'imprévisible y surgissent à chaque instant et, à peine déjoués, s'abolissent pour faire place à de nouvelles provocations de la montagne, contre lesquelles il faut improviser. C'est un exercice épuisant. Et dans ce surplomb, la corde en se tendant ne peut qu'assurer Renaud; non pas l'aider, bien au contraire : elle le déséquilibre. A de certains moments, il doit s'arrêter, rejeté en arrière, parfois même écartelé en d'invraisemblables postures : secondes d'immobilité forcée qui sont tout le contraire du repos; et qui bientôt là-haut, d'où on ne peut rien voir, provoquent l'inquiétude :

« Ça va? questionne alors la voix étrangère.

– Ça va », répond machinalement Renaud, avec effort (car il est toujours à la limite du souffle).

La corde, qui s'est tendue davantage encore, le gêne. Il repart laborieusement.

*

Au moment de chevaucher le sommet du surplomb, Renaud a vers le bas un regard qui le convainc de l'impossibilité matérielle pour un homme de franchir le passage qu'il vient de surmonter... Autrement dit, il ne devrait pas être là. Et cependant, il y est. Certitude réconfortante! Et il admire beaucoup, très sincèrement, son ami d'être monté là le premier, sans le secours de la corde. Oh, sans doute Renaud lui-même ne s'est-il pas servi de celle-ci, dont l'aide en l'occurrence fut purement morale. Mais cette aide-là, il le sait, compte parfois beaucoup.

Il a basculé du bon côté du surplomb – dont l'autre côté, lui, bascule dans le néant.

« Pas trop dur? » fait la voix, maintenant toute proche et qui n'est plus étrangère, qui est redevenue celle, très familière, de Vincent. Renaud se redresse, et c'est bien Vincent qui est debout en face de lui, à moins d'un mètre, et qui lui sourit. Renaud est soulagé de le retrouver; et cet événement, le plus naturel du monde, prend à ses yeux un caractère inattendu, presque miraculeux!

Vincent est arrêté sur une mince bande rocheuse, déversée. Un peu au-dessus, la verticale reprend, glace et roche mêlées, jusqu'à un mur noirâtre d'une quinzaine de mètres de haut. Il n'y aura pas de répit! Cependant, Renaud pense à l'extrême diversité de l'escalade, quand bien même elle est effectuée au moyen d'un très petit nombre de gestes, toujours semblables. Des variations sur un thème...

« Quoi? » fait Vincent, l'air surpris. Renaud s'avise seulement alors qu'il a dit cela tout haut, sans le vouloir : « Variations sur un thème. » Le visage de son ami exprime un ahurissement si comique qu'il éclate de rire. Puis, il s'explique :

« Je pensais à l'escalade : c'est toujours la même chose; et, à la fois, toujours différent.

– Comme l'amour, en somme.

– Si tu veux. »

Le rappel inattendu de l'amour ramène immédiatement Renaud à la montagne. Car il y a, pour lui, l'amour de la montagne et l'amour tout court. Irréductibles l'un à l'autre. Et les gens, si nombreux, qui les comparent et les confondent l'ont toujours prodigieusement agacé. Renaud en voit plutôt les différences. Le grand avantage du premier, c'est qu'on est seul à le prendre en charge, qu'on en est seul responsable. On n'y dépend que de soi. Il ne saurait donc vous manquer, si l'on reste à sa hauteur. Et c'est bien rassurant.

De là, l'esprit de Renaud, décidément agile, repasse au thème de la variation indéfinie. Il pense maintenant au Boléro de Ravel! Qui donc en a dit : « un miracle de diversité dans la monotonie »? Il ne parvient plus à se le rappeler, et cela l'agace. Mais d'autre part, l'évocation du Boléro en pleine face nord de l'Eiger a quelque chose de parfaitement bouffon, et presque d'inavouable. Il n'oserait en tout cas pas la confier à Vincent, qui le considère d'un air perplexe. Renaud s'étonne lui-même des idées qui lui viennent, en un tel lieu. Faut-il en mettre l'étrangeté sur le compte de la fatigue, d'une certaine perte du sens des réalités qui confine au délire léger? La réalité de l'Eiger est, il est vrai, elle-même insolite; mais aussi, durement impérieuse. Quand bien même elle égare par instants l'esprit, on ne peut jamais lui échapper longtemps de suite. Renaud en est ressaisi et observe de plus près le mur lisse qui les domine. Ces nouvelles « variations » menacent de n'être pas plus faciles que les précédentes. Mais à vrai dire, pourquoi auraient-elles dû l'être? Il n'y a décidément rien de bon à attendre de cette montagne, où le pire est presque toujours sûr...

Le temps, du moins, continue de s'améliorer. Il s'éclaircit progressivement, à mesure que le froid s'accentue. Des nuages blancs, très lumineux, très vaporeux, s'élèvent continûment de la vallée qui apparaît tout au fond de leurs trouées, par fragments si sombres qu'on n'en peut distinguer aucun détail. Remontant toute la paroi, ces mêmes nuées passent rapidement devant les alpinistes en volutes légères, comme aspirées par le ciel où elles se dissolvent. Mais là où ils se trouvent, l'air est particulièrement immobile, pas un souffle de vent ne se fait sentir. Celui-ci règne en revanche furieusement sur les crêtes, qu'il frange d'un voile blanc à l'est, progressivement coloré en direction de l'ouest et puis incandescent au point où le soleil, peut-être, est proche de paraître. Renaud compte sur sa venue incertaine et forcément brève pour réchauffer l'air, si peu que ce soit, et dégeler la roche verglacée.

Vincent a attaqué le rocher. L'attente glaciale recommence. Pitonnage, manœuvres de cordes, hissage de sac : l'habituelle technique, la routine. Ce qui se voit... Mais ce qui compte n'est pas là. Ce qui compte est tout ce qui est avant la technique – et au-delà – : les mouvements de l'âme qui mobilisent l'alpiniste et l'émeuvent, les lumières de l'expérience qui le guident, les commandements de la volonté qui le portent vers son but. Ce qui demeure, quand l'action elle-même s'est abolie en s'accomplissant : sa seule trace possible, qui subsiste non pas sur la montagne mais dans le cœur de l'homme. Renaud immobile décèle très bien tout cela, à travers les gestes de son compagnon; et déjà il ressent ce que celui-ci éprouve. Ce serait peu de dire qu'il l'imagine, car sa sensibilité, son corps même sont profondément mêlés au combat d'avant-garde de Vincent. Et c'est un peu comme si Renaud vivait une première fois la lutte qui l'attend au même endroit. Si intense est cette participation, qu'elle le distrait de son appréhension. C'est une attention passionnée, qui au lieu de se concentrer dans l'esprit occupe l'être tout entier et le parcourt jusqu'au bout des ongles. Et les muscles de Renaud se crispent parfois sur la prise que son ami cherche à saisir.

« Je vois un piton, crie Vincent. Et un autre, plus haut. »

Cela devrait signifier qu'ils sont bien sur la voie. C'est du moins ainsi qu'on interprète généralement cette rencontre. Jugement hâtif, car on peut très bien pitonner le début d'un passage finalement insurmontable, qui contraindra à la retraite. Un autre critère pourrait être : nous sommes sur le bon itinéraire, puisque c'est le seul qui semble praticable. Là aussi, la conclusion est hasardeuse, car il ne s'agit que d'apparences liminaires qui peuvent se révéler trompeuses. Il n'est guère d'erreur d'itinéraire qui n'ait pour origine une semblable illusion : on se laisse abuser par un départ engageant, on se fourvoie dans une impasse; on bat en retraite, on attaque – nécessité faisant loi – une variante d'aspect presque inaccessible, qui elle, paradoxalement, se laisse apprivoiser. Bien sûr, il peut se faire aussi que les diverses tentatives soient l'une après l'autre également repoussées, et qu'il faille renoncer à poursuivre l'ascension : même pour les meilleurs, l'impossible existe (en considérant toutefois que ce qui est impossible à une époque et dans des circonstances déterminées cessera certainement de l'être un jour). Mais cela n'est vrai que des montagnes, des parois ou des arêtes vierges. La première une fois effectuée, l'itinéraire existe; et on sait qu'il existe. Il faut donc le trouver et le forcer, il n'y a plus d'excuse possible. Toute tentative repoussée prend désormais le plein caractère d'un échec.

*

Six heures moins le quart... Déjà! C'est presque inconsciemment que Renaud a fait le geste, longtemps différé, de relever la manche de son anorak pour consulter sa montre. Peut-être était-ce parce qu'à cet instant précis le soleil apparaissait derrière les abrupts rocheux qui, à l'ouest, tombent de la cime. Encore cette insolite aurore du soir, d'un astre épuisé et déclinant vers les vallées lointaines où l'ombre déjà roule ses vagues! Dans moins de quatre heures, dans trois peut-être, il fera nuit. Là où le moindre geste est démesurément lent, où le moindre mètre gagné représente souvent de longues minutes d'effort, une course est engagée entre les hommes et les ténèbres, menace profonde. Renaud ne se demande pas ce qu'elle sera, cette course, mais il ne doute pas de gagner. Le refus obstiné d'un nouveau bivouac engendre en lui cette certitude.

Les rayons obliques du soleil affleurant la muraille y allument un scintillement. Ils transpercent au passage de blanches vapeurs glissant de bas en haut tout au long des arêtes, entraînées qu'elles sont par les courants ascendants; ils viennent frapper Renaud et coulent sur lui. Il en sent le contact furtif, plus que la flamme : ils ont perdu de leur ardeur; et cet embrasement, multiplié de mille reflets brillants sur la glace caressée au passage, blesse la vue sans réchauffer le corps : comme si le soleil lui-même eût été peu à peu gagné par le froid, décidément le plus fort, de la montagne qu'il touche. Soleil aveuglant, mais sans chaleur, semblable aux soleils des beaux jours d'hiver sur la terre transie qu'ils ne parviennent pas à ranimer (et l'aspect, lui-même hivernal, de la montagne enneigée renforce cette impression).

Peut-être lorsqu'il aura tourné et que ses rayons tomberont plus droit sur la face, reprendra-t-il un peu de vigueur avant de s'enfoncer vers les vallées et les lointains brumeux de l'occident? Mais de toute façon, la seule gloire de sa lumière emplit de joie le cœur de Renaud, car elle parle de vie, chassant pour peu d'instants de la sombre paroi l'angoisse éternelle qui la hante. Les alpinistes ne sont pas au sommet, pourtant c'est là une lumière de sommet, qui chante sur chaque pierre, sur chaque paillette neigeuse, et qui promet beaucoup. Ô visage lustral de la montagne! Source de joie...

Le souvenir de sa chute abandonne peu à peu Renaud. Plus qu'un souvenir d'ailleurs, c'était devenu une mémoire vague du corps, localisée par ses meurtrissures, réveillée de loin en loin. Elle se détache à présent de lui et glisse dans la profondeur pour s'attacher au lieu même, déjà lointain, de l'accident. La souffrance diffuse cesse d'être étroitement associée au rappel de son origine : elle existe, sans plus. Elle ne gêne pas vraiment Renaud dans ses mouvements et ne compromet pas la suite de son ascension, cela seul importe. Son attention est entièrement sollicitée par la phase ultime de la lutte, et tendue vers elle. Il ne prend même plus garde aux simples sensations de soif, de faim, de fatigue ou de froid. Tout s'arrête pour lui à la cime, au-delà de laquelle il n'imagine rien.

*

Vincent a surmonté le mur noirâtre et verglacé et Renaud l'a rejoint, non sans peine, récupérant ceux des pitons qui se laissent arracher. Ce morceau de muraille, qui borde à droite le couloir, est curieusement concave et son sommet surplombe. Au-dessus, la pente s'atténue quelque peu. On peut – et il faut même – rejoindre le fond du couloir, formé d'une succession de courtes fissures, dont chacune se redresse avant de s'achever. Le calcaire alterne, dans cette partie de la paroi, avec des pointements granitiques; et de là vient la grande complexité de sa configuration.

Les quelques dizaines de minutes écoulées depuis que le soleil est apparu sur la face nord lui ont suffi pour tourner de telle sorte que son rayonnement s'en trouve sensiblement accru et modifié. Renaud n'en est pas à ressentir celui-ci comme source de chaleur, mais l'éprouve sur lui comme un contact à la fois rude, amical et fort. Le mot de cordial lui vient à l'esprit, et dans son double sens.

On peut naturellement se demander si ce bref ensoleillement de la face aura ou non un effet sur les conditions de celle-ci; et si cet effet serait ou non bénéfique – soit qu'il fasse fondre ou du moins attendrisse le verglas qui recouvre les prises, soit au contraire qu'il provoque de nouvelles coulées. Mais le réconfort de sa seule présence est tel que Renaud, tout en tenant un tel échange pour très déraisonnable, serait prêt à lui sacrifier au besoin de sa sécurité. Tout comme s'il importait moins de se trouver hors de danger, que de se sentir fortifié...

En même temps que le soleil tourne, ses rayons perdent les froids reflets dont ils s'étaient chargés au contact de la neige et des glaces, et glissent dans le bleu de l'air une teinte qui quelques heures plus tôt eût été flamboyante et fauve mais, dans cette fin d'après-midi proche du crépuscule, se nuance seulement d'un or où paraîtront bientôt les violets et les rouges. La paroi qui reçoit enfin cette vive lumière s'en anime tout entière et la répercute. C'est une immatérielle vibration de couleur et de clarté. Mais Renaud, qui voit tout cela, ne l'éprouve que comme une sensation très intense et ne peut en être véritablement touché, faute d'avoir l'esprit libre. Cependant, ces images se gravent secrètement dans sa conscience, il sait qu'il les retrouvera plus tard, le moment une fois venu du loisir et de l'émotion.

*

Une longueur de corde encore s'est bien passée. La difficulté était un peu moindre – ou plutôt, l'eût été sans le verglas et la neige que le rayonnement solaire n'entame pas. Tout au plus, de loin en loin, des parcelles de neige se détachent-elles de la paroi pour tomber frileusement, tout comme en hiver, des branches d'un sapin qui s'allège. Mais il n'y a plus de coulées; ou du moins, il n'y en a plus eu depuis près d'une heure. Comme quoi, rien en montagne n'est aisément prévisible, et la surprise y reste presque toujours entière. Non pas, bien sûr, que la montagne échappe aux lois physiques strictes qui régissent toute matière. Mais les éléments en jeu sont si nombreux, si difficiles à appréhender et plus encore à mesurer qu'il est en fait impossible d'en tirer de sûres conclusions. C'est le règne de l'impondérable. Accroché au plus creux de la coquille monstrueuse de l'Eiger, Renaud se sent comme un insecte dans une paume géante, d'où il sait qu'un rien suffirait à le balayer. Mais, passé le temps de la défaillance qui aurait pu dégénérer en panique mortelle, ce n'est plus en lui que la claire et tranquille conscience d'une situation presque inimaginable. Il ne s'agit que de la vivre et de la soutenir, fermement, jusqu'au bout.

La physionomie rugueuse de la montagne est maquillée par la neige comme un visage dissimulé sous un masque et il faut à travers elle en deviner les traits. Ici, dans les Fissures, l'itinéraire est, même en conditions normales, très malaisé à suivre. Ce qui revient à dire qu'aujourd'hui, après l'orage, la science, l'expérience le plus averties, l'instinct le plus sûr n'y suffiraient pas. Il faudra que s'y ajoutent non seulement la divination, mais encore la chance; et que le hasard se mette au service de la nécessité.

A quelques mètres au-dessus de l'endroit où Vincent et Renaud se trouvent une fois de plus réunis, le couloir qui décrit un léger arc de cercle semble se scinder comme les deux branches d'un Y. A droite comme à gauche, on distingue la ligne d'une fissure : tantôt on la devine seulement, comme un trait mince tiré, comme une ombre; tantôt, là où la neige n'a pas tenu, on la voit vraiment; et même, sur celle de gauche, on discerne sa couleur, d'un étrange jaune pâle d'ivoire ou d'ossement, qui tranche sur la blancheur absolue de la neige. De ces deux branches divergentes, une seule est la bonne, celle qui mène au sommet et à la vie. Mais laquelle? De l'étroit rebord où Renaud se trouve arrêté, il semble bien impossible de les départager.

Vincent a assez vite franchi la distance qui le sépare de la bifurcation. Il s'arrête un court instant, scrute les deux lignes d'ascension possibles (possibles en apparence seulement, car l'une d'elles est un piège).

« Alors? questionne Renaud.

– Alors? Rien.

– Tu vois quelque chose?

– Non. Il faut *essayer.* »

C'est un pile ou face. Dont l'enjeu est lourd, car une erreur risque de compromettre la sortie au sommet avant la nuit. Il est sept heures moins vingt et le soleil poursuit sa descente inexorable.

Sans aucune raison valable, Renaud suppute soudain qu'à la place de Vincent il essaierait la fissure de droite; et ce choix, aussitôt arrêté, se fait impérieux. Mais au même instant, Vincent repart et s'engage dans la fissure de gauche. Instantanément, Renaud répudie son propre choix et cherche à l'oublier, sans d'ailleurs que rien le gêne dans cette contradiction : car toute voie que le chef de cordée a décidé de suivre devient de ce seul fait *la* voie et doit être acceptée comme telle, jusqu'à preuve du contraire (une preuve que Renaud espère bien leur voir épargnée; fût-ce au prix, léger, de s'être lui-même trompé).

Vincent monte très lentement. C'est moins la distance qui le sépare et l'éloigne de Renaud, que cette difficulté de nouveau extrême. Et bien qu'à portée de voix de son ami, bien que relié à lui par la corde, Renaud se sent seul. La compagnie virtuelle de ce premier de cordée entièrement absorbé dans sa tâche n'est pas pour lui la *présence* dont il a en ce moment besoin, puisqu'il n'y a pas entre eux d'échange possible. Ils ont beau se trouver tous deux ensemble dans cette muraille, à quelques mètres l'un de l'autre, Renaud est dans une certaine mesure étranger à ce que Vincent est en train de vivre dans sa chair. Ce que Vincent vit, et qui est pour lui le présent – tout le présent – est encore pour Renaud l'avenir. Et quand il sera devenu pour ce dernier le présent, il sera pour Vincent, déjà, le passé! Ainsi traversent-ils l'un derrière l'autre la même aventure, sans presque jamais s'y rencontrer. Et plus qu'avec ce compagnon réel, mais indisponible, Renaud se sent habile à dialoguer avec des présences invisibles.

Claire? Elle est trop étrangère à ce grand débat de l'homme et de sa montagne, elle appartient à un monde lointain et facile de chemins et de rives aplanies, de larges paysages couchés au bord de l'océan. Son souvenir et son regret eux-mêmes n'ont pas de place ici. En vérité, c'est à ceux de René qu'il a recours, c'est lui qu'il voudrait sentir maintenant à son côté. Il se rappelle ses paroles, au cours de leur dernière ascension commune, si facile et si belle. René lui avait alors dit, en substance : « Si cette montagne était difficile, je n'y serais pas avec toi... » Ainsi parlait l'homme vivant, conscient des insuffisances de son corps. Mais à présent délivré des liens et des sujétions de la chair, pourquoi l'esprit de René ne planerait-il pas librement dans l'espace – dans tous les sublimes espaces du vide? Pourquoi ne serait-il pas ici, auprès de son ami enchaîné à la montagne par le simple poids de son corps? Précisément ici, au lieu de l'extrême difficulté et de la plus grande épreuve, parce qu'on y a besoin de lui plus que partout ailleurs... Or, voici que dans l'air immobile un souffle passe, où Renaud croit déceler une présence impalpable. Telle était donc la force de son appel, que de créer ce qu'il invoquait? Il lui plaît de le croire et, comme d'une prière exaucée, son attente se fond en plénitude et remplit son cœur d'une sorte de bonheur. Peu importe désormais que Vincent ait disparu là-haut derrière un promontoire rocheux, ne lui parle pas, ne pense qu'à son propre corps suspendu au-dessus du vide et qu'il lui faut arracher à ce vide! Renaud n'est plus seul. Pour un peu, il parlerait à René. Il lui parle, d'ailleurs, au secret de son cœur : « René, vieux René, tu vois, je suis ici. Et tu y es aussi, avec moi. Tout arrive! Nous nous sommes enfin rejoints et retrouvés. C'est ici la frontière de deux mondes : le mien et le tien. Et tu dois y être à l'aise plus que moi. Fini, pour toi, d'éprouver la pesanteur et la crainte. Fini, le temps de la souffrance et de l'angoisse. Tu connais à présent la grâce, toutes les grâces offertes aux corps glorieux de l'immatériel.

« Oui, je suis venu à l'Eiger : c'est la dernière épreuve de la montagne, celle au-delà de laquelle on ne conçoit plus rien. Je ne sais pas encore, et nul ne sait, si j'en triompherai. Mais si tel est le cas, j'aurai sans doute gagné le droit d'être, comme tu l'étais, en paix avec moi-même. Jusque-là, pendant les heures qu'il me reste à lutter, j'ai besoin de toi; c'est-à-dire, de ta pensée; c'est-à-dire, de ta présence au-delà du visible, et de l'aide qu'elle m'apporte. Comme si une fois encore nous étions, d'une certaine manière, encordés ensemble; et que tu me guides... »

La présence invisible de René s'est faite certitude. Elle

est même devenue plus forte, plus convaincante que la présence réelle de Vincent caché derrière un ressaut rocheux, à l'autre extrémité de la corde. Et, comme tout à l'heure les premiers rayons du soleil, elle est à Renaud d'un très puissant réconfort. Il n'a jamais pu s'empêcher de croire que l'esprit (ou l'âme : les deux mots ont pour lui à peu près la même signification) des alpinistes disparus ne quitte jamais tout à fait la montagne qu'ils ont aimée, et doit au contraire s'y trouver partout présente, à tout instant. Ainsi ne tient-il qu'à lui de se sentir, là-haut, constamment entouré, enveloppé d'amitiés mystérieuses.

La corde, qui coulait vers le haut très lentement et par à-coups, est depuis un long moment immobile. Renaud entend résonner et se perdre dans l'énorme face un martèlement qui serait clair et net, si la neige par sa seule présence ne l'amortissait quelque peu. Puis le silence retombe. La corde reste immobile (et Renaud serait tenté de dire : inanimée, tant en ce qui la concerne le mouvement ressemble à la vie et en participe). Renaud, de son côté, se tait. Entièrement tendu, anxieux, il n'ose aller par une question à la rencontre de l'événement. Il attend. Le temps, une fois de plus, se dilate. Enfin, la voix de Vincent se fait entendre. Elle est plus étouffée que lointaine, on y sent le halètement de la lutte.

« Ça ne passe pas.

– Qu'est-ce qu'il y a?

– Un gros surplomb. Impossible de l'attaquer de face.

– Et en le tournant?

– Impossible aussi. Il se prolonge de part et d'autre.

– Alors? Tu redescends?

– Il y a une autre fissure, un peu plus bas. Deux, même.

– Elles aboutissent peut-être aussi au surplomb.

– Peut-être. Je ne sais pas. D'ici, on ne peut pas bien voir. »

De nouveau, le silence. Renaud essaie d'imaginer l'endroit où se trouve son ami (et que lui-même ne verra jamais) : une mince fissure jaune qui se redresse et se perd; et, suspendu sur sa tête, un énorme toit qui court le long de la muraille, barrant la route, cachant la montagne et bouchant même le ciel... D'où il se trouve présentement, Renaud aperçoit quelques fragments du surplomb mais ne peut en discerner ni le développement ni la continuité; pas plus du reste qu'il n'a de vue sur les cheminements qui viennent buter contre lui. On ne pouvait donc prévoir, avant de l'avoir essayée, que la voie tentée par Vincent était sans issue. Pas plus qu'on ne pourrait affirmer que l'autre branche de l'Y, celle de droite est praticable. Tout le problème est de savoir si le toit rocheux s'interrompt ou du moins atténue sa cabrure à l'aplomb de cet autre itinéraire. S'il n'en était pas ainsi...

« Redescends! » s'entend crier soudain Renaud, avec un élan de passion qui le surprend. Il est ressaisi par le mouvement qui d'emblée l'avait incliné vers la voie de droite et qui, maintenant resurgi à l'épreuve des faits, s'empare de lui violemment, avec une sorte de certitude obscure mais puissante : cette autre voie, il faut l'essayer, sans plus atermoyer. Si Renaud était en tête, il s'y jetterait!

Vincent, là-haut, doit hésiter : s'entêter est sans doute inutile : mais renoncer à son choix, assurément pénible. Non pas tant parce que cela revient à se déjuger (on n'en est plus aux blessures d'amour-propre), que parce qu'il faut pour cela admettre que l'instinct montagnard sur lequel il se guidait n'est pas infaillible; et parce que l'indispensable confiance en soi s'en trouve atteinte. C'est un examen de conscience.

« Ça ne passera peut-être pas non plus à droite..., hasarde Vincent.

– C'est un risque à courir. Et puisque de toute façon ça ne passe pas à gauche... »

Renaud s'impatiente. L'erreur de Vincent a déjà coûté à la cordée une grande demi-heure, et peut-être sa dernière chance d'éviter le bivouac. Est-il vraiment nécessaire de continuer à perdre du temps?

Est-ce que Vincent, à travers la distance qui les sépare, a pressenti cette sourde irritation? Ou bien, simplement, a-t-il ressenti tout à coup l'urgence de la décision à prendre? La corde frémit et recommence à vivre : il redescend.

Sa retraite elle-même est lente, précautionneuse. Renaud trouve le temps très long. Enfin, son ami réapparaît et regagne la base de la fissure jaune. Il s'immobilise, le front sur la roche. Il halète.

« C'est dur », dit-il. Et Renaud comprend qu'il voulait dire : c'est *trop* dur. Et le plus dur de tout n'est-il pas de s'épuiser pour se retrouver finalement vaincu devant l'obstacle?

« Et maintenant? » demande Vincent, après un nouveau silence. Question qui n'appelle pas de réponse.

« Si ça ne passe pas à droite..., insiste-t-il.

— Ça passera! » réplique Renaud avec une conviction qui ressemble à de la dureté, parce qu'il veut s'y ancrer et, davantage encore, la faire partager à son ami. Puis il ajoute :

« Veux-tu que je reprenne la tête? »

La réponse est instantanée :

« Non! »

Vincent s'est raidi dans ce refus. De toute façon, dans cette partie essentiellement rocheuse de la paroi, il lui revient normalement de conduire la cordée. Et après la chute de Renaud, il doit considérer que ce devoir lui incombe doublement. Sentiment dont le rappel sans doute le galvanise, car il repart aussitôt.

*

Les premiers mètres ont dû être plus faciles que leur apparence ne le laissait supposer, si l'on en juge par la progression de Vincent, qui atteint la partie terminale, plus accentuée, de l'arc de cercle dessiné par le fond du couloir. Plus haut, Renaud devine plutôt qu'il ne la voit une ligne pâle tendue à la verticale sur la roche luisante de verglas. Il a entendu parler d'une fissure de quartz blanc. Serait-ce elle?

La montée de Vincent vient buter brutalement contre l'obstacle et s'essouffle. Il ne s'élève plus que très lentement, par petits à-coups ou bien en rampant littéralement sur la muraille. Une fois de plus, Renaud ressent presque physiquement l'extrême difficulté de la tâche échue à son compagnon.

Après les quelques mots échangés tout à l'heure, le silence retombé lui paraît compact : c'est une matière qui a son épaisseur, son poids qu'on ne saurait soulever. Lui aussi exprime la tension de l'homme au plus fort du combat, et étend cette dernière à tout ce qui l'entoure.

De loin en loin, seulement, le tintement du marteau s'insère dans ce silence, sans cependant le rompre. Et c'est, l'espace d'un instant, un bruit vivant que Renaud guette et écoute comme une musique chère et dont, lorsque le martèlement se tait, il attend impatiemment la reprise.

Un piton. Encore un piton... La corde glisse avec une incroyable lenteur. Il est huit heures moins le quart passées, bientôt moins dix. Chaque minute se met à compter.

*

Renaud va être à bout de corde et le crie à Vincent, qui s'amarre fermement à la paroi avant de le faire monter. Il s'apprête donc à repartir. Son corps peut bien être meurtri, glacé et engourdi par l'attente, il n'en a cure. Il est au-delà de la fatigue, distrait de ses propres sensations par cette idée fixe : en finir, en finir au plus tôt de cette paroi maudite! Au moment précis où il commence à se hisser, il lui passe rapidement par l'esprit qu'un petit nombre de mètres – cent cinquante peut-être – le sépare désormais du but, que chaque mètre gagné en représente une fraction appréciable; et cette pensée l'encourage. Il voudrait grimper plus vite, et s'irrite sourdement de ne pouvoir le faire. Son corps est en retard sur son imagination, la matière lui résiste durement. A l'âpreté du rocher se mêle ici la traîtrise de la glace qui le recouvre presque partout, de façon inégale. Dans de telles conditions, l'escalade se fait non seulement un exploit constant, mais un miracle constant. Renaud, au bout de sa corde tendue qui l'accompagne et le soutient avec une attention extrême, s'émerveille que Vincent ait pu passer là le premier. Lui ne pouvait se permettre de tomber – et c'est pourquoi d'ailleurs il n'a pas glissé... Renaud le peut (toutes réserves faites sur l'efficacité de l'assurance que lui prête un leader en position certainement précaire). La conscience qu'il en a lui apporte en même temps une certaine sécurité, et un certain sentiment d'infériorité qui doit limiter ses moyens. Il grimpe avec difficulté, mais aussi avec un étrange détachement qui pourrait être un effet de la lassitude. Tout comme si cette escalade ne le concernait plus qu'à demi... La vérité, c'est que depuis un moment, et malgré la dureté des conditions qui lui sont imposées, ce qui l'entoure a pris à ses yeux un caractère d'irréalité; et que, par là même, la conscience du risque s'affaiblit en lui : au point où il en est, il lui semblerait pour un peu que rien ne prête plus à conséquence. Et son application deviendrait routine. Dangereuses dispositions! Et c'est précisément alors que le pied gauche de Renaud dérape sur une prise infime qui paraissait franche, mais était traîtreusement recouverte d'une mince pellicule glacée. Son corps glisse d'une cinquantaine de centimètres et vient frapper rudement le rocher, contre lequel il rebondit. Puis, sans avoir pu comprendre comment, Renaud se retrouve pendu dans le vide, le dos à la muraille. Le tout s'est déroulé avec une extraordinaire rapidité, et dans ce même sentiment d'irréalité engendrant le détachement. La douleur seule est réelle, et elle est accessoire. Renaud entend un appel angoissé de Vincent et, dans l'état d'ébranlement qui est le sien, met une fraction de seconde à l'enregistrer, une autre encore à y répondre :

« Tout va bien. »

Vincent a tenu bon, les pitons qui jalonnent la corde ont tenu aussi. Renaud est immobilisé, le dos reposant sur le roc dont il ressent durement la meurtrissure. Il voit au-dessous de lui dans le contre-jour le névé luisant de l'Araignée et ne distingue rien au-delà, sinon un vide gigantesque qui plonge jusqu'au puits profond de la vallée bouillonnant d'ombres bleues et vertes. Ainsi suspendu, il est totalement désarmé, réduit à l'impuissance. Sa vie ne tient qu'au fil ténu de la corde qui le maintient sur cet abîme. Cependant, son calme reste entier. Le réel est pour lui du côté de la roche proche et froide et de son dur contact. Si monstrueux, mais si lointain est l'à-pic ouvert sous ses pieds, qu'il ne parvient pas à y croire vraiment et ne croit par conséquent pas non plus qu'il risque d'être englouti par lui. Et il reste un moment ainsi, sans mouvement et sans pensée.

« Tâche de remonter! » lui crie Vincent, d'en haut. Et puis :

« Tu pourras?

— Je vais essayer. »

Le plus difficile pour Renaud est de quitter cette position ridicule d'insecte pendu au bout d'un fil, et d'opérer un demi-tour sur lui-même pour se retrouver le nez au rocher. Il s'arc-boute sur un pied, la jambe fléchie, et bascule maladroitement. Dans ce mouvement, tout l'abîme qu'il domine oscille et se met à tournoyer. L'impression d'irréalité est alors plus forte que jamais.

Qui veut faire l'ange fait la bête! pense Renaud. Il juge sa situation et la tient posément pour insensée. Le voici maintenant collé de tout son corps contre la roche, du front à la pointe des pieds. C'est une sorte de désagréable plat ventre vertical, qu'il rompt en prenant appui sur les genoux d'abord et la paume des mains pour s'écarter de la paroi. Puis il cherche et trouve en tâtonnant de menues prises et achève de se rétablir. Une première poussée sur le pied gauche diminue enfin la traction de la corde. Et il recommence à grimper.

*

Averti par l'expérience malheureuse, il a passé précautionneusement et cette fois-ci sans encombre la protubérance verglacée qui fut le lieu et la cause de sa chute, et il poursuit sa montée presque mécaniquement : telle est sa maîtrise technique de l'escalade qu'il peut se le permettre sans qu'il y paraisse (ou si peu). Contrairement à sa première chute, la deuxième le laisse sans réaction; son souvenir s'estompe déjà dans une sorte de brume mentale, aucune appréhension ne le paralyse ou même ne le gêne. Du simple détachement, il en est venu au stade de l'indifférence. Il a renoncé à toute imagination, cet effort; et un grand vide s'est établi dans son esprit : celui des fins de courses très dures, qui épuisent toutes les énergies de l'être. Cette seule pensée veille en lui : parvenir au sommet. Ce qui, ici, signifie surtout : sortir de la face. C'est de cette unique pensée, de cette unique volonté, que l'alpiniste doit tirer toute la force et l'habileté qui lui seront encore indispensables; et qui ne le cèdent en rien à celles dont il avait besoin dès le départ, dans la plénitude de ses moyens. Ce sont les instants où il faut faire flèche de tout bois; ceux aussi où un relâchement de l'attention, imputable à la fatigue, peut entraîner l'accident, in extremis. Renaud en est heureusement conscient et veille à ce que son indifférence actuelle ne se double pas de distraction. Tel un bon élève, il lui faut encore s'appliquer. Mais, se demande-t-il vaguement tout en grimpant, cet état final d'obligation impérieuse et plutôt fastidieuse est-il satisfaisant? Était-ce à cela que devaient nécessairement aboutir le désir ardent et la décision claire, mûrie, d'affronter cette face? Serait-ce logique et même juste? Qu'est, au fil de l'aventure, devenu le choix qui l'a déterminée? Et en quoi s'est diluée la dilection de la montagne? Autant de questions auxquelles ne répondra que l'avenir – l'après-Eiger. S'il doit y avoir un avenir; et s'il doit y avoir une réponse... Autant de questions vaines d'ailleurs, qui à peine ébauchées se détachent de Renaud appliqué à son ascension. A deux reprises, Vincent l'aide par l'intermédiaire de la corde tendue. Et Renaud accepte d'autant plus volontiers cette aide qu'il lui apparaît qu'il aurait pu s'en passer, et ne peut en être humilié.

Si difficile qu'elle soit (mais elle est, surtout, constamment exposée et dangereuse), l'escalade à l'Eigerwand n'impose jamais le recours aux moyens artificiels. Et Renaud, qui a fait de l'artificielle mais ne l'aime pas, s'en réjouit. Il tient que l'appel excessif à la technique est en alpinisme, comme en toute discipline d'ailleurs, un signe de décadence. A la limite, la technique finirait par cacher la montagne! Et alors, il n'y aurait plus d'alpinisme...

Renaud a largement dépassé la bifurcation de l'Y et s'évertue à remonter la fissure blanche, encombrée de neige et caparaçonnée de verglas. L'Eiger ne leur aura fait grâce d'aucun des raffinements de ses défenses. L'Eiger ne fait jamais grâce de rien et, si telle ou telle arme lui fait défaut selon les circonstances, en tient toujours d'autres en réserve dans sa panoplie, la plus complète et la plus redoutable qui soit. Au moment même où Renaud se dit cela, une mince coulée de neige fuse dans l'autre branche de l'Y. Incident sans conséquence à présent, mais Vincent y était quelques dizaines de minutes plus tôt, dans l'équilibre le plus précaire... Et la fissure blanche qu'empruntent maintenant les alpinistes n'est-elle pas également menacée? Toutefois, le jeu avec la montagne implique de ne tenir compte que des risques évitables ou évités, et de ne pas se laisser intimider par les autres. Renaud n'ignore nullement que sur Vincent et lui pèse la menace d'une foudre blanche prête à s'abattre. Mais, faute de pouvoir la conjurer, il choisit de l'oublier jusqu'au moment où il l'aura définitivement esquivée, ou bien en sera frappé. Il a un dernier regard pour la petite avalanche qui se perd en poudrée dans le haut de l'Araignée et qui, si elle se fût produite quelques instants plus tôt, alors qu'il était encore à la base de l'Y, aurait pu le happer, l'emporter dans ses plis. Dans ce monde où tout est hasard heureux ou malheureux, il se sent poussière comme la poussière là-bas dispersée dans le vide, et il n'en a cure : sa seule fonction présente est de monter, jusqu'à ce que vie — ou mort — s'ensuive. Cet impératif est extrêmement simple et ne laisse point place au doute. Faible, mais obstiné... Je suis un roseau grimpant, constate Renaud avec un ricanement intérieur. Ô Pascal!... Un tourbillon de pensées vagues, furtives, évanescentes s'entremêle aux gestes de son escalade. Cependant, il approche de Vincent qui, d'abord entièrement caché, puis partiellement dissimulé par des saillies de la paroi qui commence à suinter sa glace, lui réapparaît maintenant tout entier, accroché à la muraille dans une posture invraisemblable. Le plus invraisemblable est d'ailleurs que non seulement il ne paraît pas s'en émouvoir, mais encore reste capable de guider son ami dans ses gestes, de l'assurer; de l'aider au besoin, de la corde.

Renaud l'a rejoint.

« Je repars », dit Vincent.

*

La fissure se poursuit en se redressant, sur douze à quinze mètres, et vient buter contre un surplomb. Telle est du reste la physionomie générale de cette partie de la face : tout passage s'achève en une impasse d'où il faudra bien s'échapper. Sous le surplomb, vers la gauche, on distingue le départ d'une zone de dalles lisses, d'apparence impraticable, qui cependant sera peut-être la clé de l'évasion. Peut-être... C'est en tout cas ici que la partie – toute la partie – se jouera.

Tellement raide est la muraille au-dessus de Renaud, que pour voir Vincent il doit renverser complètement la tête. Si son ami venait à tomber, il passerait derrière lui sans le toucher!

Renaud a pris place dans l'espèce de niche minuscule que Vincent occupait précédemment. Il est accroché à la montagne, suspendu par deux pitons, reposant des deux pieds sur un rebord infime. Il ne peut faire aucun mouvement, il ne peut qu'attendre; et l'attente lui paraît interminable. Si peu en retrait qu'il se trouve, la proéminence rocheuse sur laquelle il repose lui cache toute la paroi et son regard plonge directement jusqu'au gouffre d'ombre de la vallée. Il pense que depuis la base de la face, il n'a pas vu un seul être vivant : pas un oiseau ou un insecte; pas une fleur; pas une brindille. Il donnerait tout au monde pour un ruissellement d'eau fraîche dans la mousse, pour une parcelle d'herbe verte. Et une fois de plus, il songe à la prairie de Gletsch...

*

Au bout d'une petite demi-longueur de corde, Vincent est bloqué sous le surplomb. Il cherche le passage vers la gauche, vers les grandes dalles, et esquisse un pas qui doit être très difficile. Il y renonce, pour l'instant du moins, et fait venir Renaud.

Celui-ci a la surprise de trouver moins ardue qu'il ne l'eût crue la partie supérieure de la fissure blanche, et il rejoint Vincent sur une ébauche de vire déversée. Il n'est plus question de faire une halte, de prendre un instant de repos. L'approche de la nuit les pousse en avant. Vincent repart, par une très grande enjambée vers la gauche. Il s'agit de traverser une zone de plaques lisses qui s'élève en contournant le surplomb. Celui-ci pèse sur Renaud de toute la masse énorme et sombre de son avancée. La pente, au-dessous de lui, fuit dans l'à-pic. La configuration de toute cette partie de la montagne est tourmentée, surprenante, toujours imprévisible. Renaud se rappelle avoir noté qu'il n'en est pas deux descriptions qui concordent – même si elles émanent de membres d'une même cordée! Ici, il faut vraiment réinventer la voie à chaque ascension.

Vincent s'éloigne très lentement, suivant à courte distance le rebord du surplomb, qui s'incurve. Il est suspendu à de très minces saillies, que Renaud ne distingue pas. D'où il est, celui-ci a vraiment l'impression de voir son compagnon collé comme une mouche sur une roche absolument nue. Mais il ne s'en émeut pas, sachant par expérience combien en montagne certaines perspectives sont trompeuses. Au surplus, la progression de Vincent, précautionneuse mais régulière, l'assure que celui-ci trouve, là où il le faut, ses points d'appui.

Il s'élève en décrivant un arc de cercle; bientôt il disparaît, mangé par la muraille. Et la solitude de Renaud redevient intense.

Pourquoi lui paraît-elle plus grande qu'elle ne le fut jamais depuis des heures, alors que si souvent son compagnon et lui ont été séparés par des dizaines de mètres et se sont perdus de vue? Toute ascension est une aventure solitaire. Le lieu où il se trouve est sans nul doute beau, grandiose; mais son aspect totalement effrayant et inhumain lui confère aux yeux de celui qui, nécessairement, ne peut le contempler avec détachement, un caractère profondément lugubre. Et ne serait-ce pas le moment de parler, comme le faisaient les hommes du Grand Siècle, d'« affreuse beauté »? Renaud a pourtant traversé, depuis hier matin, beaucoup de sites qui ne le cédaient en rien à celui-ci, en fait de farouche sauvagerie. On pourrait même aller jusqu'à dire que, dans toute la face, il n'a rien pu voir d'autre que ce visage d'extrême sévérité et d'extrême angoisse. Mais il faut tenir compte, peut-être, de sa fatigue; de l'usure, sur lui et en lui, de ces deux jours. Il faut considérer surtout cette couleur plus sombre, et dramatique, de la montagne; cette lumière qui s'affaiblit en rougeoyant, flamme épuisée; ces rayons venus non plus du zénith glorieux, mais d'en bas – toujours plus bas, avant d'affleurer bientôt l'horizon et de s'y engloutir. A huit heures bien passées, seul, perdu dans l'immensité de la muraille hostile, Renaud ressent intensément les approches du soir.

*

« Viens! » lance d'en haut la voix familière, éloignée et déformée par la muraille. C'est au tour de Renaud de se mesurer à la zone des dalles lisses. Comme il le pensait, il y trouve, minuscules mais suffisantes, les prises invisibles d'en bas qui conditionnent sa montée. Et toujours ce verglas!

Renaud exécute un large et très lent mouvement tournant autour de l'énorme toit contre lequel la fissure blanche vient buter. Sous lui, les grandes plaques rocheuses s'incurvent et plongent dans l'invisible abîme auquel il s'agit d'échapper.

Et soudain, l'alpiniste se sent excédé de ce jeu interminable et dément. Il en a assez de souffrir, de toute manière. Qu'a-t-il à faire ici, aux prises avec ce mur de dalles dont l'aspect même, brusquement, lui paraît absurde? *« Sono stufo*[1]*! »* Au terme d'une ascension particulièrement difficile et pénible, un camarade italien lui avait lancé cela, avec une expression de rage impuissante, et presque de haine pour la roche qu'il empoignait comme on frappe. Et c'est le mot qui revient à Renaud en cette heure d'extrême satiété, parce que c'est le plus fort, le plus violent et qu'il ne trouve rien en français qui en approche. *Sono stufo,* se dit-il donc, exaspéré. Il ne faudrait pas que ce sentiment le paralyse ou seulement l'entrave. Cependant, il n'en est rien, son énergie au contraire s'en trouve renforcée. En finir, il faut en finir! Il voudrait pouvoir se battre contre le rocher, comme on saisit et soumet un adversaire. Mais celui-ci ne s'y prête guère : il est lisse et se dérobe. Il ruse, et il faut ruser avec lui. La lutte ici est toute de finesse et d'adresse, pleine de feintes. Ailleurs, à Chamonix surtout, Renaud a connu l'empoignade franche, pleine, rugueuse et rude – amicale, tout compte fait. Mais il n'y a pas place, à l'Eiger, pour la franchise et l'amitié. Tous les coups sont permis!

Renaud poursuit au long de l'immense dalle vertigineuse sa reptation patiente de fourmi, et refrène son irritation.

Le mur de plaques s'évase vers le haut, sous de nouveaux surplombs. Une sorte de rigole peu marquée s'y creuse. Vincent est arrêté à sa base. La suite de l'itinéraire doit passer par là.

1. « J'en ai assez, je suis excédé. »

*

La rigole n'est pas très haute – une dizaine de mètres – mais encombrée de couches de verglas, boursouflée de neige. Renaud propose, une fois encore, de repasser en tête.

« Non », répond Vincent, l'air obstiné. Peut-être son ami n'avait-il pas mis dans son offre assez de spontanéité et de conviction – une conviction que, pour être tout à fait sincère, il ne ressent d'ailleurs pas... Force lui est de s'avouer qu'il n'éprouve pas en lui (pour l'instant du moins) l'élan du chef de cordée et se sent tout juste capable de suivre. S'il passait de nouveau le premier, ce ne pourrait donc être que pour obéir à une nécessité, non pas en réponse à un désir.

Vincent se contorsionne au plus creux de la rigole, d'où sourd un filet d'eau irrégulier. Il se démène, se débat, frappe du marteau pour tailler les protubérances de glace ou dégager les rares prises. Renaud reçoit par giclées écailles et fragments de glace, petits paquets de neige durcie qui se détachent, il est éclaboussé par l'eau qui goutte de la petite gorge verticale. Que ne peut-il monter aussi! En montagne, où tout est gêne et épreuve pour l'homme, l'action seule dans son intensité violente, en le distrayant des maux conjugués qui l'accablent, apporte le soulagement. Qu'elle vienne à s'interrompre et, abandonné de ce recours, il n'est plus parfois qu'un misérable bloc de souffrance et de lassitude. C'est en cela que le rôle apparemment plus facile du second de cordée est souvent le plus pénible.

Aux oreilles de Renaud parvient enfin une rumeur à laquelle il n'avait jusqu'à présent prêté nulle attention : chant doux, multiple, syncopé, à la fois proche et lointain, qui est comme la voix de la paroi. C'est celui des menues cascades,

des torrentelets, de tout l'immense ruissellement qui parcourt la face. Si pâle soit-il, le retour du soleil l'a éveillé peu à peu. Mais le soleil plonge à présent vers les plaines de l'ouest, et de nouveau déjà la température s'abaisse.

Cependant, Vincent est venu à bout de la rigole et se dresse là-haut.

« Il y a une plate-forme! » crie-t-il joyeusement. Pareille aubaine n'était pas échue aux alpinistes depuis des heures. Trop longtemps immobilisé sur une méchante écaille de roche, Renaud s'élance vers la plate-forme promise. Et c'est une fois de plus contre la montagne lisse, glacée, dégoulinante, une bagarre désordonnée et rageuse. Il n'est guère question de style! Tout cela est dépassé. L'important est de s'élever, et Renaud y parvient. Chacune des parcelles de temps intense qu'il vient de vivre tombe dans un néant d'où elle ne resurgira plus : l'épuisement qui le gagne très lentement atteint d'abord les facultés les moins indispensables à la survie et commence par obscurcir sa mémoire. Cela n'est pas grave : on peut très bien se passer de souvenirs. Et au besoin, on se les inventera.

*

Au bout de cinq minutes, ou bien de vingt (comment le saurait-il?), Renaud débouche sur la terrasse : quatre-vingts centimètres de long, quinze à vingt de large. Ce qui représente ici un espace plan exceptionnel, une place de la Concorde! Où il a peine à tenir à côté de Vincent... Et au-dessus d'eux, un autre surplomb!

« Ça doit dégager à gauche », dit Vincent, l'air dur et buté, les dents serrées. Lui aussi approche de sa limite physique et nerveuse. Renaud apprécie le passage : une traversée, pas très large, certainement incommode, vers une tête de pilier assez marquée, arrondie. C'est la seule issue : partout ailleurs, le vide, les surplombs. Il faut donc bien que cela passe!

« Nous ne devons plus être très loin », hasarde Renaud, presque timidement. Très loin de quoi? Du sommet? De la fin des difficultés? De celle du passage? Vincent ne cherche même pas à élucider. A quoi bon, d'ailleurs? Toute phrase devient vaine. Il hausse les épaules :

« Allez savoir... »

Car, sur cette montagne pleine de maléfices, tout devient possible. Même que chaque mètre à grimper (et avec quelle peine!) se dédouble par magie. Renaud l'admet, et pourtant il n'est nullement superstitieux. Il renonce donc à supputer l'avenir et se fait fataliste. Un fataliste actif, qui a grand-hâte de se glisser sur les traces de Vincent.

La traversée est brève : là aussi, une dizaine de mètres au plus. Vincent l'accomplit rapidement et son ami le suit aussitôt. Les voici réunis au sommet du pilier, et une fois de plus bloqués par des surplombs. Ils avaient, jusqu'à présent, toujours réussi à s'en échapper par des traversées ascendantes, mais ici la progression vers le haut s'avère définitivement barrée : les surplombs, sur leur tête, s'arrondissent de tous côtés.

« Et maintenant? » demande Vincent, comme à part soi. Redescendre pour chercher un autre itinéraire de montée? C'est impensable! Depuis la base des fissures, il n'y avait manifestement pas d'autre voie possible. Poursuivre? Qui a dit : « Là où il y a une volonté, il y a un chemin »? Littérature, hélas! Nulle volonté n'est plus forte que les lois physiques. Alors?

Les deux alpinistes scrutent la montagne. Si battre en retraite ne servirait à rien, si on ne peut plus monter, si on ne peut plus traverser... Le regard de Renaud s'abaisse lentement vers la gauche.

« Regarde! » dit-il. Dix mètres plus bas, il y a une terrasse, d'où au-delà d'un petit renflement rocheux, semble partir un étroit couloir abrupt. Il n'y a plus d'autre chemin possible, il faut donc que celui-ci soit le bon.

Un court rappel sera nécessaire pour descendre le mur séparant les alpinistes de la terrasse. Mais précisément, Renaud se souvient d'avoir entendu parler d'un rappel et ne veut pas douter qu'il ne s'agisse de celui-ci. Il le dit à Vincent, qui au même instant aperçoit un peu au-dessus d'eux un vieux piton qui a dû servir à le placer. Il l'éprouve. Le piton tient. Renaud descend le premier. Le rappel est désagréable, en ce qu'il faut obliquer vers la gauche suivant une grande cheminée verglacée, et se garder de penduler. Mais il en a vu bien d'autres et ne tarde pas à prendre pied sur la terrasse, qui est vaste, confortable. Il regarde aussitôt vers le haut : partant de la plate-forme, une large fissure entaille la muraille et s'élève verticalement. Luisante de verglas, elle n'est rien moins qu'engageante, mais Renaud sent bien qu'elle ne l'arrêtera pas; que rien ne peut plus l'arrêter.

« Ça passe! » lance-t-il triomphalement.

Deux minutes plus tard, Vincent est auprès de lui et rappelle la corde, qui s'abat avec un bruit mat.

*

Au même instant un spectacle s'apprête, dont l'attention de Renaud avait été détournée par celle qu'il portait à l'escalade, et dont il redoutait la venue : le soleil se couche sur l'Eiger. Depuis longtemps déjà, l'alpiniste le voyait descendre, non plus au-dessus mais bien au-dessous de lui, vers les horizons bas de la plaine; et ses rayons perdaient leur chaleur et leur force alors même et à mesure qu'ils se chargeaient de reflets flamboyants. Le voici qui s'enfonce à présent dans une trame de nuées d'abord légères et pâles, mais qui vont s'épaississant et s'assombrissant au niveau des collines lointaines où l'astre s'apprête à sombrer. Et, lancée à l'assaut de toutes les pentes abruptes, de toutes les arêtes acérées de la paroi, Renaud voit monter vers lui une ombre dense, hostile. Sur sa tête, cependant, le ciel entièrement dégagé de nuages rosit et le haut de la muraille s'empourpre : dernier embrasement, annonciateur de la nuit et tout chargé de menace. Si splendide soit-il, Renaud ne saurait l'admirer d'un cœur léger. Peu de minutes sépareront la disparition du soleil du crépuscule, peu de minutes encore le crépuscule de la nuit; et celle-ci déjà pèse sur l'homme. Elle a gagné et englouti tous les fonds, cuve bouillonnante; elle emplit de ténèbres la conque immense de l'Eiger. L'abîme qui se fait invisible cesse d'être impressionnant, même s'il n'a pas cessé d'être redoutable. Renaud se penche sur lui, avide d'y guetter le moindre signe de vie, la moindre palpitation. Mais les derniers rayons aveuglants du soleil à ras de terre l'empêchent de distinguer les premiers feux des hommes, étoiles furtives. Ce gouffre de mystère et d'ombre l'attire étrangement. Il a un bref éblouissement, et se jette en arrière. L'ivresse des profondeurs! pense-t-il. Son regard se détourne. La flamme qui l'enveloppait l'abandonne, au moment même où le soleil rouge sombre dans des plages de laque en fusion. De derniers éclairs fauves en fusent dans le ciel. Puis, d'un instant à l'autre, la lumière baisse, brutalement.

« Il faut repartir », dit Vincent.

*

Il était resté arrêté à côté de Renaud. Avec lui, comme lui, il avait assisté fasciné à ce spectacle de fin du monde.

L'irrésistible assaut des ombres les rappelle durement à la réalité.

Renaud considère son compagnon et s'avise des griffes, sur lui, marquées par la fatigue : l'amaigrissement, déjà, du visage; les méplats des joues et les orbites creusées; un regard plus tendu, qui ne sourit pas. Il est vrai que sa tâche, depuis des heures, a été exténuante. Même s'il n'a pas conduit la cordée dans la partie la plus ardue de l'ascension, la difficulté, la tension se sont accrues de toute l'usure accumulée depuis deux jours. Renaud ressent impérieusement que l'heure est venue, pour lui, de relayer son ami; ou, à tout le moins, d'y être vraiment, sincèrement prêt.

« Je repasse en tête, propose-t-il à nouveau.

– Non. » Mais la réplique, cette fois-ci, est plus molle. Et la décision est du côté de Renaud.

« Tu as fait ta part », insiste-t-il. Vincent se tait, il n'a pas le courage de protester. Et puis, ce n'est que trop vrai : il a fait sa part, et il l'a bien faite. Une inquiétude soudaine vient à Renaud, qui se remémore le malaise de son ami, le matin même (Dieu, que tout cela est loin!). Mystérieusement surgi et dissipé, resté inexpliqué, n'est-il pas en effet susceptible de récidiver à tout instant, sous l'influence de la fatigue sinon même sans raison?

« Ça va, Vincent?

– Mais oui.

– Bien? Tout à fait bien?

– Oui, oui », répond Vincent, coupant court, avec une précipitation insolite. Peut-être a-t-il compris la pensée secrète de Renaud et cherche-t-il à la conjurer, en éludant...

« Écoute, tranche Renaud, je repasse devant. D'ailleurs, nous ne devons plus être très loin du sommet. »

Vincent ne proteste pas et Renaud reprend la tête. Il croit réellement le sommet proche : quelques dizaines de mètres seulement, et non plus des centaines; quelques longueurs de corde... D'autre part, il espère les très grosses difficultés achevées. Il est donc déterminé à cet ultime effort.

Il repart au moment où les dernières couleurs se confondent en une blancheur infiniment pâle, uniforme et livide qui abolit tout relief. Elle-même ne tardera pas à se dissoudre dans l'ombre bleue et grise qui, ici, ne tombe pas mais au contraire monte comme une eau, irrésistiblement, et vient baigner les pieds des alpinistes. Il est neuf heures dix. La course contre la nuit est engagée. Elle sera forcément ardente et brève. Mais qui la gagnera, des hommes ou de la nuit?

Renaud s'engage avec force et décision dans l'étroit goulet vertical, tout encombré de glace, et commence à se hisser sur des prises arrondies, terriblement glissantes, où les pointes mêmes des crampons ne mordent pas toujours. Toutefois, il s'élève, et plus vite même qu'il ne l'escomptait. Paradoxalement, il lui semble que les difficultés diminuent (au lieu de s'accroître), du seul fait qu'il ne les distingue plus guère! Bientôt, la pente s'atténue. Malhabile, dans le crépuscule, à apprécier les distances, il arrive à bout de corde alors qu'il croyait n'avoir parcouru que quinze à vingt mètres. Vincent le rejoint rapidement et Renaud repart. Tout se fait sans heurt, sans temps perdu, avec la régularité d'un début de course, malgré la lassitude accumulée, malgré les pièges de la pénombre. L'automatisme que confère l'habitude remplace l'élan que donne la fraîcheur.

Le couloir se fait cheminée, la pente s'accentue de nouveau et Renaud sent – plutôt qu'il ne le voit – qu'elle se redresse jusqu'à surplomber. Le haut de son corps le tire en arrière, son sac le déséquilibre, il pense qu'il ne peut pas ne pas tomber et cependant ne tombe pas. Le surplomb est surmonté, Renaud se dresse sur une mince saillie rocheuse suspendue sur le vide immense et, dans l'ombre, comme détachée de la montagne engloutie et flottant dans l'espace.

Ainsi lui semble-t-il être lui-même suspendu dans ce vide irréel, entre la vallée vivante semée de lueurs, inaccessible dans sa profondeur insondable – mais pourtant à regagner – et le sommet tout proche désormais, inscrit dans la sphère céleste. Or, étrangement, il se fait que pour l'alpiniste le chemin de la vallée et de la vie passe par la cime; le chemin d'en bas, par en haut... Renaud, qui n'avait jamais expressément pensé à cela, en prend conscience en cet instant tandis que Vincent le rejoint. Il l'entend ahaner longuement, sans le voir; jusqu'à ce que son ami surgisse auprès de lui, de ce vide qui n'est plus que demi-ténèbres. Et il repart aussitôt, toujours dans le même automatisme de gestes – la machine à grimper. Déjà, il devine les prises beaucoup plus qu'il ne les voit, les apprécie et les choisit plus par le contact que par le regard. Il n'est plus question de prévoir et d'arrêter l'itinéraire par grands passages successifs, de supputer une longue ligne idéale : le nez sur le rocher sombre, c'est mètre à mètre maintenant que Renaud cherche son chemin à tâtons. Et il faut que chaque mètre conduise au mètre suivant, invisible et imprévisible mais lui aussi surmontable, et en quelque sorte l'engendre de la nuit. C'est une escalade instantanée, excluant toute perspective.

Au surplomb a fait suite un système de fissures qu'il suit plus ou moins mais vers lequel, s'il s'en éloigne de quelques dizaines de centimètres, il se trouve toujours irrésistiblement ramené et qui lui tient lieu de guide. Si ce fil conducteur vient à s'interrompre, Renaud s'en tiendra autant que possible à la ligne verticale. Tel est son chemin de ténèbres.

La nuit ne s'établit pas d'un mouvement lent et régulier mais, croirait-on, par à-coups succédant à des périodes d'apparente stagnation. Tout se passe comme si des rideaux successifs tombaient, s'interposant entre la montagne et le ciel, avec ce qu'il y reste de clarté : flaques pâles au fond desquelles, encore incertaines, paraissent des étoiles en fleurs, en bouquets. Seules réalités subsistent pour l'homme perdu dans cette ombre le contact de sa main, de son pied sur la roche; et la souffrance ramifiée dans tout son corps, qu'il s'agisse de la fatigue, du froid entretenu par les vêtements humides, de la meurtrissure profonde des coups reçus de la montagne. Avec le retour du beau temps, la nuit sera très froide : amorcée dès avant le coucher du soleil, la chute de la température s'accentue, le regel saisit la glace, durcit la neige; tous les murmures d'eau se sont tus.

Renaud refuse de sentir tout ce qui peut l'entraver dans son ultime effort, et il monte, il monte inlassablement. Une quatrième longueur succède à la précédente. Renaud l'amorce, mais ne tarde pas à pressentir que la fissure qu'il suivait hésite et se perd dans la masse rocheuse indéterminée. Ainsi se rompt son fil d'Ariane, au sein de ténèbres toujours épaissies. Il s'élève en tâtonnant, de quelques mètres encore; et, au-delà d'une prise, sa main rencontre le vide. Il comprend qu'il a rejoint, par la droite, le fil d'une arête dont il distingue vaguement, au-dessus de lui, la ligne incertaine. Par précaution, afin de ménager la pile, il avait retardé l'instant de s'aider de sa lampe frontale, tirée du sac durant la courte halte faite sur la terrasse. Il l'allume une seconde en se penchant et un bref éclair illumine quelques mètres d'à-pic sur l'autre versant de la crête, celui de la face nord-est. Le faisceau de lumière frappe des hérissements de roc dont il exaspère le relief et fait surgir des ombres mouvantes. Plus loin, il s'affaiblit et se perd parmi de vagues fantômes de pierre, au-delà desquels la nuit retrouve son épaisseur, sa densité, sa profondeur. Renaud ébloui éteint sa lampe et les ténèbres lourdement retombent. Mais le vide révélé, désormais existe.

*

La longue, l'interminable montée recommence, suivant le fil de l'arête brisée, bientôt si peu marquée qu'il faut prendre garde à ne pas la quitter pour l'un ou l'autre versant. La roche est imbriquée, inversée, parfois croulante. Le verglas couvre tout et impose de grandes précautions. Mais l'inclinaison diminue peu à peu; et avec elle, la difficulté. Étrange escalade où, si la lutte continue, le combat contre la montagne y est comme relayé par un combat contre la nuit. Les longueurs de corde se succèdent. Renaud a, décidément, allumé sa lampe frontale, dont les reflets font danser les profils de pierre proches, et à laquelle répond plus bas celle de Vincent, quand son tour vient de monter. La montagne s'anime ainsi, et souvent se dérobe, au moment même où Renaud croit la saisir; les prises se déforment, s'abolissent ou au contraire surgissent de l'ombre plate. Des cailloux se détachent et tombent dans l'à-pic, où Renaud les entend rouler puis rebondir trois ou quatre fois, rarement davantage. Ce sont des claquements à la fois secs, éclatants et feutrés, qui s'espacent à mesure que les rebonds s'accroissent, et s'éloignent vertigineusement en se chargeant de résonances. Et c'est une autre échelle de mesure du formidable vide ouvert, dont Renaud ressent moins vivement la présence, depuis qu'il a cessé de le voir et ne peut plus que le concevoir. Au demeurant, il n'y pense guère. L'énorme hauteur de paroi gravie ne l'intéresse plus, chaque mètre surmonté s'enfonce dans le passé comme il sombrerait dans le néant. N'existe pour Renaud que ce qui reste l'enjeu d'une lutte; c'est-à-dire, l'espace constamment réduit qui le sépare du sommet. Il est mû dans son élan par la quasi-certitude que cet effort est le dernier; que les difficultés, atténuées déjà, vont bientôt prendre fin et que la cime est toute proche. Sans doute sait-il fort bien qu'il peut à tout moment se présenter un nouvel obstacle de taille, voire infranchissable (ou rendu tel, du moins, par l'obscurité) et qu'ils risquent encore d'être contraints au bivouac. Ou bien même, la nuit les aura fourvoyés dans un itinéraire sans issue, et ils se trouveront bloqués, au point même d'aboutir. Mais au fond de lui, il ne croit pas à ces vues pessimistes : la confiance est devenue la plus forte et le doute reste désormais sans pouvoir.

La tête levée, il monte...

*

Une lueur blanche, très pâle, paraît au-dessus de lui dans l'ombre. Chaque pas la précise et l'étend dans l'espace. D'espoir et de joie, le cœur de Renaud bat plus fort. Il voudrait se hâter, mais résiste à cette tentation déraisonnable. Quelques mètres encore, et il débouche au sommet de l'éperon. Sa lampe éclaire une étendue rase, uniforme, trouée seulement de rares pointements rocheux : le névé sommital! D'une voix haletante, Renaud crie la nouvelle à Vincent resté en arrière, à une demi-longueur. Il le fait venir. Et tous deux restent un moment immobiles à contempler la portion de pente blanche prise dans les faisceaux de leurs lampes. Pâle et tremblante clarté qui y allume des cristaux grenus, des paillettes scintillantes... L'arête de Mittellegi doit être là-haut, à quelques dizaines de mètres.

Qui ne seront pas une simple promenade : le versant est encore très raide, tout de glace vive recouverte d'une mince couche de neige instable.

Illusion de la victoire acquise, joie prématurée : tentations dangereuses... Surtout, ne pas se laisser aller, ne pas se détendre! Ne pas se dire : voilà, c'est gagné, nous avons fait l'Eigerwand. Là serait le piège : de cette paroi dont ils ont gravi plus de dix-sept cents mètres, il en reste quarante à cinquante, dont chaque centimètre peut tuer. Renaud y pense et s'applique à ne pas l'oublier.

Il regarde l'heure, dont il avait une fois de plus perdu toute notion : dix heures cinquante-cinq... Déjà! se dit-il. Puis il éteint sa lampe, et Vincent fait de même. La nuit se rétablit autour d'eux, mais ce n'est plus la même : l'à-pic seul, d'où ils viennent, appartient aux ténèbres totales. Au-dessus d'eux, la présence du névé rend l'ombre laiteuse et blanche.

« Si nous montions ensemble, maintenant?... propose Vincent.

— Non. »

Autre piège. L'Eiger ne désarme jamais. A quoi bon, si près du but, courir le moindre risque inutile? Et pourquoi? Pour gagner dix ou vingt minutes, quand les alpinistes ont depuis ce matin marché près de dix-neuf heures? Non : ils continueront de monter séparément, en s'assurant soigneusement. Et au besoin, Renaud pitonnera. Vincent n'insiste pas et s'incline de bonne grâce : il sait que son ami a raison.

Ils repartent pour cette ultime étape, qui ne devrait s'achever qu'au sommet. Ou, plus exactement, Renaud repart. Sur la pente uniforme, il n'a plus besoin de la lampe. Cette nuit pleine n'est pas une nuit noire. Renaud regrette qu'un beau clair de lune n'éclaire pas leur montée vers la cime; mais on ne saurait tout avoir. Il s'élève au plus raide, obliquant très légèrement vers la droite. La neige fraîche qui couvre la glace a fondu, puis regelé et ne « botte » pas, comme il le craignait, sous les crampons dont les pointes la traversent avant de s'enfoncer dans la sous-couche dure. De toute façon, son attention reste en éveil et il taille, de temps en temps, une marche. Il passe deux petits îlots rocheux, puis le versant se fait entièrement glaciaire. Il va jusqu'à bout de corde – une grande longueur – et s'offre le luxe de planter un piton. Car désormais, tout peut devenir luxe; et, du seul fait de savoir le terme proche, il se sent une réserve de forces. Il avait à deux ou trois reprises envisagé de délester les sacs de tout ce qui ne serait plus strictement nécessaire. Il n'y aura même pas lieu de le faire.

Vincent rejoint Renaud lentement : lui a été soudain, et durement, marqué par la fatigue. Il est temps que l'épreuve prenne fin.

Renaud repart. Volontiers il dirait qu'il *recommence,* tant cette montée égale, monotone, semble se renouveler incessamment. Elle est, à la lettre, indéfinie. Il a peine à croire que l'Eigerwand puisse s'achever ainsi, et non pas par quelque surprise ou quelque obstacle inouï. Aussi ne peut-il se garder d'une méfiance vague. Cependant, la montée est raide mais régulière, si elle n'est pas sûre à proprement parler. Elle engendre l'impatience et l'ennui. Renaud, pour les conjurer, commence à compter ses pas. Au trente-septième pas de la troisième longueur, sans raison apparente, sans excuse, il bute sur la pente et se rétablit de justesse. Cet accident évité justifie, s'il en était besoin, sa circonspection. Il n'a pas oublié que, six ans plus tôt, Uly Weiss et Heinz Gonda ont été entraînés par une petite coulée, au moment même où ils allaient atteindre l'arête; et dans une chute terrifiante, ils ont dévalé toute l'énorme paroi qu'ils venaient de gravir. Dans cette phase terminale de l'ascension, Renaud a évoqué ce drame plus d'une fois, sans frayeur, lucidement. Il le considère comme une mise en garde. Il saura prendre son temps.

La présence tutélaire, mystérieuse de René l'a quitté, à l'heure où elle ne lui était plus nécessaire; et avec elle, toutes les pensées insolites qui l'ont si longtemps accompagné. Non pas qu'il se retrouve seul : bien au contraire, depuis qu'il a repris la tête, l'évidence s'impose de nouveau à lui que la corde qui fuit entre ses pieds dans la nuit le relie à Vincent – à Vincent et à nul autre – de façon très forte et, jusqu'au terme de l'aventure, indissoluble. Vincent redevient son réel et seul compagnon. Dans l'ascension de presque toute la paroi, Renaud s'était senti séparé de lui. Sur le point de parvenir au sommet, la puissante réalité de la cordée reprend toute sa vigueur; et il apparaît à Renaud que c'est elle – la cordée, cette entité collective – qui va finalement gagner, beaucoup plus que chacun de ceux qui la composent. Elle représente quelque chose d'autre, et quelque chose de plus, que la somme de leurs personnalités, de leurs efforts, de leur succès.

Encore une longueur de corde. Et cette lenteur à monter de Vincent, dont tous les mouvements maintenant semblent englués dans la fatigue et laborieusement arrachés, un à un, à celle-ci. Renaud s'en inquiète; et, son ami une fois arrivé à quelques mètres de lui, il rallume sa lampe qui, braquée vers le bas, illumine un visage blafard aux traits marqués, aux ombres excessives : les yeux vagues, Vincent titube, boxeur ivre de coups. Mû par une sorte de pudeur devant ce spectacle d'abandon physique qui, sous le manteau de l'ombre, ne lui était pas destiné, Renaud se hâte d'éteindre la lampe indiscrète. Il feint de ne s'être avisé de rien, mais redouble de précautions. Et, Vincent bien assuré à un piton, il part une fois de plus. Il sait qu'il a plus que jamais la responsabilité de la cordée; mais si grande est à présent sa confiance que cette charge lui est légère. Encore dix mètres? Vingt? Qu'importe! Et qu'importe aussi ce qui suivra la sortie de la face : le parcours nocturne de l'arête de Mittellegi, le bivouac au sommet de l'Eiger (et dans quelles conditions!), la descente du lendemain! Tout cela est hors de question. Seuls comptent ces derniers mètres, en quoi se résume et se condense désormais toute la paroi. Tout en montant, Renaud essaie brièvement d'imaginer les deux kilomètres d'à-pic qui sous lui filent dans la nuit jusqu'à la vallée; et déjà, il n'y parvient plus : c'est un passé mort, auquel il lui faudra du temps pour parvenir à croire. Toute cette énorme face, sur laquelle s'est établi un silence total, une fois gravie s'efface; et n'existe plus, pour quelques instants encore, que comme sourde menace. Il en restera plus tard à Renaud, il le sait, le souvenir vague et fatalement infidèle des quelques dizaines d'heures éblouissantes et dures passées là-haut — là-haut où on ne peut pas vivre — mais qui lui donneront à rêver, toute une vie. Plus tard...

Il ne se pose plus de question. Il a depuis longtemps cessé de se demander pourquoi il est venu à l'Eigerwand. Il sait qu'il n'y aura pas de réponse : pas d'autre réponse, du moins, que ces heures elles-mêmes; et que le visage toujours énigmatique de cette montagne dure où les traces de l'homme ne marquent pas. Ce visage découvert, touché, mais non pas déchiffré...

*

Après tant d'heures interminables, le dénouement sera brusqué : le regard de Renaud qui dans l'ombre ne cessait de suivre la pente vers le haut, en voit la tache pâle s'interrompre, se perdre dans le noir intense. Il rallume sa lampe, dont le faisceau lumineux découpe, à quelques mètres, un feston de glace : l'arête de Mittellegi, au-delà de laquelle il n'y a plus rien que l'immensité de la nuit, et du ciel.

Six ou sept pas, peut-être. En tout cas, moins de dix. Il a si longtemps attendu, préparé, mérité ce moment; si longtemps espéré et désespéré tour à tour! Et voici qu'étrangement, il a envie de s'arrêter, à quelques mètres, à quelques secondes du point précis où s'achèvera pour lui l'Eigerwand : parce que, enfin, le choix lui est laissé d'en finir quand il le voudra avec l'effrayante muraille; parce que, croit-il, tout dépend de lui, de lui seul. En vérité, il veut savourer ces derniers mètres : en eux tient tout le goût de la victoire. Qui, ici, est d'abord délivrance.

Ultime reste de crainte, sans doute superstitieuse : peut-il dire maintenant : « Nous avons fait l'Eigerwand »? Peut-il dire : « Il n'y aura pas eu de drame. Pas d'autre drame que cette montagne elle-même; que l'angoisse où elle baigne et où elle plonge tous ceux qui l'approchent. Tout compte fait, une ascension sans histoire... »? Il refoule encore ces phrases prêtes à jaillir; mais l'angoisse glisse de lui dans l'abîme surmonté; et c'est léger qu'il s'avance vers le puits sombre du ciel.

En cet instant où le monde va pour lui basculer vers la vie, toute pensée l'abandonne. Plus que trois pas, plus que deux. Plus qu'un. Il s'arrête encore, pour attendre son ami : il veut, il faut qu'ils puissent arriver là-haut *ensemble.*

Renaud est vidé de tout, jusqu'à lui-même. Il n'a plus de désir, pas encore de souvenirs et ne ressent nulle joie. Il regarde Vincent, qu'il ne reconnaît pas.

« Eh bien, voilà, c'est fini », dit-il.

Juin 1975-septembre 1976.

LA LUTTE VERS LE SOMMET

Postface

« C'est un ensemble d'émotions qui constitue l'essence même de l'alpinisme. »

(C. Donald ROBERTSON.)

« Chacun des grains de cette pierre, chaque éclat minéral de cette montagne pleine de nuit, à lui seul, forme un monde. La lutte elle-même vers les sommets suffit à remplir un cœur d'homme[1]*. » Lignes saisissantes si, les prenant au sens propre, on les applique à la haute montagne. Il semble que Camus, qui ne connaissait pas l'alpinisme et n'y pensait assurément pas en écrivant cela, ait eu cependant l'intuition de sa signification profonde. Des centaines de pages, des dizaines de livres consacrés à ce sujet par des « spécialistes » en disent moins long que cette simple phrase.*

*

Faut-il conclure que l'alpiniste est un Sisyphe gravissant inlassablement son rocher, au lieu de le pousser vers la cime (c'est-à-dire, devenant son propre fardeau à porter au sommet – mais la signification symbolique demeure)? Ce serait, en tout cas, le « Sisyphe heureux » que Camus appelle

1. *Le Mythe de Sisyphe*, p. 168.

de ses vœux : tout son bonheur tenant à sa liberté. Encore faut-il remarquer que cette liberté est relative, l'alpiniste étant puissamment motivé, presque contraint par sa passion; et devenant, le combat une fois engagé, otage de ce dernier, jusqu'à la fin.

*

La lutte vers les sommets suffit à remplir un cœur d'homme... Voilà, pour l'alpiniste, l'explication tout à la fois la plus simple et la plus cohérente de son action, et son commentaire le plus complet. Il n'y a guère à ajouter. Les irritantes nécessités de la vie quotidienne une fois satisfaites, le cœur de l'homme jusque-là vide exige d'être comblé par quelque impérieux objet. C'est l'heure de la passion, qui revêt mille formes. Mais c'est de la montagne qu'il s'agit ici. Dans le combat qu'il conduit contre elle, l'alpiniste s'engage mais aussi s'exprime tout entier : il y jette son passé, avec son poids de souvenirs, de sentiments, d'expérience et de rêve; il y absorbe son présent, porté au paroxysme de conscience et d'effort; il y met en jeu son avenir. Dans l'instant, rien d'autre n'existe que cette action nourrie de tout lui-même. C'est un monde clos mais complet, ramassé dans l'espace et le temps, et chargé par là d'une intensité singulière : une vie immédiate et entière. L'homme vient se fondre dans ce creuset, mais c'est pour en renaître.

*

La lutte vers les sommets suffit à remplir un cœur d'homme... Elle doit par conséquent remplir, combler ce livre aussi, dont le cœur de l'homme qui lutte vers le sommet est le centre, et tout l'objet. Qu'on me comprenne : il n'était pas ici question de gestes, mais de sentiments et d'idées; ce que je cherchais à montrer n'était pas tant ce que le grimpeur fait, que ce qu'il éprouve et pense. Étant bien entendu que ceci conditionne cela; et que l'action est toujours fille d'une réflexion.

*

Il n'était donc guère question de description. Voilà une ascension vue (et j'allais écrire : vécue) au niveau de la conscience, qui est son unique réalité et son unique vérité. Encore s'agissait-il de la conscience d'un seul des protagonistes, que j'ai choisi d'accompagner. Car toute ascension est une aventure individuelle, subjective, que chacun reçoit différemment selon son état physique, sa sensibilité, sa vision personnelle de la montagne et du monde; et même, plus simplement, en fonction de sa place et de son rôle dans la cordée. Ainsi la même ascension, accomplie simultanément par deux alpinistes (comme, aussi bien, répétée par le même) forme-t-elle en réalité deux ascensions différentes.

*

Aventure instantanée, ai-je dit, dans laquelle avenir et passé s'absorbent. Aventure qui ne se vit — et ne se lit — qu'au présent et dont chaque moment, une fois écoulé, cesse d'être. Car : « Celui qui raconte parle, croit parler encore et toujours de sa vie, mais il ne se souvient que de ses rêves [1]. » Autrement

1. Bernard Amy, *La Montagne des Autres.*

dit, la littérature alpine est-elle possible? Et sous quelle forme? En vérité, le récit d'une ascension passée ne sera jamais qu'une recréation, à partir de quelques éléments privilégiés, réellement vécus, qui tiennent lieu de jalons. Fruit de l'imagination, autant et plus que de la mémoire, c'est toujours à bien des égards une fiction; et une fiction imparfaite, de n'être pas sans mélange. Il est dès lors à peine paradoxal de lui préférer la fiction véritable, seule pleinement libre et seule pure; de préférer à la réinvention l'invention. Ce qui, en somme, sépare de l'Histoire le roman.

*

L'habituel défaut du « récit de course » est de se limiter lui-même, en s'arrêtant à la description monotone des gestes de l'ascension, qui cependant représentent l'aboutissement de tout un processus de motivations psychologiques et sentimentales, voire métaphysiques; et le moyen pour celles-ci d'atteindre leur but : le sommet. Dans le grand débat de l'homme aux prises avec la montagne, rien n'est plus apparent que cet exercice nécessaire des techniques de l'alpinisme. Mais rien n'est, au fond, plus négligeable : il est l'outil. Et il faut bien un outil, j'en conviens. Mais si l'outil est indispensable, il n'est pas indispensable de le célébrer, ni de lui consacrer toute une littérature. Je préfère m'intéresser à l'ouvrier, à l'objet de sa vocation; et à son œuvre.

A propos du « Combat singulier », un ami m'écrivait : « Les techniques de l'alpinisme sont constamment subordonnées à leur utilisation humaine. Elles ne sont pas une fin en soi, mais un moyen d'expression de l'âme. » Moyen d'expression de l'âme... Voilà qui est parfait! Mais dès lors que le geste n'intervient plus qu'en fonction de sa signification profonde, et de capital devient accessoire, l'éclairage se trouve inversé, tel celui d'une plaque photographique dont le positif se substituerait au négatif; et le récit de course devient un « anti-récit ». Dois-je préciser qu'il ne m'intéresse que comme tel?

*

Et s'il faut me chercher une caution... Alpiniste éminent par ses exploits, sa culture et ses œuvres littéraires, Geoffrey Winthrop Young a écrit : « L'essentiel, dans un récit de course, est la relation fidèle des impressions et des sensations qu'ont éprouvées les grimpeurs face aux difficultés de l'ascension. Car, dans le véritable alpinisme, le résultat, c'est-à-dire le fait d'atteindre un sommet, est d'une importance secondaire... Il ne procure d'ailleurs qu'une satisfaction éphémère. Ce qui compte, c'est le déroulement même de l'ascension, à cause de l'effet durable dont ses incidents marqueront l'individu. »

En ce qui concerne sa conception personnelle du sentiment de la montagne, Young précise que c'est « un sentiment austère, tendu, et s'il y entre du romantisme, c'est seulement dans le sens où l'esprit de chevalerie était romantique ». Il s'agit là, on l'aura compris, d'un antagonisme montagne-homme porté au plus haut degré de conscience intellectuelle et de conscience morale.

Et le grand alpiniste anglais de conclure : « Un peintre pourra consacrer tout son talent à peindre les montagnes telles qu'elles sont. Un écrivain peut faire mieux encore : il peut, non seulement les représenter telles qu'elles sont, mais encore décrire leurs effets sur l'homme... L'écrivain de montagne... parviendra à trouver l'expression la plus directe et la plus vraie qui lui permettra de dire ce qu'il a vu, ce qu'il a fait, et ce qu'il a pensé au cours de l'ascension[1]*. »*

Voilà qui offre matière à réflexion.

*

Cet éclairage d'abord, sinon uniquement intérieur, dont je parlais plus haut ne se prête guère au lyrisme, voire au simple « pittoresque ». Faudrait-il lui sacrifier la vision du monde si parfaitement beau de la haute montagne? Je suis tenté de penser ici à Beethoven, précisant pour caractériser la plus (et d'ailleurs la seule) descriptive de ses Symphonies, la Sixième : « Mehr Empfindung als Malerei[2] *» et signifiant par là qu'il avait pris le parti de négliger le pittoresque purement extérieur, et de rechercher pour l'exprimer la vérité à travers l'apparence – mais au-delà de celle-ci, afin d'atteindre à l'essence. Et lorsqu'il nous fait entendre le ruisseau, l'onde musicale qui s'écoule a été puisée à sa source même, invisible et mystérieuse; et l'orage lui-même vient des plus lointaines profondeurs de l'éther. Ces régions sont celles de la vie, et la Symphonie fait voler en éclats le cadre du tableau pastoral, pour se fondre dans l'infini de l'univers intérieur de l'homme. Ainsi, tout ce qui met en jeu celui-ci en participe, l'inanimé se trouve intimement engagé à lui et introduit au domaine de la conscience. La description devient participation.*

Toute interprétation littéraire ou artistique métamorphose la vérité en poésie. L'une et l'autre sont inséparables. Dichtung und Wahrheit[3]... *Car la poésie elle-même est vérité – seule vérité absolue.*

1. Geoffrey Winthrop YOUNG, « De la sincérité en littérature alpine », *La Montagne*, décembre 1957.
2. « Plus que peinture, expression de sentiments. »
3. *Poésie et vérité.* (Gœthe)

*

Ainsi comprise, suivie pas à pas au niveau de la conscience, l'aventure de mon héros pourrait paraître exemplaire. Cependant elle s'exerce dans le cadre d'une montagne à ce point singulière et redoutable qu'on serait tenté de voir en elle une exception l'opposant à la règle générale de l'alpinisme. Tel doit être du moins le sentiment de l'homme engagé dans la terrible face nord, soumis à une hostilité qui lui semblera personnelle. Un cas limite.

On pourrait remarquer aussi que, vieille de quelque vingt ans, l'ascension qui fait l'objet de ce récit est, techniquement, dépassée. Mais c'est que justement il ne s'agit pas ici de technique. Il ne s'agit que de l'homme, en lutte contre le monde extérieur : c'est-à-dire, prenant sa propre mesure et appliqué à se surpasser. Et dans ce combat, la technique ne joue elle-même qu'un rôle extérieur, accessoire : elle repousse, en apparence dans la mesure où elle utilise l'artifice, les frontières du possible — tout en s'interposant entre l'homme et son adversaire. Mais l'homme, lui, avec ou sans l'aide de la technique et de ses constantes acquisitions, doit toujours aller aux limites de lui-même. De siècle en siècle, de génération en génération, il n'y a de ce point de vue aucun progrès concevable. Et le combat à mains nues reste le plus convaincant, parce que seul sans mélange. Cela est vrai de toute activité, de toute conquête humaines, qu'elles soient du corps ou de l'esprit. Au demeurant, est-il rien de plus vain ni de plus faux que cette dernière distinction, puisque le corps et l'esprit sont inséparables et se servent mutuellement? Selon le cas, simple question de préséance...

*

La « lutte vers le sommet », éternelle image symbolique du destin individuel de l'homme, de son effort éthique vers la perfection — vers le salut, qui peut être celui de l'âme comme le sommet de la montagne est, ici, celui du corps...

Toute vie bien conduite n'est-elle pas, en vérité, une lutte vers le sommet?

Table

I 11

II 163

La lutte vers le sommet 287

*La composition
et l'impression de ce livre ont été effectuées
par l'Imprimerie Floch à Mayenne
pour les Éditions Albin Michel*

AM

*Achevé d'imprimer le 10 mars 1977
N° d'édition 5903. N° d'impression 14812
Dépôt légal 1er trimestre 1977*

Imprimé en France